21 世纪高等学校社会学与公共管理系列教材

现代领导学

主　编　易　钢　周振林

副主编　卢文刚　杨丽佳　蔡茂华

参　编　许　浩　张　红　欧阳晓东

刘丁蓉　林慕华　唐　斌

伍金春

华南理工大学出版社

·广州·

内 容 简 介

本书由广东部分高校和党校的领导学教育工作者共同撰写，共分十五章，包括领导活动的主体、领导活动的客体、领导环境、领导艺术和方法以及领导绩效评估等，具有理论性、应用性和时代性的特点。作者力图吸收领导学研究的新成果，注重理论与实践的结合，提出开放式、探讨型的问题展开讨论和阐述，使读者既掌握基本理论原则和观点，又得到运用和操作上的指导和帮助。每章选编案例分析讨论，提供进一步学习研究领导学知识的国内外参考资料，是适合大学生、党校教育培训、MPA教育及希望学习领导学知识的人们使用的教材和参考书。

图书在版编目（CIP）数据

现代领导学/易钢，周振林主编．—广州：华南理工大学出版社，2007.3（2020.1重印）
（21世纪高等学校社会学与公共管理系列教材）
ISBN 978-7-5623-2571-0

Ⅰ．现…　Ⅱ．①易…②周…　Ⅲ．领导学－高等学校－教材　Ⅳ．C933

中国版本图书馆CIP数据核字（2007）第020201号

总 发 行：华南理工大学出版社（广州五山华南理工大学17号楼，邮编510640）
营销部电话：020－87113487　87110964　87111048（传真）
E-mail：scutc13@scut.edu.cn　　http://www.scutpress.com.cn
责任编辑：周莉华　庄　严
印 刷 者：虎彩印艺股份有限公司
开　　本：787mm×960mm　1/16　**印张**：13.75　**字数**：301千
版　　次：2007年3月第1版　2020年1月第10次印刷
印　　数：14 501～15 000册
定　　价：22.00元

前　　言

这是一部力图创新的书。在汲取前人领导学研究相关成果的基础上，本教材努力结合新的实际进行概括和总结。在编写的过程中注重理论联系实际，既着力介绍领导学领域经典的理论原理和观点，也关注领导学理论发展的新成果和新讨论，还花了大量精力收集和介绍领导学领域的新案例。

这是一部针对本科生又适应 MPA 教育、党政领导干部及希望学习领导学知识的人们使用的书。教材在理论阐述、案例分析和问题思考等方面都留有较大想像和发挥的空间，使读者既可以掌握基本的知识，了解理论的新发展，又能够深入学习和探讨。在学习思考题中，每章都提供了开放式的题目，供读者思考和想像。

这是一部集体合作的书。该教材的作者来自广东地区高等院校和党校，他们在领导学领域有不同的教学经验和研究成果，在各自的章节写作过程中融会了独特的经验，又按照统一写作提纲的要求进行了系统阐述。不同的作者既有不同的思考、体验和行文风格，又共同构成了完整的教材体系和特色。

本教材由易钢、周振林担任主编，负责策划和组织实施，并对全书进行了最终统稿。副主编卢文刚、杨丽佳、蔡茂华参加了教材的策划和部分章节的统稿工作。华南农业大学公共管理学院院长张兴杰教授对教材的编写提出了指导意见并提供了许多具体帮助，石玲玲、唐斌两位老师参加了文字的录入和修改工作。在写作过程中，我们还参阅了国内外相关学者的大批论著。在此，特表示真诚的谢意。

本教材的写作分工如下：第一章易钢（华南农业大学）；第二章周振林（广东商学院）；第三章、第五章许浩（广东海洋大学）；第四章张红（广东工业大学）；第六章、第十五章卢文刚（暨南大学管理学院）；第七章蔡茂华（华南农业大学）；第八章欧阳晓东（华南农业大学）；第九章刘丁蓉（广东商学院）；第十章林慕华（广东商学院）；第十一章唐斌（华南农业大学）；第十二章唐斌（华南农业大学）、伍金春（中山大学）；第十三章、第十四章杨丽佳（广州天河区委党校）。

易钢于华南农业大学

2007 年 1 月 28 日

目　　录

第一章 绪　　论

教学要点

- 领导活动
- 中国丰富的领导活动和领导思想
- 西方领导理论
- 领导与管理
- 领导学的根本任务

第一节　领导活动

一、人类生活与领导活动

现代社会领导现象随处可见。翻开报纸、打开电视、收听广播，领导活动几乎都占据着显著位置。无论是中国、外国，还是城市、乡村、企业和学校，几乎人类活动的一切领域都离不开领导活动。也无论是现代化发达国家，还是经济文化落后的农业国，领导活动都是社会生活中不可缺少的重要组成部分。

人类社会有不同于自然界其他生命现象的独特生活方式，这种生活方式是以改造自然使之适应自身发展的社会实践活动为本质的，是一种有意识、有目标、有组织的活动，是以社会群体方式进行的。因此，人类的活动一开始就离不开领导和领导活动。这是因为：第一，人类有意识的活动表明，人类在实践活动之前，已经有了活动的远景规划和活动方案。虽然在远古的时候，这种远景规划和活动方案还十分模糊和简单。有意识的活动是人类创造性活动的标志，它使人类的活动越来越复杂，越来越高级。第二，人类的实践活动，都是在分工协作下进行的。从远古简单的分工，到现代复杂的社会分工系统，都离不开协作，尤其是现代社会人类进入了全新的全球分工或全球化时代，分工与协作，成为新时代的标志之一，对组织、协调的要求更为强烈。分工—协作—领导是密不可分的。分工、协作，一定需要有人去组织和指挥，这个组织和指挥就是领导活动，组织者和指挥者就是领导者。从这个意义上讲，人类社会的一切实践活动，都是领导活动。

从以上分析我们可以看到，领导活动与人类的实践活动是共生的。

二、领导活动与领导学

领导活动是为了满足人类群体活动存在和发展的需要而产生的，也必然伴随着社会生产力的发展以及整个社会系统的变化而不断变化，逐步由简单到复杂，由低层次向高层次发展。

人类社会实践的发展和深入，是与社会分工紧密关联的。人类社会产生以来，社会分工有两个不同的发展方向：一是横向分工，按劳动对象和手段的不同，逐步有了农业、畜牧业、手工业、商业等以及现代社会的各行各业；另一种是纵向分工，即按劳动过程的纵向职能不同进行的分工。人类的一切实践活动都是一个过程，这一过程中离不开以下基本要素：首先，明确干什么；其次，确定怎样干；最后，评估干得如何。这就是实践活动的纵向三职能，即决策、执行和反馈。横向分工发展较早，也发展得相当成熟和充分。纵向分工发展较晚，成为现代民主社会的重要内容。但是，横向分工与纵向分工并不是截然分开的。在横向分工发展的同时，纵向分工也就开始了，只是这种决策、执行、反馈的过程，往往合而为一，分化不明显，只是在内部有不同的侧重。到了近代，这种分工才最终完成。

决策是领导活动的本质，决策与执行的明确分工，就意味着社会生活中有了相对独立的领导活动，而专门从事决策活动的人，就是领导者。

有了领导活动和领导者，也就产生了相关的领导思想和领导理论，而将领导活动作为研究对象的领导学却是在人类社会发展到一定阶段的产物。20 世纪 30 年代开始，随着社会化大生产的发展和科学技术的进步，运用现代科学技术手段，以系统研究经济领域中的领导问题为重点，兼顾政治、军事、文化、教育等领域中的领导问题的新学科——现代领导学便产生了。

领导学在我国是 20 世纪 80 年代兴起的一门新兴学科，经过 20 多年的创立和发展，形成了自己独特的体系和特点。

第二节 领导理论

一、中国古代的领导思想

中国古代在领导思想和实践上，尽管鱼目混珠、良莠难分，但是有其丰富而可借鉴的遗产，归纳起来有以下几个方面。

其一，重“治”的治理观。我国古代，无论是有作为的思想家还是统治者，都十分强调“治理”国家和社会的意义，他们多用“治”来表达现代的领导观念，突出表现在中国传统的理论体系道家和儒家的“治理”哲学中。老子有“无为而治”的名言，孔子有“修身、齐家、治国、平天下”的传统经典。在决策与执行、领导与管理分离之前，中国传统中常常用“治”来表达领导所要表达的内容。

老子的“无为而治”，究竟讲的是什么，尽管历来有不同的看法。但是，有一点是确定的，老子是在讲如何治理社会、领导国家，讲究治理和统治的艺术。正因为如此，人们将老子的《道德经》看做是一部系统讨论领导和统治之道的开山之作，并由此研究、探讨、发掘和整理了2 000多年。

孔子的“修身、齐家、治国、平天下”，强调了治理和领导的层次性，治理社会、国家不是一蹴而就的，也不是在一个层面进行的，而是由一点一滴、一个一个的步骤实现的。由修养个人到管理家庭再到治理社会、国家（天下）的过程。虽然我们不能说，古人就有了现代人的系统观、层次论，但是，至少在领导和管理方面，从系统和层次上进行了探讨。

其二，强调“谋”的决策观。重纳谏是我国古代关于“谋”的思想和实践的重要内容。从2 000多年前的春秋战国时代开始，稍有作为的统治者都意识到决策是否正确与生命攸关，与社会、国家命运相系。因此，需要礼贤下士，广招人才，需要有一批“食客”在重要关头为自己出谋划策。从所谓的“养士之风”到“食客三千”传统，到“月下追韩信”和“三顾茅庐”的传说，无不表明统治者对“谋士”和“纳谏”的重视，也就是我们现在的所谓咨询和参谋。尽管我国古代是高度专制集权的社会，但也时常表现出谋与断的分离，决策与咨询的分工。古代有作为的思想家和统治者看到了咨询和参谋的特殊职能，并网罗和组织了从事这一职能的专门人才，不少人还将这种现象作为一门专门的学问来研究，这是我国古代对领导学做出的一种特殊贡献。

其三，突出“为政在人”的人才观。我国古代思想家认为，要治国平天下，最重要的是“主臣”，即“为政在人”，依靠百官卿大夫去实现。因此，我国古代的用人思想和实践，经验和教训，都极为丰富和生动。在理论上提出了一系列的用人原理、原则和方式、方法。如“为政在人”，“得人者兴、失人者崩”；“德才兼备”，“选贤任能”；“用人之长，容人之短”，“疑人不用，用人不疑”等等，可以说，在领导如何选人用人方面，我国古代的思想家留下了大量可供借鉴和发掘的实践经验和理论观点。

总之，中国古代封建统治历史悠久，在领导实践方面无论是成功的经验还是沉痛的教训，无论是仅为封建统治者服务的治理理论还是具有大众性、普遍性的领导思想，都值得我们重视，都需要我们认真地整理和发掘，可以为我们今天的领导实践和领导理论所借鉴。

二、西方领导理论的主要内容

系统的领导理论是西方社会的产物。自20世纪30年代以来，西方的实践者和理论家开始对领导理论及其效能问题进行了各种各样的解释和讨论，内容十分丰富，使领导学作为一门学科逐渐形成和发展起来。各国的国情不同，研究者的研究视角和概念演绎不同，因而在形式上呈现出不同的流派和差异，各自以不同方式总结了自己的理论成果，领导学也形成不同的流派和理论体系。从时间顺序排列上说，西方领导理论大体有以下三大类：

（一）领导特质理论

领导学发展的第一阶段体现为领导特质理论（traits theories of leadership）。在20世纪30年代初，心理学家们进行了大量的实证研究，希望发现领导者与非领导者在个性、心理、生理或智力知识等因素方面的差异，由此来解释作为领导者应该具备的特殊素质。这一派研究力图通过对个体经验的归纳，认定只有那些具有特定的领导品质的人，才能产生有效的领导行为。为此，研究者们收集和整理了大量领导者的素质材料，并进行分类测量和计算，提出了有效领导者的特质参数。如有的研究成果曾经列出了100多项，比较集中而又必备的特质有：进取心、领导欲、自信、人格魅力、突出的智慧和知识等。这一类理论研究的结果给人们的提示是，具备某些特质确实能提高领导者成功的可能。但是研究的结论并没有给人们提供如下具有说服力的信息：哪些特质是成功领导者的充分条件，就是说人们还没有找到一些现成的要素去为领导者作衡量标准，具备了这种标准的人就一定是成功的领导者，然后去寻找具备这些特质的人做领导。而且不少的研究者还发现，在许多情景下有效的领导行为并不一定依赖于某些天生的领导特质。

领导特质理论的成功之处，是将人们的视野转向领导者个人的主观条件，但过分专注于个人素质，又使这一理论充分暴露了片面性。

（二）领导行为理论

这一派理论将研究的重点由领导者的主观内在特质转移到领导者的客观外在行为方式，希望了解高明领导者不是内在有什么特殊之处，而是外在行为方式有什么特殊之处，这就是领导行为理论（behavioral theories of leadership）。

这一理论产生于20世纪40年代后期。该理论认为：有效的领导并不必具备一系列理想模式中的优秀领导特质，而是依赖于能够对组织成员完成组织目标而产生的有效领导行为方式。成功的领导行为于特殊的领导方式之间存在着某种必然的联系，应该努力寻找那些有效的领导行为模式，并通过培训使领导者掌握这些有效的行为方式，这样就能够成为成功的领导者。以上分析可看到，行为理论与特质理论的区别是明显的：第一种特质理论，必须承认一些人天生就是领导者，人们的任务就是如何发现和选拔这些具有特殊领导特质的人员；第二种行为理论，必须对已有领导的行为方式进行研究和模仿，人们可以而且只能去培养领导者。也就是说，通过一些培训项目，将有效的领导者的行为模式移入其他人身上。前者重在挑选，后者重在培训；前者表明领导者只是少数具有特质的人，后者肯定人人可以成为领导者。领导行为理论的价值在于，看到了领导者的外在行为的重要性，并强调了训练和培训对于领导者成长的重要意义。但是，领导行为理论也有一些问题有待于深入研究：首先是研究者们很难对什么是有效而普遍适用的领导行为方式达成一致意见；其次，也没有研究成果让人们确信某种特定的领导行为就一定得到某种特定的领导效果；最后，为什么有的人可以被成功地培养成卓越的领导者，而同样的培训在其他人身上却不产生效果。

（三）领导情境理论

领导情境理论（contingency theory of leadership）产生于20世纪50年代晚期，该理论是对前面两种理论的总结和发展，是对片面真理的综合。该理论认为，既不存在一种放之四海普遍发生作用的理想领导特质，也不存在一种万能的领导行为方式。领导工作是一个过程，在这个过程中，领导者施加影响的能力取决于被领导的群体和群体的工作环境，因而领导活动是一个系统。领导者的风格和个性以及领导方式对群体的影响不是孤立的，单独的作用都难以发生效果。也就是说，一个成功的领导者，不仅仅由于个性、能力、特质，还由于领导所处的环境以及领导者与环境之间的相互关系、相互作用。同样的领导特质，同样的领导方式，在一种情境中获得成功，在另一种情境中却可能失败。领导行为发生的环境以及各种偶然性都不可忽视。领导情境理论与前两种理论的不同，主要表现在它使领导具有更强的艺术化色彩，更注重主观因素和偶然性的作用，是领导主观条件、行为方式与活动环境的有机统一。没有孤立的领导素质，也没有脱离环境的领导方式，领导活动只有有效与无效的区分。而能否做一个有效的领导者，一定的特质是需要的，特殊的领导行为是需要的，但更重要的一点是领导者在活动中要十分善于把握情境的变化。离开了对情境的把握，其他因素是难以发挥作用的。

西方有影响的领导理论还有很多，尤其是20世纪末以来，随着科学技术的发展和信息化的到来，领导理论又有了新的发展和突破，吸收了更多的新科技成分和信息化的成果。同时我们也看到，仍然没有形成完全占主导地位的领导理论，领导学研究仍然处在不断变化和发展之中。在了解西方的领导理论时，有三点应该特别注意：第一，西方领导理论特别重视专题性经验研究和实践模型的构建，研究者不是一般的从理论中推导和演绎，而是十分重视个案收集和实验研究，一个新的理论观点的提出，后面往往都有大量实际经验材料的支撑。第二，人们对领导学的研究主要是在心理学的指导下进行的，有一种实证化和心理学化倾向。领导技术逐渐代替了领导哲学，贯穿于领导活动中的价值观念、伦理观念日渐游离于人们的研究视野，实证主义倾向明显。第三，各种不同的研究流派和理论模型不是自身封闭的，而是开放的。各流派之间并不唯我独尊，去排斥其他学派的成果，而是随着自身研究的深入不断丰富和完善自身的研究，修正自己的理论，而且还在相互讨论和批评中，吸取彼此的成果，发展自己的理论。

第三节 领导学

一、领导的特殊性

什么是领导？在人们的日常生活中赋予了多重含义。在一些人看来，领导往往是指领导者这一角色，有时又指领导职位或领导者的行为。在学科中，涉及许多相关的学科和领域。为此，我们从相近的概念和原理出发，从比较中认识这一概念。我们着重讨论与领导最接近的领导与统治的关系，领导与管理的关系，并由此提出我们对领导的特殊理解。

（一）领导与统治

领导与统治（dominance），都是居于主导地位的少数人影响被主导的多数人以实现一定目标的过程，这是二者的共同性。但是，二者的区别也是明显的，主要表现在：人与人的关系、实现的目标和主导作用的方式三方面。

1. 与成员的关系不同

领导是同一组织内或具有共同利益关系的群体内的成员之间的关系，领导者首先是该组织或群体中的一员，然后才能发挥主导和影响作用；统治者可以是与被统治的群体或成员之间没有直接的利益关系甚至是利益冲突的一方。

2. 实现目标不同

领导过程是领导者引导被领导者实现包括领导者自己在内的组织或群体的共同目标过程；统治者要实现的目标，可能是与被统治者一致的，也可能是不一致甚至是相反的，统治者可以牺牲被统治者的利益来实现自己的利益和目标。

3. 实现手段不同

领导是实现包括领导者在内的组织或群体的共同目标中的引导者和组织者，因此其实现目标的手段主要是政策引导和理性教育以及个人魅力、身体力行等，以感化和带领被领导者。而统治过程，也有上述因素起作用，但是，常常采取的是强迫、命令的方式，甚至可以采取镇压和暴力的方式。

总之，领导主要是依靠共同利益这个纽带实施引导和影响的，利益冲突时，领导活动就难以实现。而统治主要是依靠权力来实现的，权力受到威胁时，统治也就受到挑战。

（二）领导与管理

领导与管理（management）的关系，是长期讨论的问题，因为领导学是从管理学中分化出来的，它们的共性十分明显，都是对某一部分人的驾御和控制。同时，它们的区别也是明显的，领导与管理的最大区别体现为：领导是一种变革的力量，而管理则是一种程序化的控制工作。这种区别集中表现在以下三个方面。

（1）领导是高层次管理。现代意义上的管理，是在一个复杂的组织系统内为了实现确定的目标，对人力、物力和其他资源进行整合及处理的过程。管理的层次有高层、中层和基层之分。高层管理是处理具有长远、原则和根本性的问题，很少涉及具体的人、物、财，这样一种管理就是领导。

（2）领导是战略管理。战略是一种关系全局、长期和稳定的原则和方针。战略性管理就是领导者对影响本组织和群体的具有全局、长期和稳定的问题进行决策和指挥，实现组织长远和根本的目标。而一般管理则偏重于执行政策，组织力量完成上级交给的任务，完成具体的现实的任务。

（3）领导是宏观管理。一般的管理要求管理者深入基层，事必躬亲，把握管理对象的每一个细节，从具体入微的事物中找到管理的目标和协调的手段。领导是宏观上的管理主要依靠权威、威信和个人魅力而对事物发展中的关键环节或基本要素进行引导和协调。一般管理者要熟悉和把握具体的业务知识和工作环境，而领导者要把握的是宏观决策需要的管理活动的一般规律和整个组织的大环境。

美国哈佛大学商学院教授约翰·科特在《变革的力量——领导与管理的差异》一书中独到地分析了领导与管理的区别。见表1－1。

表1－1　领导与管理的区别

	管　理	领　导
制定过程	计划、预算过程——确定实现计划的详细步骤和日程安排，调拨必需资源的计划	确定经营方向——确立将来，通常是遥远的将来的远期目标，并为实现远期目标制定进行变革的战略
发展完成计划所需要的人力网络	企业组织和人员配备——根据完成计划的要求建立企业组织机构，配备人员，赋予他们完成计划的职责和权力，制定政策和程序以对人们进行引导，并采取某些方式或创建一定系统监督计划的执行情况	联合群众——通过言行将所确定的企业经营方向传达给群众，争取有关人员的合作并形成影响力，使相信远景目标和战略的人们形成联盟，并得到他们的支持
执行计划	控制、解决问题——详细地监督计划的完成情况，如发现偏差点，则制定计划、组织人员解决问题	激励和鼓舞——通过唤起人们常未曾得到满足的最基本的需求，激励人们战胜变革过程中遇到的政治、官僚主义和资源方面的主要障碍
结　果	在一定程度上实现预期计划，维持秩序	引起变革，通常是剧烈变革，并形成非常积极的变革潜力

美国哈佛大学商学院领导学教授亚伯拉罕·扎莱兹尼克1977年发表在《哈佛商业评论》（5/6月号）上的一篇论文——《管理者与领导者：两者有什么不同?》，也从另一角度揭示了领导者与管理者之间的差异，认为管理者与领导者是极为不同的两种人：管理者的目标源于需要而非欲望，他们长于缓解个体及部门间的矛盾，抚慰组织内的方方面面以确保日常工作的顺畅运行；领导者则以一种富于个性化的积极的态度对待目标，他们寻求潜在的机会及回报，并以其自身的魅力激励下属、激发创新。领导者与雇员及合作者的关系往往趋于紧张，相应地，他们的工作环境通常是一团乱麻。

（三）领导内容

上文对比分析了领导与统治和领导与管理的角度，说明了领导的特点。但是，领导活动的内容究竟是什么，还没有一个明确的回答。领导学作为一门科学、一门艺术，领导活动的内容是领导职能的另一种表述，其基本内容有引导、指挥、协调和控制。

引导：领导从根本上来说就是规定活动方向，主要体现于正确地规划目标、提出任务和制定实施任务的方法。

组织：就是按照目标合理地设置机构、建立体制、分配权力、使用人员等，基本的是人、财、物的调度，其核心是使组织内部的人员积极性充分发挥，以保证组织目标的实现。

协调：就是通过及时的调整，使组织内部的各个部分、组织与环境的各种联系更为和谐一致，更有效地实现组织的发展目标。

控制：就是从外部对组织系统和人员的活动和运行状况进行宏观把握，对其偏离发展目标的行为进行及时监控、校正，使组织的发展在稳定、有序中进行。

从以上分析可以看到，领导与统治、领导与管理在内容上有一定的重合或交叉，但是领导与统治、领导与管理又有重要区别。把握这种区别，在于宏观与微观、手段与方法、目标与方向等多方面，这样才能深刻认识领导的特殊内容和要求。

二、领导学的研究对象

根据以上关于领导的界定，我们可以将领导学明确定义为：研究领导活动的学科，是关于领导活动的一般规律及其应用的知识体系。领导学成为一门专门研究领导活动及其规律的理论体系，也必须规范自己特殊的研究对象和范围，在实践活动中不断深化和丰富研究领域。

（一）领导学的主要对象

领导学是研究领导工作规律及其应用的一门学问。领导学的研究对象是领导活动，其根本任务是揭示领导活动中各种因素之间的内在的、本质的、必然的联系，即领导活动的规律。因此，领导学研究的对象，就是领导活动和领导规律。领导活动是领导者为实现预定目标，采取一系列合法手段，对被领导者进行组织引导和指挥的一种行为过程。领导活动是领导者、被领导者以及共同作用的客观对象三方面互相结合、互相作用的过程。这三者互相结合，互相作用要采取一定的方式，要发生一定的必然联系。这种必然的内在的联系就是领导活动的规律。具体地说，领导学的研究对象包括三个方面：① 领导活动的主体即领导者；② 领导活动的环境，即实施领导过程中面临的各种社会和自然条件；③ 领导活动的过程，即实施领导行为的程序与手段。因此，领导学既是揭示领导活动中规律性的科学内容，又是总结活动中的非规范性、非程序化的领导艺术。

（二）领导学的基本内容

领导活动规律是由领导活动矛盾决定的。领导活动存在众多的矛盾运动过程，这些矛盾运动主要包括两大类：一是领导者与被领导者之间的矛盾；二是领导者的主观愿望和观念与客观环境和实践手段之间的矛盾。因此，研究领导者与被领导者之间的内在本质联系，并揭示其特点和规律，研究领导者的主观愿望和观念与客观环境及实践手段之间的内在的本质的必然联系，并揭示其特点和规律，就构成领导学研究的核心内容。领导学把领导行为或领导活动作为研究对象。具体来说，领导学包括研究领导者、领导活动、领导环境、领导体制、领导决策、领导用人、领导激励、领导协调、领导监督、领导作风、领导艺术和方法以及领导效能等方面的内容。

第四节 学习领导学的意义

21 世纪，人类进入经济全球化、知识经济和信息时代，同时也是一个新的矛盾和冲突孕育和产生的时代。领导者的重要性具有一种全球性的效应。这样一个充满挑战的时代，对领导活动和领导者提出了更高的要求。深入研究领导活动的本质和规律，构建新的领导理论，培养未来的新型领导者，已成为新世纪一项紧迫的任务。可以说，我们处在一个需要新型领导，也需要培养和研究新型领导的时代。因此，对领导的研究会更加自觉和丰富，还会产生大量新的研究成果。

一、人人都处在领导活动之中

领导在现代社会中是一个十分宽泛的范畴，人们总是处在领导活动的网络之中，或者本身就是不同层次、不同范畴的领导者，或者是未来的领导者，或者处于领导活动的对象、领导活动的环境之中。

一些人认为，领导学就是领导者学习和研究的理论。“帅才”要学习领导学，“将才”要学习领导学，高层领导要学习领导学，基层领导也要学习领导学。但是，这是远远不够的。我们认为，人们都处在一定的社会组织和社会环境之中，为了在一定的社会组织和社会环境中更好地生存和发展，更好地处理包括领导关系在内的社会关系，更有效地利用各种社会资源，非领导者、被领导者对领导学的认识和掌握也是有必要的。

二、领导学是综合性和应用性学科

领导学的综合性。领导是一项十分复杂的社会系统工程。领导活动主要涉及以下方面：领导者、被领导者、领导活动以及领导环境。领导学要研究人的思想、行为、心理，个人与个人的关系、个人与组织及社会的关系、组织与组织的关系等等，既涉及人文社会科学领域，又与自然科学许多学科紧密相联。为了解决领导活动中的一些复杂的问题，需要综合运用许多社会科学和自然科学的理论知识，形成一门自然科学和人文、社会科学交叉、汇流的综合性学科。

领导学的应用性。领导学研究的主要方面是领导活动的实践问题，要求应用现有的自然科学和人文知识、社会科学成果和理论原则总结和归纳领导活动的实践经验，力求把丰富的实践过程上升到理论形态，认清领导活动的本质，寻找领导活动的规律并进行理论总结和归纳，运用这种总结的理论和知识进一步指导人们的社会实践。因此，领导学更注重提高领导工作的水平和效能，更注重理论的运用和实践活动的效能，并应用这种活动的成果修正和丰富领导理论。

三、认真学习和研究领导学

正因为领导学具有综合性和应用性的特点，学习和研究领导学，至少应该从以下几个方面去认识和把握。

（一）把握领导理论，更新领导观念

学习领导学首先要认清领导活动的本质，掌握领导活动的规律性，这样才能不断更新领导理念，适应日新月异的现代领导活动。

人们的一切活动都是在一定的理论指导下进行的，现代领导活动更需要领导理论的自觉支配。在新的经济全球化、知识经济和信息时代，领导活动日趋复杂，瞬息万变，尤其在我国社会主义市场经济转型的变革时代，我们面临大量前所未有的矛盾和问题：既有经济社会的，也有生态环境的；有人与人之间的，也有人与自然环境之间的。要完成十分繁杂的新的历史任务，掌握现代领导理论，明确和把握领导工作的基本规律、原则、原理、程序以及领导的艺术和方法，就会在实践中有更多的预见性、全局性和科学性，就能通过不断更新领导观念，从战略全局上自觉把握领导活动的规律，自觉迎接领导活动中的各种挑战，做具有战略眼光和善于驾驭全局的现代领导者。

（二）掌握领导艺术，提高领导水平

领导学不仅为我们提供领导活动的一般知识，还提供了提高领导效能的各种领导艺术和领导方法。作为一个高明的领导者，如何处理好领导与被领导的关系、领导与环境的关系，如何不断改善领导者自身的素质，使之成为能力强、形象好、有魅力、效率高的领导者等等，都是我们各级领导者在实践中常常遇到的问题。领导者或多或少都有一定的领导活动经验，但是，要将这样的经验上升到理论的高度，将自己的经验、他人的经验、现实的经验、历史的经验，总结、概括成为领导活动的一般原理和艺术方法，就必须通过领导学的学习和研究，成为普遍、共同的理性认识，使领导者在领导活动中，尤其是重大的、急迫的或者是突发的活动中，沉着冷静、对应自如，表现出领导的风格和个性魅力，这是一个长期的过程。这里当然离不开领导活动实践，但是系统地学习和掌握领导学知识是十分重要的途径。只有善于总结经验，从感性的个别上升到理性的一般，才能在遇到各种各样的新问题时始终驾驭全局，掌握主动权，保证领导活动的效能。

领导水平首先是从实践中来的，同时又是在理论学习和系统总结中得到和提高的。只有认真总结经验，不断学习新知识，系统掌握领导学的基本理论，才可能成为高明的领导者。

【案例】

管理者与领导者是两种不同的人

美国哈佛大学商学院领导学教授亚伯拉罕·扎莱兹尼克 1977 年发表在《哈佛商业

评论》(5/6 月号)上的一篇论文——《管理者与领导者：两者有什么不同?》，深刻地揭示出了领导者与管理者之间的差异。此文的内容提要如下：

管理者与领导者是极为不同的两种人。管理者的目标源于需要而非欲望，他们擅长于缓解个体及部门间的矛盾，抚慰组织内的方方面面以确保日常工作的顺畅运行。领导者则不同，他们以一种富于个性化的积极的态度对待目标。他们寻求潜在的机会及回报，并以其自身的魅力激励下属、激发创新。领导者与雇员及合作者的关系往往趋于紧张，相应地，他们的工作环境通常是一团乱麻。

商务活动既需要管理者，同时也需要领导者。而在美国的大型组织中，一种“管理神话论”似乎占据了主导。该理论强调管理个性化（诸如人们依赖并力图维持秩序化、稳定化的工作格局）和发展的持久性。管理的力量观倾向于集体领导并力图规避风险。

“管理神话论”也抑制领导的发展。在一个保守的扼杀个体主义倾向的环境中，企业家精神又能如何发展呢？与聪慧的引导者的关系对于领导者个性的发展至关重要。然而，在大型的官僚化的组织中，是不鼓励这种关系发展的。

商务活动既要求社会为之培训优秀的管理者，同时也需要为之培养卓越的领导者，如果缺乏一种巩固的组织框架，那么，即使是最天才的领导者也会处处掣肘，与他人合作不好且收获甚微。而如果领导者所处的组织缺乏一种培育企业家精神的文化，那么该组织必将发展缓慢，且迅速丧失竞争力。

什么是培养领导者的理想之路呢？对这个问题，每个社会均给予了自己的答案，并且在寻求答案的过程中，对人们最关心的有关权力的目的、分配以及使用等问题给予了界定。商务活动引入了新的群体，即所谓的管理者对此问题给予了回答。在引入管理者的同时，商务活动也创立了一种新的权利伦理观，即崇尚集体领导，反对个人独断。遗憾的是，在维护了竞争、控制以使群体中权力均衡的同时，管理型的领导者难以确保必要的想像力、创造力，或者一种能够左右公司命运的伦理行为。

思考题：

1. 到当地书店或图书馆浏览一下，看有多少关于领导学的书，你看到的是多于还是少于你的预期，有什么想法?
2. 从三种不同版本的《领导学》教材中找出三种不同的领导定义，比较一下，你赞成哪种？或者提出自己的领导定义。
3. 谈谈非领导者或者不谋求做领导的人学习领导学有无意义。
4. 你的经历中有无做领导的经验，如果有，你认为从领导学中最应该学习什么?

阅读参考书目：

1. 孙立樵，冯致笺主编．现代领导学教程．北京：中共中央党校出版社，2002.

2. 王乐夫编著．领导学：理论、实践与方法．广州：中山大学出版社，2002.
3. 常健编著．现代领导科学．天津：天津大学出版社，2004.
4. 邱霈恩著．领导学．北京：中国人民大学出版社，2004.
5. ［美］米歇尔·海克曼，克雷格·约翰逊著．王端华译．领导学：沟通的视角．上海：上海人民出版社，2004.
6. 刘建军编著．领导学原理——科学与技术．上海：复旦大学出版社，2001.

第二章 领　　导

教学要点

- 领导的性质
- 领导的特征
- 领导的本质
- 领导原则
- 领导观念现代化

第一节　领导概述

一、领导的含义

领导，顾名思义就是章领和引导。领导一般有两种含义：一是指领导者个体或者领导群体。就是指在社会共同活动中，担负一定责任，拥有决定权、领导权、指挥权，实行领导行为，带领和引导被领导者为实现一定目标而努力的个人或集团。如党的、行政的、企业的等各个方面的领导者及其领导集体。二是指领导者或领导群体为实现一定目标，对组织活动进行协调、引导和指挥的一种实践活动。领导是一种组织行为，有人类的共同活动就需要有组织，有组织就需要有领导。领导是一种动态过程，是根据群众的愿望和集中群众的智慧，动员、组织和指挥群众的实践活动，使人民群众在为争取实现自己利益的斗争中形成整体力量，实现预定目标。

领导是人们用来表述和修饰领导主体、领导实践的专有名词。不同国家、不同语种的人们对其理解尽管大致相同，但又各有侧重。

从汉语的意义来说，领导，更多的是指领导者。“领”即率领，“导”即引导，合起来就是表示率领和引导。在此意义上，领导活动主要表现为在组织内为多数人确认，并能够代表群体利益的少数人（领导者、领导集团）率领、引导特定群体，朝着一定的组织目标和方向前进的行为过程。

在英语中，领导（leader）这个词，一般是指领导活动和行为。关于这种领导活动和行为，早期的领导理论认为是权力运用的过程。按照这一说法，把领导与统治、管理理解为同一概念，显然是不准确的。现代领导理论认为，领导活动过程是领导者向被领导者施加影响力的过程，是以被领导者的自觉服从为前提的。对于这种“影响力”说，不同的学者也有不同的表述，大体上有以下一些观点：领导是指下属愿意接受另一个人的指挥和控制；领导是指促使下属按照既定要求进行活动；领导是指在机械地服从组织之外所增加的影响力；领导是指被领导者的追随和服从等等。西方现代领导理论认为，领导的主要功能是影响力，但他们并不否认权力的作用，认为权力是构成影响力的重要因素之一，一定职权是实现组织目标必需的。但是权力并不是构成领导者影响力的主要因素和绝对因素。领导者影响力的构成，除了权力因素之外，还包括领导者的主观因素，如领导者的道德、知识、威望、能力等。从一定意义上说，这些因素对于领导者影响力的形成，却起着主要作用。心理学家弗兰奇和雷文还把领导影响力的构成概括为强制权、奖励权、法定权、专长权、个人影响权等五种权力要素的综合，认为前三项主要由领导者个人在组织中的地位所决定，后两项主要由领导者个人拥有的条件所决定。

西方学术界对于领导这一概念有多种探索，主要从以下四个角度界定领导概念，见表2－1。

表2－1　西方学术界对领导概念的探讨角度和关注焦点

中心论	领导就是领导者依靠权力和人格所构成的影响力去指导下属实现领导目标	关注的焦点是领导者的能力
互动论	领导活动是为实现领导目标领导者和被领导者之间的活动过程	关注的焦点是领导者和被领导者的之间的关系
结构论	领导者是在一定组织结构中展开的一种特殊权力运用活动	关注的焦点是领导者所处的组织结构
目标论	领导活动的本质在于实现一定的组织目标	关注的焦点是领导者的推动作用

二、领导的性质

通过关于领导含义的论述，我们可以看出，领导的性质主要有以下四个方面。

（一）领导是一种特殊劳动

人类的劳动具有社会性和群体性，并且多以一定的社会组织或团体为载体。而任何一个组织或团体，又都要有一定的目标和实现目标的途径和步骤。由于组织目标的构成要素是多方面的，实践过程又是动态的，所以作为领导者必须总揽全局，协调关系，因势利导，控制过程，以保证领导实践沿着既定方向发展。这种目标的确立、全局的总揽、过程的控制、关系的协调以及组织指挥等，相对于一般的社会劳动来说，具有明显的特殊性，是特殊劳动。没有这种特殊劳动，即没有领导主体和领导实践活动，任何组织或团体也就不可能存在和发展。

（二）领导是统御和指引过程

群体活动需要统御和指引，这种统御和指引行为表现为推动力和引发力。推动力一般说来带有强制性，需要用领导权威去推动。引发力一般来说带有非强制性，需要用领导威信去带动。在领导活动中，仅用推动力是远远不够的，应该更多地使用非强制性的引发力，亦即通过一定的方式方法，去激发人们的自觉性、积极性和创造性，以求团结奋斗，实现组织目标。

（三）领导是高层次的管理活动

在生产力低下，社会活动比较简单的情况下，领导与管理二位一体。随着生产力的发展，现代化大生产的兴起，社会活动日趋复杂，领导与管理发生了分化，领导成了一项相对独立的活动，进行着战略指导的综合性工作，而一般管理则注重的是对具体现实任务的组织及协调。领导是对人和事业的统御，而事在人为，所以，它主要是对人的思想和行为的激励和指导，使人们自觉地服从和追随，领导是管理的灵魂。

（四）领导具有历史性

领导是历史性概念，它的内涵是随着社会的发展而不断深化的。早期领导的含义更强调职权的运用，而现代的领导的含义，则更侧重于引导，施加影响，同时还注重领导与职权的联系，认为影响的产生，只有在具有一定职权的情况下，才能实现。在原始社会，领导的基础主要是体魄强健，有突出的劳动和作战的本领，具有很高的威望和经验。现代领导者能够实现领导的主要条件包括职权、品德、知识和才能等方面。职权是指领导者所处的一定领导职位，以及所掌握的相应权力；品德是指领导者要品德优秀，在人们的心目中形成威望；知识是指现代社会的领导者需要具有广博的知识；才能是指领导者必备的组织能力、决断能力、协调能力和控制能力等。而所有这些，都是历史的、变化的，如在知识结构方面，古代的领导者往往都是无所不通的全才，现代社会却做不到，只要是个善于学习，不断创新的人就可以被认为是个有知识的领导者。

三、领导的特征

领导作为一种社会现象，是领导者领导被领导者去实现群体目标的一种实践活动。它主要具有以下一些特征。

（一）群体性

领导活动是领导者协调被领导者完成群体目标的行为，是领导者与被领导者相结合而组成的社会群体活动。在领导活动的矛盾统一体中，领导者是矛盾运动的主要方面，起主导作用，没有领导者的主导作用，就不会有领导活动的成功。被领导者则是领导活动这一矛盾运动中的客观群体，是领导活动的主要对象和基础，领导活动如果失去了这一群体，就失去了对象和基础，就会使矛盾运动终结，就没有领导活动了。只有把领导活动作为由领导者和被领导者共同构成的群体性活动，并充分发挥领导者的主导作用和被领导者的基础作用，才能有效地进行和实现领导。

（二）战略性

领导，从空间上来说是一个系统，有构成领导的各个基本要素（领导者、被领导者、领导环境等）；从时间上来说是一个过程，有过去、现在和未来。因此，领导者的领导活动必须有战略意识、战略眼光，从全局出发，从战略的高度统观全局，面向世界、面向未来，为全局性的工作制定目标、决策、措施和办法。在领导活动的实践中，抓住关系全局的战略重点，进行超前的组织、协调和指挥，才能有效地进行和实现领导，收到预期的效果，达到预期的目的。如果领导者的领导活动失去了全局的战略性，只能陷入具体的日常事物之中，难以成为成功的领导。

（三）预见性

领导者的一个重要职能，就是在人们行动之前，要为整个领导活动和群体活动指明前进的方向、奋斗的目标和行动的路线。这就要求领导者要有预见性，能够清楚了解领导活动和群体活动的整个发展过程，把握过去，认识现实，预见未来。这样，领导者才能正确地作出决策，有效地进行组织指挥，随时地协调各种矛盾，处理各种关系，对群体活动实行有效地领导。如果领导者不了解领导活动和群体活动的全过程，没有预见性，只顾眼前利益，不顾长远利益，只能是个短视的领导，不可能实现运筹帷幄，决胜千里。

（四）权威性

责任、职务和权力是领导的三个不可缺少的要素。领导的基础是权威，领导没有权威，就无法实施领导。要实施领导，特别是实施有效的领导，领导者必须有权威。不仅要使领导者负有责任，还要授予一定的职务、拥有必需的权力。当然，权威性不仅是指拥有权力，领导者还要有知识、专长、能力和高尚思想品质。这样，领导者才能有自己的威信和权威，实施有效的领导。

第二节 领导本质

要弄清领导的本质，首先必须弄清领导活动中人与人之间的关系所表现出来的属性。根据辩证唯物主义的观点，在一定意义上说，事物的本质与事物的属性是同一的。事物的本质要通过事物的属性来表现。我们平常说的事物的属性，就是一事物同其他事物发生联系时所表现出来的质。领导的属性也是如此。它是领导者与被领导者发生联系时所表现出来的质。同时，不同社会形态的领导本质，具有不同的实质内容和表现形式。

一、领导的自然本质

领导的自然本质决定于领导的自然属性。领导是人类社会共同劳动和生活的客观需要。在人类社会的发展过程中，最初的领导是由社会的共同劳动和共同生活的自然需要产生的。因为，只要有人类的共同劳动和共同生活，就需要有一定的分工协作，也就必然需要有领导者的带领、引导、组织、指挥和协调。如部落需要首领，农庄需要庄主，工厂需要厂长，商店需要经理，学校需要校长，军队需要军官，乐队需要指挥，等等。领导者的这种带领、引导、组织、指挥和协调的属性，是人类社会共同的群体活动的客观规律决定的，它是各种不同形态社会的领导活动的一般的、共同的属性。这种只要有领导就必然永远具有的自然属性，体现了领导的共同本质，是任何社会形态的领导活动都必然具有的。否则，群龙无首，失去领导者对社会活动的带领、引导、组织、指挥和协调，就会如同一盘散沙，不可能形成整体力量，甚至不可能有人类社会生活。

领导的自然本质的一般标志，就是统一的意志和一定的权力。这是各种不同社会领导所共有的。如果没有统一的意志、指挥和对这种意志的服从，也就没有所谓的领导。权力和服从是领导的共同属性，统一的意志和一定的权威结合起来构成权力。不论在人类社会的哪个领域和方面，领导者总是要凭借一定的权力来保证统一意志的贯彻执行，这就是领导自然本质的一般标志。

二、领导的社会本质

领导不仅具有一般的、共同的自然本质，而且具有特殊的、独有的社会本质。在人类社会的共同活动中，人们之间必然要结成一定的关系，这种关系又集中体现为经济关系。这是因为，人们都不能脱离一定的社会生活而存在，都必然要结成这样或那样的经济关系，并且在这种一定的经济关系基础上，又形成了一定的政治和思想关系，即社会关系。人们的这种社会关系渗透于领导活动中，则表现为生产关系。这种生产关系反映并规定着生产过程中人与人之间的关系，其中集中的体现为领导者与被领导者的关系，以及产品分配形式等。社会关系在不同的社会形态下，从不同的方向规定并制约着领导关系的性质，这就构成了领导特殊的社会本质。

领导的社会本质，一般集中地表现为阶级关系。领导的社会属性，不但反映了生产力发展的要求，而且是生产关系的表现。生产资料所有制形式是生产关系的基础，它规定着生产过程中人与人之间的关系和产品分配形式。这种人与人之间的关系，就集中地表现为生产过程中的领导关系，即阶级关系。在生产过程中采取什么样的领导方式，是由生产方式的性质决定的。特别是在阶级社会中，领导活动的存在不仅仅是社会共同活动的自然需要，而且在领导者与被领导者之间又贯穿着经济、政治利益上的复杂关系，这种关系决定着领导的社会政治属性。

三、领导的自然本质和社会本质的关系

领导的自然本质和社会本质，是领导本质不可缺少的两个方面，我们可以称之为领导本质的二重属性。这种二重属性并不是指两种领导活动，而是指同一领导活动中的领导本质的两个方面。在社会共同活动中，不论哪一种社会形态都不存在单一属性的领导，我们只有在领导二重属性的统一中才能把握特定社会的领导本质。如果看不到领导的自然本质，就无法考察领导活动的一般规律和特点，就会否认领导关系的某些共同之

处，就会忽视和拒绝吸收社会活动中积累下来的领导经验。同样，如果看不到领导的社会本质，就会把各种不同性质的领导混为一谈，抹杀他们之间的原则区别。

在阶级社会里，领导的自然本质和社会本质之间，一般说来是社会本质占主导地位，规定、制约和领导着的自然本质。一切领导都以统一意志和权力为标志，但在不同的社会制度下，则具有不同的形式。领导者以代表被领导者利益和意志来实施领导，使权力和服从建立在民主和自愿的基础上，这是社会主义领导的本质属性。在阶级社会里，领导者之所以成为领导者，主要是由其社会本质决定的。社会主义的领导关系是一种完全新型的领导关系。一方面，领导者是人民群众中的普通一员，是人民群众的公仆和勤务员；另一方面，领导者又肩负着带领、引导、组织、指挥、协调社会发展和社会生活的重大责任，是负有特殊责任的公仆和勤务员。

四、社会主义社会的领导本质

社会主义领导的本质就是为人民服务，具体说来包括以下内容。

（一）领导和被领导是社会分工

在社会主义社会，领导者和被领导者的关系是建立在根本利益基本一致基础上的平等关系，领导者与被领导者在政治上、法律上和人格上都是完全平等的，没有尊卑贵贱之分。他们之间的区别只是社会分工的不同。不仅领导者对被领导者有管理、组织、协调、指挥的职能，而且被领导者也负有参与和监督领导的权力。在社会主义条件下的领导者，要在同被领导者平等的基础上实施领导，这种领导是建立在为社会、人民服务和自觉接受群众监督基础之上，是由社会主义社会的领导本质决定的。

（二）领导是责、权、义的统一

在这里，“责”是指领导者在领导工作中应该承担的职责。社会主义条件下的各级领导者，应对他所管辖的事业负有政治的、经济的和法律的责任。“权”是指领导者履行领导职务的法定权。在社会主义条件下，领导者的权力是由人民给予的，因此，所有的领导干部，都要将手中掌握的权力看做是人民的期望，国家的委托，正确地使用手中的权力。“义”是指领导者在承担一定职务、具有一定权力的情况下，对社会所应作出的贡献。在社会主义条件下的领导活动中，责、权、义是辩证统一的。责任是领导的职责，权力是领导的基础，义务是领导应尽的贡献。责、权、义辩证统一，是社会主义领导的根本特性。

第三节　领导原则

领导活动能否取得成效，取决于领导活动是否符合客观规律。领导活动的规律存在于领导活动的过程之中。把领导活动的规律加以概括总结，变成主观指导性的东西，变成领导者应当自觉遵循的规范和准则，就是领导原则。领导原则有特殊原则和一般原则之分。反映领导活动某一方面规律的原则，叫做特殊原则。反映领导活动各个方面的、带有普遍性和共同性的原则，叫做一般原则。我们这里是研究我国社会主义条件下领导的一般原则，主要有实事求是原则、民主集中制原则、职权责利相结合的原则、系统整体原则、集体领导和个人分工负责相结合的原则、创造性原则等。

一、实事求是原则

实事求是的领导原则，就是在领导活动中，一切从实际出发，理论联系实际，坚持在实践中检验和发展真理的原则，它是在一切领导活动中都必须坚持的思想原则和思想路线。毛泽东在《改造我们的学习》一文中指出：“‘实事’就是客观存在着的一切事物，‘是’就是客观事物的内部联系，即规律性，‘求’就是我们去研究。”实事求是是我们党的思想路线，也是我们在一切领导活动中必须遵循的根本思想原则。

坚持实事求是的领导原则，首先要求领导者做到在一切领导活动中，坚持一切从实际出发，调查研究，按照实际情况决定工作方针，力戒片面性、表面性和主观性。其次要求领导者做到理论联系实际，坚持理论与实践相统一、主观与客观相统一的原则，从实际出发，创造性地执行党的路线、方针、政策和国家的法律法令。再次要求领导者做到坚持科学的世界观和方法论，用联系的、发展的观点看问题，多一些辩证法，少一些形而上学，正确地观察、认识、对待和处理各种问题，在实践中检验真理和发展真理。

二、民主集中制原则

民主集中制是我们党和国家的根本组织制度和组织原则。我们党和国家是按照民主集中制原则组织起来，并在民主集中制原则指导下进行活动和开展工作的，因此，它也是领导活动中的重要原则。民主集中制是民主和集中的辩证统一，包括民主制和集中制两个方面。民主制是人民群众真正当家做主，真正享有公民的权力，参与国家事务的管理。领导活动必须在充分发扬民主的基础上选择和确立目标，实行决策民主化，坚持从群众中来到群众中去的领导方法。集中制就是要有集中统一的意志、目标、决策和指挥，实行集体领导和个人分工负责制，统一行动。在民主制基础上实行集中制，坚持从群众中来，在集中制指导下实行民主制，坚持到群众中去，坚持民主与集中的辩证统一。

坚持领导活动中的集中制，就是要有集中统一的决策指挥中心，在领导活动的一定时期必须有统一的意志、统一的目标、统一的行动。领导班子在实行集体领导的同时，必须有个人分工负责制。首先，它要求领导者在领导活动中必须充分发扬民主，广泛听取各方面群众的建议和意见。这样才能制定出反映人民群众要求和根本利益的路线、方针和政策，才能使领导活动真正符合人民的意志、利益和愿望，才能有正确的集中。如果没有高度的民主，群众不能充分地将各种意见表达出来，领导者也就不能有效集中正确意见，形成正确决策，因而领导活动就难免出现偏差和失误，给事业造成损失。其次，坚持民主集中制的领导原则，还要求领导者在广泛的民主基础上，必须实行高度集中。这是因为任何社会群体活动都需要有统一意志、统一指挥，都需要有权威和服从。

尤其在现代化大生产条件下，领导活动需要实行高度的集中。随着生产的日益社会化和现代化，权威和服从日益显示出其重要性，领导者只有将群众中分散零碎的意见集中统一起来，才能形成正确的路线、方针和政策。如果离开了集中，民主就失去了真正意义。

三、职权责利相结合原则

所谓职务，就是领导者一定的职位和由此而产生的职能；所谓权力，就是履行领导职能所需要的各种权力，核心是决策权和指挥权；所谓责任，就是行使权力所需要承担的后果；所谓利益，就是领导者因工作好坏所受到的奖励或惩罚。这些都是领导者进行领导活动和实现有效领导的必要条件。职务和权力分离，就无法负责，权力和责任分离，就会产生官僚主义；职、权、责和利益分离就会影响领导者的积极性。为了实现有效的领导，必须实行职、权、责、利相结合的原则，保证职务到人、权力到人、责任到人、利益到人，做到事有人管，管事者有权，有权者负责，责连其利。

四、系统整体原则

系统整体原则，就是要求领导者用系统整体观念全面地观察和处理问题，正确地处理整体与局部的关系，把领导活动各个方面有机地结合起来，从整体上提高领导效能。我们的国家是个整体，这个整体是由各地区、各系统、各单位、各部门组成的，这些地区、系统、单位、部门对于全党和全国来说则是局部，而对其下属又是整体。所以，各级领导者都需要懂得系统整体领导原则，善于处理局部与整体的关系。局部与整体相互依存，相互依赖，相互促进，没有局部就没有整体，没有整体就没有局部，整体不能排斥局部，局部也不能脱离整体。因此，整体要关心局部，使它充满活力；局部要服从整体，围绕整体协同工作。为此，各级领导者首先必须使自己的工作服从整体和全局，以系统整体观念看待和处理局部工作，抓好对整体上起决定作用的局部工作。其次，要善于调整各个局部工作之间的关系，形成合理的工作结构，提高领导工作的整体效能，有效的领导必须善于抓住整个链条上的薄弱环节（局部），使各方面协调有序，形成最佳的整体效能。

五、集体领导和个人分工负责相结合原则

集体领导和个人分工负责相结合是社会主义领导活动的一个根本原则。它主要是指工作中的重大问题，一定要由领导集体讨论决定，决定问题时要严格执行少数服从多数的原则；领导集体决定的问题要分工负责，分头去办。

实行集体领导是实现正确领导的组织保证。现代社会的领导和管理，客观情况变化无常、错综复杂，领导工作十分艰巨，任何个人都是难以驾驭的，只有集体领导，充分发挥每个领导成员的聪明才智，集思广益，才能对重大问题作出比较正确的决定。实行集体领导是实现统一领导的前提，统一意志是实现领导的重要标志，只有在领导班子里

充分发扬民主，畅所欲言，分清是非，消除分歧，才能达到统一思想、统一行动的目的，从而实现预定目标。实行集体领导必须与个人分工负责相结合，只有将领导集体决定的工作任务落实到每一个领导成员，使他们各司其职，各尽其责，有职有权，有效地解决领导分工中的各种问题，才能有效地实现领导。

六、创造性原则

创造性原则，是指领导活动需要不断地有所创新、有所创造、有所前进。创造性的领导原则，是在坚持实事求是的基础上形成的，是与时俱进，充满生机和活力的表现。

坚持领导的创造性原则，其一，需要正确地理解党的路线、方针和政策。正确地把握党在新时期的总路线、总任务、总目标，找准领导工作的出发点、落脚点和正确方向，为自己的创造性领导活动建立有利的政治前提。其二，要认清本系统内部的情况；要了解本系统物质条件的优势和劣势；要了解本系统所处的社会环境，尤其是一定时期社会发展的面貌；要了解本系统人员的思想状况和社会心理变化，以及对某些政策的反映和心理承受力；要了解领导班子的组成、干部素质、干群关系等情况。其三，要将上级领导机关制定的目标、方案与本系统的具体情况有机地结合。上级机关制定的政策多数是从宏观的实际情况出发制定的，具有普遍的指导意义。对于具体系统来说，要将上级政策和实际情况结合起来，把政策具体化，调动各方面力量，使工作落到实处。

上述这些是领导活动中一般的和基本的原则，而不是全部原则，在实际工作中对这些原则的运用必须从实际出发，灵活运用，不能死扣教条，要注意发现领导工作中的特殊规律。有效地运用上述领导原则，有助于各级领导干部摆脱领导工作的盲目性，增强自觉性，更好地开展领导工作，使领导工作高效率。

第四节　领导观念更新

领导观念更新，是说领导观念应该符合时代潮流，应该在实践中创新和发展，应该与时俱进。20 世纪以来，特别是二战后的几十年间，西方的领导观念和领导理论，从领导职责、领导方法到领导决策、领导用人等，都发生了根本性变革，出现了前所未有的新现象、新特点。我们应该借鉴西方最新研究成果，结合我国实际，革除和更新旧的领导观念和领导思想，形成具有东西方融合特色的现代领导观念。

一、领导职责观更新

领导职责问题，是一个自古就存在的问题。我国封建社会历来有“政事无巨细，皆决于上”的传统。在国外，法国国王路易十四曾经直截了当地宣称：“朕即国家”、“朕即法律”。路易十五也曾表达过“不容他人分享的权力”。这些，都比较准确而形象地说明了在小生产专制体制下，领导职责的特点就是权力独揽、“无所不管”。

人类社会已经由小生产时代进入大生产和知识经济、信息化时代，政治体制也发生了根本变革。在新的时代和新的体制下，以往“无所不管”的领导职责已经完全过时，只能让位于“有所不管”、“有所为、有所不为”。任何形式的“无所不管”、“事必躬亲”的领导观念和领导行为都不仅是违反民主和科学的，而且是根本行不通的。在这方面，西方无论是从理论上还是从实践上，都有较早的探索和成就。法国著名管理学家、古典管理理论的创始人 H·法约尔于 20 世纪初就表达了工业化时代的领导职责是“抓大事，不问琐事”的思想。他指出，没有一个人有这样的知识、精力和时间，“能够解决一个大企业经营过程中提出的所有问题”。现代领导者应该有所管、有所不管，而不是无所不管，应该管的是“重大事情”，不该管的是“小事”、“细节”，这些“交给参谋部和部下去做”。二战中和二战后的著名领袖罗斯福、戴高乐、尼克松等尽管都不是学者，但由于他们生活在工业化迅速发展的时代，又具有丰富的从政天赋和经验，因此对领导人的职责都有自己的独到见解。罗斯福说领导是“制定正确的决策，而不是维持政权”。戴高乐说领导是“制定明天的政策，而不是今天的头条”。尼克松说领导是“知道应该干什么事，并说服他人去干好这件事”。

对于现代领导职责，《政治领导论》的作者 H·塔克把它概括为“制定政策，动员支持”。被称为管理大师的《有效管理者》的作者 P·德鲁克把它概括为“决策和化决策为行动”。被称为领导学大师的《领袖——领导者的策略》作者 F·丹尼士把它概括为“制定组织的远景目标，并传达给组织成员使之转化为行动”。尽管他们用词不同，表达形式不同，但对于领导职责的当代含义却是一致的，即决策和动员。也就是“从‘无所不管’到‘有所不管’”。

二、领导方法观更新

对于领导方法的认识，用一句话概括就是：从“事必躬亲”到“不问琐事”的转变。领导方法决定于领导职责。怎样理解自己的领导职责，就有怎样的领导方法。如果把领导职责界定为“政事无巨细，皆决于上”，在日常的领导活动中就必然采取“无所不管”的领导方法。而领导职责实现了“从‘无所不管’到‘有所不管’的转变”，在领导实践中就必然抛弃“事无巨细，事必躬亲”的领导方法。关于这个问题，有不少领导与管理学著作，从不同角度补充和发挥了 H·法约尔提出的“不问细节”的领导方法。特别是 P·德鲁克的《有效管理者》一书，以大量的篇幅论述“抓大事，不问琐事”，并以行政领导、企业领导的生动事例，对什么是大事作了明确的界定，即“基本性的决策”，“正确的战略，而不是令人眼花缭乱的战术”。后来有人把他关于领导方法的思想概括为“领导者要干自己的事，不干别人能干的事”，并作为现代领导方法的基本原则。为克服“事必躬亲”的狭隘观念，德鲁克提出了著名的“时间管理”概念，他告诫说：“领导者管理不用好自己的时间，就什么也管理不了。”

西方对领导职责和领导方法的研究对我们是很有借鉴意义的。中国有长期的封建专制主义传统，家长作风尤为严重。直到今日，“日理万机”、“百忙之中”、“亲自处理”等等在我国仍然是对领导者的赞美词，其实这是不恰当的。转变领导职能和方法并非易事，即使在西方也非一帆风顺。在我国社会变革时期，领导者的任务十分艰巨，但是对于领导方法的认识和掌握，关系领导者工作的实效和成就。因此，要转变方法，提高效率，首要的就是对领导方法及其应用有一个全新的认识。

三、领导决策观更新

领导决策方式的更新，用一句话说，就是“从内部咨询”的个人决策到以“外部咨询”为标志的民主化决策的转变。决策是领导者的重要职责，是领导者都要进行决策，即便是最底层的领导或者最拙劣的领导也都在进行决策，只不过他们可能未必自觉地认识到这一点罢了。

领导决策是什么，怎样才能做出正确决策，决策中要遵循什么样的程序、步骤，要坚持什么样的原理、原则，20 世纪中叶以前还没有人作为一门科学来研究并系统地回答。诺贝尔奖获得者美国学者赫伯特·A·西蒙，对这一问题进行了“开创性研究”。西蒙把各种类型的决策归纳为两种：程序化和非程序化决策，领导的决策是后者。针对在复杂多变的现代社会，西蒙提出决策方案的选择不能要求“最优”、“最佳”，而是要求较优、较佳，这就改变了一些人追求所谓“最佳”的幻想。西蒙还把决策分为四个阶段：情报活动阶段、设计活动阶段、抉（选）择活动阶段和审查活动阶段，并指出四个阶段虽可交叉进行，但基本程序有先有后，不得任意颠倒。西蒙的决策理论隐含着重要决策程序原则，即决策过程有谋有断、先谋后断、谋断分离、断评结合。

继西蒙以后，在西方发达国家中决策方式继续得到发展，出现了与东方不同的两大新特点：一是强调外部咨询。外部咨询就是非官方的民间人士或民间组织为决策者提供信息和出谋划策。外部咨询因其具有独立自主性，从而使其客观公正性得到保证。正由于这一点，美国的盖洛甫公司和兰德公司，才得以成为公认的权威信息机构和咨询机构，其影响远远超出美国国界。二是强调断评结合。断，在此是指决断、决策；评，在此是指评议、评价。对于决策，包括对于决策者及其决策行为的评议、评价，可以来自内部也可以来自外部。外部监督是现代民主政治的产物，是决策过程中断评相结合的标志。这集中表现为民间的舆论监督。西方国家许多大案要案多是舆论媒体首先发难的，如水门事件、总统性丑闻等等。在一些国家，20 世纪七八十年代，甚至还出现了专门监督政府、官员及其行为的民间监督机构。芝加哥有个“改进政府工作协会”，华盛顿有个“公仆廉政中心”。这些组织对政府决策的审查评价，对及时发现和纠正决策失误与廉政建设都起了重要的作用。也正因为如此，一些领导机关和领导者越来越重视舆论和民间组织及人士对于领导决策的影响作用。

四、领导用人观更新

领导用人观念的转变，用一句话说，就是从要求员工听话、服从，到激发员工的创造力。领导的决策需要动员他人来贯彻执行，否则，再好的决策也是一句空话。西方的古典管理理论，主要是重视物、技术，行为主义的产生才开始强调人，强调人本思想。

二战后几乎没有一部领导学、管理学著作不讨论人，不讨论“以人为中心”的管理。同时这种讨论已不是停留在一般的泛泛讨论人的潜能，人的体力、脑力的开发上，而是把对人的管理提高到发展创造力和提出一系列激励创造力的方法方面。这是现代西方领导理论在用人艺术上的两大新特色。

（一）激发创造力

传统的用人都是要求服从、听话、纪律性强、劳动卖力、加班加点、早来晚走。其实这是没有将人作为人来对待，是对人才的浪费、创造力的压抑，不能带来领导活动的高效率，只能是低效，甚至是零效、负效。当代领导者的用人观，核心就是鼓励创新、激发创造力。“人是唯一能扩大的资源”，这是20世纪70年代P·德鲁克提出的著名命题。当今的世界首富比尔·盖茨，从一介贫穷书生，一跃而为世界首富，靠的就是创新精神。那么怎样鼓励创新、激发创造力，“使平凡的人干不平凡的事”呢？心理学家和管理学家们提出了许许多多新的方法和理论，如目标激励、榜样激励、情感激励、信息激励以及差距激励等等。

（二）宽容失误

创造、创新就是“做前人之未做，想前人之未想”。任何创造、创新都不能沿着固定的路线前进，这种做法必然导致下述结果：一是难免与权威、传统相左，形成“反面意见”。管理大师德鲁克在《有效的管理者》一书中，有一节专门讨论“反面意见”。他明确指出：“反面意见本身，正是决策所需要的另一方案。”他举了通用公司总裁斯隆“没有对立方案不得决策”的实例来加以说明。不同意见、反面意见如此重要，但领导者未必人人喜欢。麦克阿瑟就陷入这样的困境：“人才有用不好用，奴才好用没有用。”二是难免出现错误、失败，甚至失败多于成功。美国学者迈克尔·马龙写了一部反映硅谷发展史的书叫《惊世伟绩》。他说，硅谷“不仅是胜利者的历史，也是失败者的历史。失败者是真正的英雄”。爱因斯坦也说，科学研究的失败也是对人类的贡献。科学研究的成绩不仅在于找到了新路，还在于“发现了一条走不通的道路”。现代西方的一些企业推行奖励“合理错误”的方法，就是对在创新活动中犯的“合理错误”，给予“鸭头奖”。这和传统的“有功就奖，有过就罚”的原则有本质的不同。

（三）唤醒忧患

从二战以后，虽然世界没有大的军事冲突，但是却仍然是充满竞争和风险的时代，经济、文化、政治、人才的竞争十分激烈，各国的有识之士纷纷提出忧患意识是激发人们创造力的有效途径。特别是日本、美国相继提出“末日管理”、“自曝家丑”、“揭己之短”、“怀抱炸弹”等危机管理方略，利用对己不利的信息，唤醒员工的忧患意识，激发员工的创造力，达到《孙子兵法》中讲的“置诸死地而后生”的神奇效果。当今世界，危机和忧患已经表现在各个方面，如能源危机、生态危机、人口危机、就业危机、道德危机等等。“生于忧患，死于安乐”，领导者必须提升自己的危机意识和忧患意识。

（四）淡化身份

中国人历来十分讲究身份，从穿衣戴帽到言行举止，甚至领导人出场的先后顺序，无不使人感到等级制度的森严和身份界限的不可逾越。然而，在现代社会，对身份界限的突破与淡化却正在成为现实和可能。如西方社会的“职工股权”或股权大众理论就认为，财产集中到少数人手里，造成贫富悬殊，影响员工的积极性、创造性，人人都有以自己劳动获得工薪收入和以生产资料获得红利收入的权利。这为员工持股、股权社会化提供理论依据。现代的许多企业，包括一些著名的大企业，一般都实行了员工持股。从经济关系到政治关系，人们的身份界限越来越淡。这些做法有利于形成利益共同体和团体精神，最大限度地激发员工的积极性和创造性。

【案例】

领导者要学会使用智囊团

——日本、韩国经济起飞中智囊的作用

20 世纪 60 年代，日本经济进入起飞阶段，这同池田勇人内阁实施的“1961—1970 年 10 年倍增计划”是密不可分的。1959 年初，日本一桥大学教授中山伊知郎首先提出，要在 10 年内使每一个国民的收入增长一倍的计划，接着自民党政治家池田勇人也提出了“月薪倍增”的口号，当时池田的智囊人物——经济学家下村治在理论上阐明了国民收入倍增的可能性。1960 年 7 月，池田勇人就任内阁总理，他将“国民收入倍增”的提法作为新内阁的施政大纲。但是口号决不能代替规划，规划要求一整套设想、政策、目标和实施措施。于是池田就要求战后日本最有权威和声望的“经济审议会”着手研究这一方案。经济审议会为此专门成立了一个 200 多人的专门委员会。这个专门委员会实际上就是一个庞大的智囊团。它又分成 8 个部会，17 个小委员会，进行专题研究。经过 152 次会议反复讨论，终于在 1960 年 11 月提出了长达 8 万字的《以国民收入倍增为目标的长期经济计划》。这个大规划不但指出日本经济的发展目标，而且指出了日本政府在实施这个目标时应采取的种种政策。如扩大道路、港湾、城市建筑和住宅等方面的社会性投资；促进产业结构向知识化发展；促进对外贸易和国际经济合作；注意解决各种收入差别，保持社会稳定；等等。1960 年 12 月，池田内阁根据上述规划正式制定了“10 年经济计划”（1961— 1970 年），这个规划为日本经济的高速增长立下了汗马功劳，成为战后日本经济发展史的重要里程碑。

这是一个成功的规划，但它来得并不容易，凝结了许多专家、学者、政治家的智慧和心血，并且建立在正确的预测之上。因此，面对当今社会复杂多变的情势，要想做出卓有成效的预测和规划，必须集中许多科学家、工程师、经济学家及社会科学家的智力，并且运用各种科学的工作方法，否则单凭个人凭空设想，胡思乱想，必将导致重大的经济损失和其他方面的损失。适应这一方面的需求，人类社会呼唤着智囊团的出现。

韩国是20世纪70年代以来经济发展比较快的国家，其取得的成绩令世界瞩目。在韩国的经济起飞中，不同层次的智囊团起到了重要的决策研究和决策咨询作用。在政府经济政策方面，韩国主要依靠经济开发院。经济开发院与政府经济部门密切合作，曾编制过《1977—1991年经济社会长期发展前景》的战略规划。按照决策科学的基本原则，拟定战略规划、计划和政策时，要把长期连续的历史和特定的历史时期结合起来。韩国在规划、计划和政策制定中，充分地实践了这一点。1988年，韩国经济开发院在回顾总结历史经验教训的基础上，分析了世界态势以及国内社情民意，提出了一份展望2000年韩国社会经济发展的研究报告，比较具体地描述了他们的构想以及实现构想的对策。这份报告指出："因为国家的发展是沿着连续历史发展的进程所进行的，要预测未来就有必要回顾过去的历史。"在回顾历史的基础上，他们提出从当时到2000年，在经济增长、产业结构、外贸、就业、人们的生活质量和生活水平等方面韩国所要达到的目标。为了实现这一社会、经济发展的综合目标，韩国经济开发院的这份研究报告，还提出了不同阶段的任务与对策。

思考题：

1. 联系具体的领导主体和领导实践过程，试述领导的性质和特征。
2. 从领导的自然本质和社会本质及其二者关系，谈社会主义社会的领导本质。
3. 结合领导实践，谈谈应该确立什么样的领导观念。
4. 结合自身体验，谈谈构成领导者影响力的主要因素。

阅读参考书目：

1. 刘兰芬，周振林．现代领导科学教程．北京：中国经济出版社，2002.
2. 辛锋．论中西领导方法的差异，理论探讨，1999（5）.
3. 王乐夫．领导学：理论、实践与方法．广州：中山大学出版社，2002.
4. 苏保忠．领导科学与艺术．北京：清华大学出版社，2004.
5. ［美］米歇尔·海克曼，克雷格·约翰逊著，王端华译．领导学：沟通的视角．上海：上海人民出版社，2004.

第三章 领导者

教学要点

- 领导者的内涵
- 领导者角色扮演
- 领导者的素质
- 领导者成长规律

第一节 领导者的内涵与角色

一、领导者的含义

据美国领导学者统计，目前世界上关于“领导者”的定义有160多种。这并不是说“领导者”是主观随意的概念，而是人们从不同的学科和角度如政治学、组织学、管理学和心理学等方面来研究和把握的结果。那么，从领导学的角度，该如何给“领导者”一个本质的定义呢？那就是为了实现组织目标，指挥与引导追随者，行使相应权力，履行相应职责的人。现代管理科学之父彼德·杜拉克指出，领导者的唯一定义是其后面有追随者。一些人是思想家，一些人是预言家，这些人都很重要，而且也很急需，但是，没有追随者，就不会有领导者。领导者与追随者的相互界定，揭示了领导者的内涵。

追随者不同于被领导者，被领导者是天然存在的，追随者是靠领导者的魅力和努力争取来的。在一个组织内，领导者的下属都是被领导者，但不一定是追随者。被领导者中有积极的追随者、一般的追随者、不追随者，有的甚至是反对者。领导者的责任，就是使他们转化为追随者。如果被领导者都不再追随，领导者实际上就名存实亡、徒具形式了。这说明，领导者扮演主动者、创造者和发动者的角色。古往今来卓越的领导者都能够创造和征召追随者，成就领导事业。

现实生活中，导致追随关系的因素很多，如品德、知识、才能、信仰、专长、情感等等。

二、领导者的职责与权力

当代领导学的发展，从学科意义上提出了一系列关于领导者职责的系统论述。约翰·科特把领导定义为："一个目标的实现过程，即领导者主要通过非强制性的方式方法，鼓动一部分人（或一个集体）来实现一个或若干个既定目标的过程。"① 约翰·加德纳认为："领导是一种说服或示范的过程。一个人（或领导班子）可以借着这个过程，引发团体去追求领导者所坚持或上下一心所共持的目标。"② 从上述含义出发，领导者有四项基本职责：① 拥有远景；② 提出战略；③ 形成联盟；④ 激励鼓舞。

约翰·加德纳划分更细，提出了领导者的重要职责，即八大任务：① 拟定目标；② 确定价值；③ 激励行动；④ 学会管理；⑤ 致力于统整；⑥ 宣导说明；⑦ 作为象征；⑧ 担任团体代表。

从我国的国情和特色出发，用我们习惯的语言表述领导者职责，多数学者形成的共识，可概括为五点：① 进行决策；② 选人用人；③ 沟通协调；④ 激励鼓舞；⑤ 思想政治工作。其中，进行决策相当于前边所讲的拥有远景、提出战略。选人用人和沟通协调，相当于形成联盟，激励鼓舞则是东西方的共识，而思想政治工作则是我们的传统、优势和宝贵财富。

领导者职责从另一个角度阐述，就是要求领导者有效率的达成组织目标，协调各方人际关系。在改革开放的今天，这种阐述仍具有权威价值和意义。任何领导者都必须平衡这两个方面：把多少时间和精力用在达成组织目标上，把多少时间和精力用在处理人际关系上。调查研究显示，现实中存在着一种普遍性的"领导烦恼"，即领导者的很多时间甚至是70%的时间和精力用在应付人际关系上，只能用30%甚至是更少的时间和精力干工作。其中的"内耗"和无休止的应酬固不可取，但就领导者的职责而言，协调人际关系是领导工作的题中应有之义，而不是额外负担。尤其要明白，人际关系的实质就是利益关系。领导者是组织中众多利益和矛盾汇聚的中心，每个群体乃至个体都有自己的利益需求，都向领导者要利益。虽然从总体上说，实现组织目标就满足了全体成员的共同利益，但具体到群体和个体自身利益的实现，则是有先有后，是很不均衡的。这就要看领导者如何回应和协调，处理不好，会影响组织目标的达成。有时组织目标达成了，领导者个人反而失败，这其间有许多深刻的经验和教训。

领导者的构成要素中包括权力，领导和权力这两个概念是密切相关的。作为实现组织目标的手段，领导要达成一定的目标，必须要借助于权力。权力的实质是一种依赖关系，按照斯蒂芬·罗宾斯在2001年《组织行为学》中的说法，"它是依赖（dependency）的函数。B对A的依赖性越强，则在他们的关系中A的权力就越大。"领导者的权力来自两个方面：职务和职务外的个人因素。法约尔在1916年出版的《工业管理和一般管

---

① ［美］约翰·科特．现代企业的领导艺术．北京：华夏出版社．

② ［美］约翰·加德纳．新领导力．台北：天下文化出版股份有限公司，1992．

理》一书中，首先将权力划分为职务权力和个人权力（非职务权力）。他认为，在一个领导人身上，人们应把属于职务规定的权力，和由于自己的智慧、博学、经验、精神道德、指挥才能、所做的工作等决定的个人权力区分开来。作为一个出色的领导人，个人权力是规定权力的必要补充。梅奥在霍桑试验的基础上，指出了组织中“非正式组织”的存在，组织内还存在具有影响力的自然的群众领袖人物。韦伯把权力划分为三种类型：① 法理权力，被授以权位的人拥有发号施令的权力，其基础是法律、法规；② 传统权力，由世袭、继承、血缘关系而来的发号施令的权力，其基础是传统观念；③ 超凡权力，由个人的英雄业绩和高尚品德而来的权力，其基础是心理的虔诚信仰。实质上，这三种权力类型也可以归结为职务权力和个人权力。

从原本的意义上说，权力一般来源于组织因素，所以职务权力即本来意义的权力概念。职务权力（position power）简称职权，是领导者为履行自己职责而具有的发号施令的影响力，它来源于法定的职务或职位，是外部（上级、组织、阶级、法律）赋予的权力。职务权力一般都是组织条文明确规定的。除人们所熟知的外，职务权力还有一个重要方面，即控制信息资源。某些来自组织上层、其他部门或外界的信息，经常是领导者先获知。领导者能控制它们流通到何种程度，并有解释的权利，进而加以宣传，从而影响追随者。职务权力同职务具有不可分性，有职就有权，去职则无权；职务权力同职务的关系成正比，职务越高，享有的权力也越大。

个人权力（personal power）是职务之外的，由于个人的特质如品德、知识、才能、业绩、声望或其他个人因素而获得的影响他人心理和行为的能力，也可以说是个人影响力。个人影响力是一种具有持久性的、可超时空地影响、支配、控制他人的力量或能力。个人权力在领导中的作用是显而易见的。它不是通过行政命令的方式行使，其影响力是通过自身的素质和言行起作用，被人自觉接受，是内在的作用与影响。有调查研究结果证明，领导者以个人权力影响追随者，通常有较高的绩效，追随者也比较满意。而领导者的个人权力是通过他的所作所为和全部生活细节而表现出来的。甘地曾说：“从我生活的细节中可以了解我的一生。”

由上可见，权力是一种影响力，它又有广义和狭义之分。狭义的权力指职务权力——职务影响力、强制性影响力，这是本来意义的权力概念。广义的权力则包括职务权力和个人权力，后者包括个人影响力、非强制性影响力。广义的权力概念就是权威。所以，领导权威就是职务权力和个人权力的统一，或职务影响力与个人影响力的统一，用公式表示就是：领导权威 = 职务权力 + 个人权力。职务权力带来的强制性影响力与个人权力（非职务权力）带来的非强制性影响力，二力合成，即构成现实的领导力。

三、追随者与领导者

（一）追随者的含义

所谓追随者（follower），是指在领导活动中与领导者有共同的利益或信仰，追求共同组织目标的人。在许多研究者看来，领导者的概念是确定的，而作为领导三要素之一的追随者的含义则不确定，甚至名称也未确定，如“被领导者”、“拥戴者”、“下属”、“支持者”等等。

“追随者”是一个新的具有时代精神的概念，逐渐被人们所接受。我们之所以选择“追随者”这一概念，首先是为了强调他与领导者有共同的利益或信仰，追随者追随的不仅仅是领导者，而且包含愿景，是共同的理想。追随者与领导者也有着共同的政治利益或经济利益等，追随者和领导者往往是在同一面旗帜下进行着共同的事业。

其次，“追随者”这一概念更能体现他们在领导活动中的主体地位。追随者追随的是与领导者共同拥有的愿景，这个愿景也含有他们所表达的意见，他们也是愿景的“编剧”。如果领导者违背了愿景，不再与他们拥有共同的价值观和利益，他们就可能退出领导活动，或者追随新的领导者。追随者有自己的独立意识，有自己的意志和选择权。

最后，“追随者”这一概念含有更大的范围，他们是领导者的信任者、支持者、服从者、拥戴者，是共同愿景的编织者、实现者和分享者。他们不仅仅来自下属，而且可能是组织中的每一个成员，甚至是上级；他们也许是来自组织外的其他成员，甚至是来自跨文化的异域成员。

总之，追随者与领导者是领导活动的主体，他们一起去畅想愿景，主动追求共同的利益，实现共同的价值观念，是充满生机和活力的主人翁。

（二）追随者与领导者的关系

追随者与领导者的关系随文化的不同而有差异。随着时代的发展，全社会人员的整体素质迅速提高，如民主意识、科技意识、自我意识等均今非昔比，追随者与领导者的关系呈现出新的特征。

1. 追随者与领导者在人格上是平等的。他们之间所体现的乃是一种民主的、自由的、平等的社会关系。随着与领导者实现共同的愿景，追随者不仅仅是在追随领导者，而且是在追随愿景，这个愿景正是追随者和领导者之间的心灵契约。而且，组织也是领导者和追随者之间的“契约箱”。领导者和追随者之间不再是人身依附关系，而是平等的契约关系。

2. 追随者与领导者在身份上是相对的。追随者与领导者的身份处于不断变化之中。在不同的时间、不同的场合、不同的组织中，领导者可以变成追随者，追随者也可能变成领导者。随着领导者对追随者的培养和组织的发展，追随者也可以成为新的领导者。而且，在不同的组织联盟之中，领导者与追随者的地位也是不断变化的。

3. 追随者与领导者存在着互相追随的关系。好的领导者应该也是好的追随者，领导者和追随者有很多共通之处：善于倾听，合作精神，以及与同伴共同对付竞争的问题。领导者有主动权，追随者也有很大的主动权，如果在领导过程中发生了变化，追随者也可能追随到底，也可能放弃追随，领导者不再成为领导者了。

4. 追随者与领导者在权力上是相互制约的。领导者的权力来自于组织的法定权力，更来自于追随者的认可，没有追随者的承认，领导者将是有权无威，形同虚设。追随者也要服从自己认可的领导权威的指挥，与领导者有默契的合作，否则，追随者违反自己认可的领导权威的意志，也就是违背自己的意志。

追随者对上级领导者也有权力，即潜在影响力，这种潜在影响力亦称为“对抗权”，对上级领导者行使权力有制约影响作用。追随者的对抗权主要来自领导者必须依赖追随者。依赖分为多种，最明显的是领导者系追随者所选出和公认的，追随者有权更换领导者。所以，最基本的依赖形态，是领导者必须满足追随者，以此来保持领导地位。当然，在领导者是任命的组织中，拥有职务权力和对上级权力中枢负责时，领导者职务的保留固然会受追随者的影响，但绝非后者所能完全控制，追随者很难撤换领导者。这种情况下，对抗权的主要来源，是领导者须依赖追随者以达成维系其职务的组织目标，并由追随者对其领导绩效进行评估。

追随者的对抗权从追随者自身来看，主要来源是：① 追随者的专长。在组织中的追随者有特殊的专业才能或技巧，可增加领导者的依赖性。特别是当没有人能取代他，而他又有“跳槽”的机会时，来自这种依赖的对抗权就达到最大。如果追随者与外界有特别的接触，能获得组织领导者所需的资源，也会发生同样的情况。② 追随者掌握重要的资源，包括物质资源和信息情报。当这些信息情报为领导者决策所必需时，追随者就可以借此利用理性的说服等方式影响领导者。③ 追随者熟悉组织的规章制度。在高度官僚化组织里，这也是一项专业才能。规章制度与传统是追随者合法要求的基础，复杂的规章制度体系与制度，使追随者能找到借口“照章办事”，拒不执行领导者的指示。④ 追随者与领导者关系密切。这也可能潜在地影响领导者。对领导者的赞同与支持、危难时刻对领导者的关心与配合等，均可能密切与领导者的关系。⑤ 追随者若采取集体行动，对抗权比较明显和有效。但若与组织规范相违，这种做法则不宜提倡。

从事实来看，追随者要做到“追随”，特别应具备以下方面的要求：① 领悟能力，即领会理解领导者的思想和意图，为共同的愿景而奋斗；② 配合能力，既兼顾全局，又独当一面，做好本职工作，与领导者默契配合；③ 贯彻能力，即坚定不移地贯彻领导的战略意图，克服困难，达到预期目的；④ 服从意识，这是追随者责任意识的表现。追随者自己参与设计愿景、自己选择和拥戴领导者，就要服从愿景和领导者。服从意识是领导活动中的关键因素。

四、领导角色

（一）领导角色的含义

在历史演进过程中，领导者总是在扮演各种各样的角色。角色扮演成败决定着领导行为的成败和领导者的成败，进而决定组织的兴衰。时代不同，领导角色也与时俱进，这就要求领导者必须不断地学习和创新，以适应领导角色的需求。

“角色”，本是戏剧中的专有名词，指演员扮演的剧中人物。后来，这个名词被其他社会科学借用。社会角色是指与人们的某种地位、身份相一致的一整套权利、义务的规范与行为模式。它是人们对特定身份的人的行为期望，构成社会群体或组织的基础。[①] 领导角色也是如此，在组织或群体中，它处于显著位置，人们总是期望领导者能明晰自己的权力与责任，善于根据角色要求行动，起到楷模作用。

领导角色是一种典范，是领导者安身立命的基础，也是行为处事的依据。在同一时代，领导者往往扮演多种角色，形成角色集；在不同的时代，领导者的角色集也不相同。《领袖论》的作者伯恩斯认为，“领导角色”必须从外部和内部两个方面来探讨：一方面，社会形势呼唤这种角色的出现，即“外人”需要它的影响，需要它在社会和政治领域中推动或阻滞他们的行为；另一方面，它来自一个人对自己在社会关系中地位的认识和理解。一个人所处的社会地位已不容他不去思考和扮演自己的角色，即顺应他自己的要求。[②] 总的来说，领导角色由内外两个系统组成。外在系统包括领导者所处的时代背景和社会特征、领导者所在的组织环境、领导者和追随者之间的关系，尤其是权力的渊源，这些因素构成领导者外在决定条件，它们将支持或者制约领导者的行为，决定领导者的先赋角色，也决定着领导者的规定性角色。领导者应该协调这些角色要素，否则其角色存在的基础会受到损害，甚至导致角色失败。领导角色的内在系统包括领导者的自身素质、角色认知和自我期望，这是领导者角色扮演的内在质的规定，也构成角色行为内在动力，促使领导者去努力追求自致角色，更好地扮演自觉角色。许多研究表明，在扮演那些没有严格确定的开放性角色时，领导者的“内在自我”起着决定性的作用。

我国传统社会的领导者角色有两类，其行为模式也不同：一类是霸道，尊君卑臣，权统由一，政不二门，赏罚必信，法令著明，百官修理，威令必行，这颇类似于法家的观点；另一类是王道，先除人害，而足其衣食，然后教以仁义礼仪，而威以刑诛，使其好恶去就，这颇类似于儒家的观点。历史经验表明，纯粹的“王道”与纯粹的“霸道”都不是成功的领导角色，历史上领导者往往是“王霸兼行”、“外儒内法”的。传统的领导角色在今天看来，需要随着时代的发展而发展。

在近现代社会的政治领域和经济领域中，领导者或扮演政治家一类的角色，或扮演企业家一类的角色，或者兼而行之，这需要他们凭借自己的实力、努力，通过竞选、考试和自我创业等方式来实现内在自我期望，确定自己的社会角色。在政治领域，领导者的行为模式也可以分为两类，一类是变革者的角色，通过改革或革命，将人们的思想提升到新境界，同时也改进完善政治制度；另一类是交易者的角色，他们以政党领袖、立法或行政部门的领袖身份在政治市场上进行交易行为，追随者可以得到安全、收入和一定程度的民主自由等。现代社会最大的进步在经济发展方面。在经济发展过程中，领导者需要扮演企业家、经理人等新角色，社会越是发达，领导角色扮演越是复杂，因为社会发展要求领导者在继承传统的基础上不断创新。

---

① 郑杭生．社会学概论新编．北京：中国人民大学出版社，1999，第140页

② ［美］J. M. 伯恩斯．领袖论．北京：中国社会科学出版社，1996，第117页

（1）政治学范畴的领导角色。从政治的本质和领导的基本职能出发，领导者是利益的分配者，按制度经济学的说法，是“分蛋糕的人”：领导的权力从政治本质而言，即主管利益和各种资源；各层级领导处于各个利益分配的环节，按其职权范围分配给下属利益；下属对领导的服从实质上是对利益的追求，这种利益是生活资料、发展资料及其他物质利益，也包括出于追随楷模而获得的心理满足。从利益分配的角度，领导者也可以说是扮演裁判的角色，协调利益分配的不公平情况，调解利益纷争。

（2）社会学范畴的领导角色。从社会角色理论出发，领导是导演：按政策和实际需要“三定”，即定职能、定机构、定人员，构思组织发展脚本；物色所需演员，使其不断适合表演要求。从社会互动理论出发，领导是信息中转站的信息员：领导掌握更高层次的信息资源；以领导为中心形成信息的传播网络。

（3）心理学范畴的领导角色。从斯金纳的强化理论出发，领导是“双面人”：正强化时，如表扬、奖励等，能让下属感激不尽；负强化时，如批评、惩罚等，能让下属痛哭流涕。从罗杰斯的人文主义现象角度出发，领导是心理医生：领导需要尽可能多地了解下属的心理动态；根据下属的心态进行治疗和调节。

（二）领导角色的变革

知识经济的兴起大大扩张了人类的能力，科层制组织走向扁平的网络结构，由正规化向非正规化转变，组织的物理空间将与建立在网络基础上的虚拟空间共同存在，领导者与下属的距离逐渐缩小。权力的渊源以知识为主，权力正在由领导者向下转移，授权和分权已成为潮流。随着教育的发展，下属受教育程度普遍提高，其参与意识更加强烈，直接参与民主将取代间接代议民主。这个时期领导者的角色多是自致角色，这些角色多是开放性角色，领导者也有更多表达自我的机会。这些都已引起一场“领导的革命”。无论是公共行政领导者还是工商行政领导者都必须关注下属，其行为必须符合社会公众的需求。工商行政领导者要承担一定的社会责任，公共行政领导者更应该承担社会责任，实现公共领导的公开、公平和公正。

知识取代资本成为领导权力的渊源，领导者运用知识的技巧也就是运用权力。新的研究表明，在新时期领导者应扮演以下三类角色。

（1）领导者应是知识、经验和智慧的传播者，这种新角色被称为“教师”、“师傅”、“教练”和“导师”等。在传统社会，领导者就是扮演这类角色。伯恩斯认为，教师和领袖在实质上有着相同的意义，教师和领袖已经变得密不可分。在当代，领导者作为“教师”的作用非同以往。知识经济不仅引起生活方式和生产方式的变革，也引起教育方式的变革。传统的“在校教育”将转变为“在职教育”，大学公司化，组织大学化，学习的意义更加广泛。有的研究者认为，“数字时代”的领导者不再是去下达命令，而是要负起学习的职责，建立起有利于学习的组织氛围，保持组织的竞争优势。领导者扮演教师这个角色时，视下属如学生，帮助下属认识学习的重要性，建立正确的学习动机，确定学习的目标，并且领导者要尽量鼓励下属，培养竞争和合作的学风。在教学过程中，把知识和智慧传授给下属，并督促他们敢于冒险尝试应用这些新知识，然后总结实践的经验与教训。通过教育和实践，领导者将提高下属的能力。

公共行政领导者作为下属的导师，甚至社会公众的导师，要求他们必须具有正确的价值观念，如坚持社会正义，坚持为人民服务，反对腐败，在精神上、思想上引导社会公众和追随者；要求领导者精通业务，能够在下属需要时进行示范，纠正下属所犯的错误；要求领导者熟悉下属的优缺点，能够容忍下属的缺点，并在恰当的时候给予帮助；等等。

（2）领导者应该联合群众，设计组织，成为变革的控制者，这类角色常被称为“设计师”、“社会建筑师”和“组织缔造者”等。在今天，国家和社会逐渐融合的趋势要求领导者不仅要注意国家和政府的需要，而且要关注社会的需要，这样，才符合公共性的需要。公共行政领导者作为改革的设计师，在改革中既要符合国家和政府大局的需要，又要结合本部门的实际情况，进行组织的设计和创新，做到为社会服务。作为社会建筑师，领导者在进行行政管理的时候，要考虑到公民和社会的道德风貌、精神文明等因素。公共组织设计要符合社会公众和追随者的需要，在组织缔造时，领导者要预想其规模、结构、战略、技能、人员、作风，尤其要形成与下属的共同的愿景；同时，要关注组织的工作流程和制度。当代社会知识以惊人的速度发展，组织也必须跟上这个速度并持续变革。作为设计师，领导者应该熟练设计组织，善于解散组织和重构组织，并在这个过程中不断创新。世界著名学者彼得·圣吉认为，学习型组织能够达到上述目的，组织设计师不仅要设计出组织的政策、策略和系统，重要的设计工作包括整合愿景、价值观、理念、系统思考以及心智模式这些项目，更广泛的就是要整合所有的学习修炼。面对变革所带来的混乱，作为设计者不能抱着应急的想法，头痛医头，脚痛医脚，而是要考虑组织的各个方面。重塑组织不是去再设计一台机器，也不是再造组织金字塔，更不能把追随者和下属看成“经济人”，而是从广泛角度去设计组织。不仅要设计组织的表层，如结构、战略和奖励系统，而且要考虑组织的深层，包括文化、价值观和精神。

（3）领导者应该传播领导技能，做未来潜在领导者的培养者，这类角色被称为“领导铸造者”、“栽培者”和“超级领导者”等。在历史上，有“事必躬亲”型领导者，也有“垂拱而治”型领导者。前者事无巨细必亲自躬行，以致日理万机，这往往影响下属的积极性和创造性，绩效并不见得好；后者“劳于求人而逸于治事”，下属会努力把工作做好。培养下属使之得到晋升和发展的人可以称为领导铸造师，对于组织来说，这是一个重要的职衔。他应该创造更好的环境让追随者成长，成为新的领导者。要达到这个目的，领导学学者班尼斯认为，要让下属接触各种领导模式，从好的和坏的领导者对比中学习熟悉领导技巧。在适当的时候，分派给下属以挑战性的任务，以适度的压力促进他们成熟。通过这种过程，领导者为组织铸造大批领导者，可以减轻领导者的负担，使领导者从日常烦琐的杂事中解脱出来，集中精力和时间思考重要的问题，这样，领导者就分身有术了。有了一支具有领导能力的队伍分布在组织的各个层面，领导者就能“任凭风浪起，稳坐钓鱼台”，从容面对纷乱的变革，追求卓越的效益。

在组织中，不可能所有成员都能走上领导岗位，成为领导队伍中的一员。对于一般的追随者，领导者也应注意培养其领导能力，让下属自己领导自己，自我激励，自我计划，自我监督，自我评估，自我设计职业生涯和事业发展道路，促使追随者由依赖外部领导向独立转变，这就是自我领导。在这个意义上，领导者就成了超级领导者。超级领导者并非要取消领导者，而是充分发挥追随者的积极性和创造性，使其分担领导者的部分职责，更能扩大领导者的业绩，强化领导者存在的基础。

公共行政领导者要成为“领导铸造师”，因为组织和社会事务千头万绪，不能依靠领导者一人日理万机，而需要更多的下级领导者来分担责任。作为超级领导者，公共行政领导者如果能让下属自我领导，不仅能够调动他们的积极性、主动性和创造性，而且可以减轻自己的负担。公共行政领导者如果能使社会的自治能力增强，公众的自我领导能力增强，如社区行政和中介组织的发展，不但可以把社会事务管理得更好，而且可以精简政府机构，促使政府的管理社会化。

在以上三种角色之外，领导者还要扮演其他角色。由于信息技术发展，网络将在社会中发挥重要作用，网络组织将成为一种重要的组织形式，未来的领导者将通过网络进行领导，这又一次为领导角色创新提供了机会。新的领导角色对于公共部门的领导者提出很多要求，需要我们不断地进行研究，但只要领导者坚持为人民服务的宗旨，坚持行政管理的公正、公平、公开原则，不断地突破自身的局限，是能够赢得追随者和公众认可的。同样，一个有远见的工商行政领导者不但要完成组织的目标，满足下属的需求，提高生产效率，而且要善于突破组织的狭隘，着眼于社会发展和社会效益，考虑组织所承担的社会责任。

第二节　领导者的素质

一、领导者素质的含义与特点

何谓领导者素质？从字义上说，“素”就是构成事物的基本成分，如元素、因素；“质”就是性质、本质。所谓“领导者素质”，就是领导者在一定禀赋的基础上，通过后天实践锻炼和学习所形成的，在领导活动中经常发挥作用的本质要素。具体来说，它有双重含义：首先是指构成领导者的各种内在要素，即使领导者成为领导者的生理、心理、文化、思想、政治、道德等因素，以及由这些因素综合而形成的本质性能力，亦即领导能力。它们是领导者任职的内在根据和条件，统称为领导者素质。其次还指这些要素和能力的现实状态，即发展程度或实际水平。也就是说，领导者素质同时又是一个发展的动态概念，用以描述和揭示现实领导者的实际状态、水平和差距。领导者素质与先天遗传生理、心理特点有关，并受它们的影响与制约，但主要是后天社会实践中自身努力的结果。

领导者素质具有时代性、综合性、层次性的特点。

1. 领导者素质的时代性

一代之治有一代之才，不同的历史时期和不同的任务，对领导者素质有不同的要求。领导者的素质既有稳定性的一面，一经形成，便相对稳定地发挥作用；又处在不断变化之中，这也是领导者素质时代性的表现。这种变化可以是积极的、上行的，也可以是消极的、下行的。一般而言，上行变化如登山顶，是一步步走上去的渐进过程，越登高越艰难；下行变化如乘坐滑梯，惯性使然，不断加力，是急速下滑的加速过程。

2. 领导者素质的综合性

领导者素质是一个相互关联的整体，它们在领导活动中总是综合地而非各自孤立地起作用，这是由领导工作本身的综合性所决定的。美国著名领导学家华伦·本尼斯有一个形象的比喻。他说，一个不败的领导人，必须依靠三条腿来支撑，一是坚定的雄心壮志，二是领导工作的才能，三是优秀的道德品质，这些是领导者素质的最基本结构。公共行政领导者最基本的素质要求是政治品质、政策水平、专业知识和领导才能。公共行政领导者从领导才干方面可以总结为三才：口才、文才、干才，三才具备，才是帅才。领导者素质的综合性，有些教科书亦表达为德才兼备的全面性。

3. 领导者素质的层次性

处于不同层级、肩负不同责任的领导者，其素质要求是不同的。诸葛亮在《将器》一文中指出："将之器，其用大小不同。若洞察其奸，伺其祸，为之众服，此十夫之将；夙兴夜寐，言语密察，此百夫之将；直而有虑，勇而能斗，此千夫之将；外貌桓桓，中情烈烈，知人勤劳，悉人饥寒，此万夫之将；仁爱洽于下，信义服邻国，上知天文，中察人事，下识地理，四海之内，视如室家，此天下之将。"法国著名管理学家法约尔曾经提出一个重要论点，他说，管理人员的能力和素质具有"相对的重要性"，即随着领导者等级地位的提高，管理能力的相对重要性增加，技术能力的重要性减少。美国学者罗伯特·卡茨认为领导者必备三种技能：技术技能（专业业务能力）、人际技能（处理人际关系能力）、概念技能（分析和决策能力）。公共行政领导者一步步向上升迁时，他对技术技能的需求将会逐渐降低，而对于概念技能的需求程度将会急剧上升。一位高阶层的公共行政领导者若想发挥其高的效能，就必须具备良好的概念技能。

二、领导者个人素质的基本内容

公共行政部门领导者的素质关系到公共行政领域能否有效运作和发展。完善国家公务员制度，建设高素质的专业化国家行政管理干部队伍影响到国家和社会伟大事业的成败。干部素质建设是我国政治体制必须十分重视的战略问题，这里我们重点介绍行政领导者素质。

（一）*政治素质*

政治素质是领导者的灵魂，是素质中的最重要素质。每个国家、不同社会都有自己鲜明、具体的政治素质标准和内容。包括理论水平、政治信仰、世界观、人生观和价值观以及道德修养等。无论是行政领导者，还是工商企业领导者，都必须要在自己的管理活动中，正确处理国家、集体和个人三者利益的关系；以提高和发展社会生产力为根本，坚持社会主义方向，坚定政治立场，遵守国家的法律法规，敢于同违法乱纪行为作斗争；要有强烈的事业心、责任感和创业精神；有良好的思想作风和工作作风，廉洁奉公，不谋私利，实事求是，不搞特殊化，不图虚名，与群众同甘共苦，模范地坚持群众路线，相信群众，依靠群众，以群众的利益为重，诚心诚意为人民服务，关心群众疾苦，为群众排忧解难，办实事、办好事。

（二）知识素质

合理优化的知识结构，是行政领导者必备的基本条件，也是提高行政领导水平的重要环节。现代行政领导者既要具有较宽的知识面，懂得和运用马克思主义基本理论、一般基础科学文化知识、社会主义市场经济理论知识、现代科学技术知识和法律知识，同时也要具有从事本职工作所必需的业务知识和现代领导与管理知识，成为掌握业务知识与领导知识的“双内行”，从而适应整个知识系统既高度分化又高度综合的发展趋势及其客观要求，做到博与专的统一。具有丰富的社会科学知识，这是一个现代领导者必须具备的知识的重要组成部分，如果没有这种知识，领导者就很难适应社会管理的客观需要。这些知识主要包括政治学、法学、心理学、社会学、经济学等方面的专业知识。一个现代领导者，还应当掌握自己从事的管理工作的相关专业的知识和技能。现代领导者必须是本部门的内行和专家。现代领导者要掌握现代管理科学和现代领导科学的知识，要对行政管理学、企业管理学、决策科学、金融、国际贸易、公共关系学、行为科学、计算机技术等知识有基本的掌握。缺乏这方面的知识，会对领导工作带来不利的影响。

（三）能力素质

能力是知识的发挥和运用。能力素质主要包括创新能力与综合能力。

1. 创新能力的具体要求

行政领导者多从事非常规性的面向未来的工作，创新能力是最基本的能力的素质要求。其具体内容有：

洞察力。这是一种敏锐、迅速、准确地抓住问题要害的直觉能力。勤于实践和思考，有助于锻炼这种能力。

预见力。这是一种超前地把握事态发展的预见力，它以对事物发展的正确认识和对现实性与可能性关系的辩证分析为基础。

决断力。这是一种迅速做出选择+形成方案的意志力。缺乏果断的意志就不可能有任何创新。

推动力。这是一种激励下级实现创新意图的能力。通常表现为领导者的感染力、吸引力、凝聚力、号召力、影响力，以及个人魅力。

应变力。这是一种在事物发展的偶然性面前善于随机处置的快速反应力，是创新能力的一个重要表现。

2. 综合能力的具体要求

综合能力是行政领导者的又一基本能力要素。因为领导工作是一种“统领各方”

的工作。“各方”既包括各组织机构、系统、各种利益和力量，也包括各种知识、信息、情况等。综合能力包括以下内容：

信息获取能力。在信息社会中，信息占有量的多少，成为领导行为成败的决定性因素之一。领导者必须充分掌握有关信息，才能做出正确的决策。

知识综合能力。从科学发展来看，现代科学的一个重要发展趋势是学科的高度分化和高度综合。行政领导者不仅应掌握多学科的知识，而且要对各门学科的相互联系有所认识，这样才能管理好高度专业化的各种组织机构及其活动。

利益整合能力。随着现代化程序的提高，利益多元化是一个值得注意的发展趋势。行政领导都要把分散的甚至有冲突的利益要求整合为利益共识，并据此制定政策。

组织协调能力。领导的重要工作是要保证系统内的各要素处于良好的配合状态，以获得高一层次的整体合力，这就要求领导者要具备组织协调能力。它在本质上是一种将各种分散的积极性综合在一起的能力。

（四）心理素质

从个体心理品质角度来看，心理素质主要包括气质、性格、意志等几个主要方面。因此，作为一个行政领导者，更应具备这些心理素质。具体表现为：

（1）敢于决断的气质。任何决策都是有时效性要求的。在对客观事物充分调查的基础上，行政领导者应有不失时机地、勇敢果断地处置问题的热情与气魄。

（2）竞争开放型的性格。竞争在某种意义上说就是奋力争先。领导者应有敢为天下先、善于争先的品格。领导者要与各种人打交道，要随时处理各种矛盾。这决定了行政领导者要有开放的心态、宽阔的胸襟、公道正派的作风，团结众人一起去不懈地竞争。

（3）坚忍不拔的意志。开拓创新，难免遭受挫折、失败，只有具备不怕挫折与失败而百折不挠的毅力，才能经得起各种风浪的考验。因此，意志坚强是行政领导者必备的条件之一。

（五）身体素质

身体素质在不同的领域有不同的含义和指标。领导者的身体素质，是指健康的体魄。从公共领导者的角度而言，就犹如登山，越处在领导的高层和肩负繁重的职务，越需要优良的身体素质。没有优良的身体素质，继续攀登——担任更高的领导职务，只能是力不从心，半途而废。健康的体魄是事业之本，是从事繁重的领导工作及提高自身其他素质的基础。周恩来在《我的修养要则》中写道：“健全身体，保持合理的规律生活，这是自我修养的物质基础。”反之，若是上班坐不长，下去走不动，应急挺不住，病魔常缠身，这就不能适应领导工作的要求。

三、领导集体素质结构

领导集体不是若干领导者的简单集合、松散组合，而是由若干领导者组成的具有高度组织性与功能性的系统。领导集体的效能不仅与其领导成员的个体素质有关，而且在很大程度上取决于领导成员素质的组合结构。

（一）合理的静态结构

领导集体是一个有机的整体，从静态意义上说，其素质结构包括四个方面。

（1）年龄结构。这是指领导班子由不同年龄合理构成的最佳的年龄结构。它是根据不同的领导层次，由老年、中年和青年干部按合理的比例构成的综合体。就我国目前情况来看，优化年龄结构主要是解决领导班子年轻化问题，但要注意不能走极端，不能片面地理解为青年化。

（2）知识结构。这是指领导班子应有较高的文化知识水平，还要强调各类人才的合理搭配。只有将各种“专才”很好地组合，构成整体的“全才”或“通才”，才能胜任综合而复杂的行政领导工作。因此，配备领导班子应将具有不同专长的人有机地结合，以形成既有较宽的知识面，又有精深的专门知识的立体知识结构。

（3）智能结构。这是指领导班子内不同智能的合理构成。人的智能结构是有差异的。在优化行政领导班子素质结构时，应根据这种智能的差异，让具有不同智能类型的行政领导个体组合到领导班子中来，形成高智能的、多才多艺的整体。

（4）气质结构。这是指领导班子成员在不同气质类型方面的合理构成。人的气质可划分为胆汁质、多血质、黏液质、抑郁质四类，它们各有特点。在领导班子的气质结构方面，应注意不同类型气质的互补，以求得领导班子的多功能化和高效能化。

（二）合理的动态结构

领导班子的动态结构，是指在动态领导过程中，领导班子所形成的合力，包括合力关系和合力状态。

1. 合力关系

从一般意义上说，能够进入高层领导集团的人，都是素质较高、形象较好的领导者。但领导集团的整体素质并不等于领导成员素质的机械相加之和，而取决于各成员在领导活动中能否形成良性互补、互动的合力关系。这种良性互补的合力关系主要表现为：

（1）经验、阅历的互补关系。在领导集团面临新的压力和挑战的时候，在个体领导成员之间，形成良好的经验和阅历互补关系，可以增强领导集体克服困难的信心和能力。

（2）专业知识和能力的互补关系。当领导集体遇到重大的非程序性决策时，对决策方案的选择能力，取决于领导成员的知识和能力素质。只有在领导成员知识和能力素质形成良好的互补关系时，才能最大限度地扩大领导者的有限理性，提高集团领导者的决策能力。

（3）品德互动关系。古语云，“近朱者赤，近墨者黑”，在领导活动中，领导成员的人品、道德素质是相互作用、相互影响的互动关系，主要包括道德互动和责任互动。如果多数领导成员能够廉洁自律、勇于负责，就可以对个别领导成员形成一定的威慑力，而每个成员都能廉洁自律、勇于负责，就可以使领导集团树立廉洁奉公、向人民负责的良好形象。

2. 合力状态

在领导活动中，衡量一个领导集团素质的高低，主要看以下几个方面：

（1）团结合作能力。团结合作是领导集团的生命线，是实现组织目标的可靠保证。不团结是集团领导素质的腐蚀剂，会给整个管理组织造成更加复杂紧张的关系和巨大的内耗，严重的可以毁掉组织发展的一切努力。没有团结，就没有合作，合作是建立在团结基础之上的。

（2）科学决策和处理复杂事务的能力。正确而科学的决策，是领导集团的首要任务。看一个集团领导者素质的高低，主要是看它能不能有效地进行科学决策，决策质量的高低直接关系到整个组织的生死存亡。同时，还要看领导集团对突发事件的反应能力和处理复杂事务的能力，这些能力状况，直接决定领导集团乃至整个组织的社会形象。

（3）社会动员与控制驾驭能力。能否有效地动员社会，组织群众参与决策、执行决策和参与管理，是集团领导者领导能力的集中体现，是树立领导形象的最有效的途径。社会动员能力和控制驾驭能力是相辅相成的关系，两者不可偏废。只有动员能力，没有驾驭能力，就会在领导活动中失去控制，导致社会混乱；而只强调“统御”，不注意动员群众，就不可能获得群众的支持和有效地动员社会的力量与资源，即使正确的决策，也无法有效地执行。

（4）清除积弊和开拓进取的能力。任何领导活动都不可避免地带来一些弊端，而这些弊端积累到一定程度，必须加以清除。一个素质较高的领导集团，能够及时发现和正视这些弊端，并不间断地解剖自己，锐意改革，积极进取。

第三节　领导者成长规律

一、领导者成长的内外因素

影响领导者成长的外在因素，极为复杂繁多。它涉及政治、经济、军事、科学、教育、文化等许多方面。我们将影响领导者成长的外在因素，概括为以下两个层次：第一个层次为大环境，包括时代、国家、居住地域以及整个社会环境；第二个层次为小环境，包括组织、家庭以及个人人际环境。

二、大环境对领导者成长的影响

大环境对领导人才的作用，可以简要归纳为以下几点：

（1）大环境一般不对领导人才个体的成长产生直接的影响作用，而是通过中环境或小环境，对领导人才个体的成长产生间接的影响作用。

（2）大环境的优劣，直接影响和制约着多数（不是全部）中环境和小环境的优劣。良好的大环境能为领导人才个体的成长提供较为优越的中、小环境，或者为领导人才个体摆脱不利成才的外部环境，选择较为有利的外部环境，创造更多的机遇和条件。

（3）在某种情况下，大环境对少数小环境几乎不起任何影响作用，这些相对“独立”的中环境和小环境，牢牢控制着一部分领导人才的命运，直接决定着他们的兴衰成败。

（4）从宏观和整体上说，大环境又能直接影响和制约一代甚至几代领导人才的成才率，对某一时代、某一社会、某一国家能否出现“人才辈出”的局面，产生直接的、决定性的影响。

三、小环境对领导者成长的影响

由于现代社会的高度组织化，每一个人都处在特定的单位、部门或组织中，从而构成了人才成长的具体的小环境。人们也把它称为组织环境。现代信息社会中，如何才能形成一种有利于领导成长的组织环境呢？

我们认为作为人才管理部门要想更好地促进领导者的发展，一定要遵循成才规律，恪守以下原则。

1. 信任性原则，即“用人不疑”

这是造就优秀领导者的重要前提。任何人都有自信心，都有荣誉感和成就感，都有干出一番事业的愿望。上级领导者在量能授职之后，就要放手让他们去干，让其发挥自己的聪明才智，在实践中奋力拼搏，争取成功。

2. 敬重性原则，即“尊重人才”

这是造就优秀领导者的中心环节。每个人都希望保持自己独立的人格和尊严。实践反复证明：当一个人受到社会的尊重时，就会产生向心力、合作感，使事业有成。三国时代刘备礼贤下士，三顾茅庐，终得卧龙辅弼，共建蜀汉而三分天下。领导和组织上敬重人才，就能产生强大的凝聚力，使人才发挥出更大的作用。

3. 竞争性原则，即“激励人才”

这是造就优秀领导者的有效机制。竞争是一种催化剂，它激发人们勤学苦练，奋进向上，多作贡献。正是通过各种竞争，一大批能人脱颖而出，茁壮成长。理论和实际有力地证明：人才需要竞争，竞争涌现人才。但同时必须有序，应当认识到，竞争是在制定科学的竞争规则基础上开展积极的、公平的、良性的竞争。

4. 宽容性原则，即“大度待人”

这是造就优秀领导者的重要心理因素。人的一生始终处于矛盾运动之中，难免会犯这样那样的错误。因此，于人不可求全责备。对知错就改的要既往不咎，真正团结一致向前看。据史载：春秋时代的齐桓公不记一箭之仇，打败鲁国后起用管仲，从而使齐国大治，称雄一世，桓公则被尊为霸主。作为新时期的领导者，更应当有宽广的胸怀，搞“五湖四海”，为了共同的事业，要把包括那些反对过自己而在智能上超过自己的人在内的优秀人才提拔上来，并给予应有的信任和尊重，真正造成一种心理相容的“组织气候”。

家庭环境和人际环境对领导者成长同样起着不可忽视的作用。家庭不睦、择友不慎，往往对领导者的成长产生影响，成为领导者成才道路上的绊脚石。除此之外，影响领导者成长的外在因素，还有人才政策和人才制度等。实践证明，哪里的人才政策和人才制度正确合理，哪里的人才就留得住、引得进、用得好，大批领导人才就会迅速涌现。

四、领导者对客观环境的主观能动作用

在领导者的成长过程中，外在因素（客观环境）无疑起到不容忽视的制约和影响作用。然而，按照辩证唯物主义和历史唯物主义的观点看来，领导者在外在因素面前，绝不是无能为力的，只要领导者能够科学认识客观环境，树立顺应时代和社会发展的战略思想，把握大、小环境的发展变化，努力捕捉和利用外在因素提供的一切机遇，就一定能对客观环境发挥主观能动作用，驾驭和改造客观环境，使其为自己的成才实践提供理想的表演舞台。

（一）客观环境是可以认识的

同世界上一切事物的发展变化一样，人类社会的发展变化，以及领导人才成长的外在因素的发展变化，都是有规律可循的，可以认识的。

领导人才在认识客观环境和改造客观环境时，应该牢固树立下列科学观点：

（1）任何杰出人才要在历史发展中起推动作用，只能顺应历史发展的趋势，按照大多数人民群众的意志办事。

（2）人类社会的发展，是不断由低级阶段向高级阶段循序渐进的一个漫长历程，这是发展的总趋势，是不以任何人的主观意志为转移的客观规律。

（3）在领导者成长的内外因素中，内在因素是事物发展变化的基础，外在因素是事物发展变化的条件，外在因素再好，也必须通过人的内在因素起作用。

（4）领导者所处的大、小环境，是互相制约、互相影响、互相联系的极为复杂的系统环境，它们相互作用，错综复杂。这就需要领导者驾驭和利用环境，充分发挥主观能动作用，创造较为有利的条件。领导者坚持上述科学观点，对于正确认识客观环境，是大有好处的。

（二）客观环境是“有机可乘”的

彻底的辩证唯物主义者，是乐观、自信，无所畏惧的。在对待人与客观环境的问题上，他们坚持认为，只要自己具备成才的内在因素，那么，在人生道路上，总是能捕捉到成才机遇的。在通常情况下，大、小环境均佳，当然是领导人才成长的最理想的外在条件。然而，这种“最佳条件”是难得遇到的。更多的情况，却是好坏交错，好中有坏，或者坏中有好，呈现出一幅令人眼花缭乱的局面。在同一外在条件下，客观世界一般都能向每个立志成才者，提供若干次稍纵即逝的机遇，造成“有机可乘”之势。这时候，就看每个人捕捉机遇的能力了。

（三）外在因素只能通过内在因素起作用

尽管客观环境向每个人提供了相对均等的成才机遇，但是，事实上成才者毕竟只有少数人。这就表明，认识客观环境也好，利用客观环境也好，充其量只能为立志成才者准备必要的外在条件，而真正起决定作用的，还是成才者自身的内在因素。外在因素必须通过人的内在因素起作用。有时候，领导者的产生，似乎由于“机遇”的突然降临，而带有某种偶然性，其实，偶然性寓于必然性之中，这种“机遇”，如果降临到一个能力较低的人身上，也是不可能成才的。

我们不赞同时下的一种说法，即某人成为领导者，完全借助于被某个高层次领导者“看中”了。道理很简单：某人为什么会被上级领导“看中”？上级领导“看中”的，恰恰是他具备了成才的内在因素，具有较大的发展“潜力”；倘若某人自身不具备成才的内在因素，“看中”之后，他能作出较大贡献，获取事业上的成功吗？当今社会，由于几千年封建社会陈规恶习的影响，现行干部管理制度还存有种种弊端，依靠吹吹拍拍、拉拉扯扯爬上领导岗位的现象，尚未绝迹。然而，在这些“领导干部”当中，又有几个成长为社会需要的真正领导者呢？由此可见，外在条件再好，也必须通过人的内在因素起作用，这是一条被无数领导者成长的事实证实的客观真理。

【案例】

“谢谢群众的理解、支持和配合”

2005 年温家宝在哈尔滨察看松花江水体污染情况，并到居民小区慰问群众。一位市民说，“我们的生活井井有条，社会秩序也很好。谢谢党和政府，把群众放在心里。”温家宝说，“你这话要倒过来说，应该是党和政府谢谢你们，谢谢群众的理解、支持和配合”。这绝非一句简单的客套话，而是反映了一个合民心的现代政府的正确定位。

过去很长一段时期里，我国建立了无所不包的计划经济体制，形成了“父爱主义政府”。政府控制了几乎所有的重要资源，在国家与社会的力量对比格局中，政府处于绝对主导地位。政府仿佛就是“为民做主”的万能主宰者，民众应该感谢政府为民所做的一切。公民在政治社会过程中也出现了认知的偏差，一旦自己的问题得到解决，就会“感谢政府”。“父母官”这几个字常常可以从一些领导干部的讲话中听到，他们面对群众“感谢政府”、“感谢领导”的话语受之如饴，不但没有感到任何不妥，反而觉得理所当然。

随着中国市场经济体制的逐步建立和经济社会的全面转型，百姓日益迫切地要求政府能够为他们提供基本而有保障的公共产品和有效的公共管理、公共服务；广大百姓越来越期望建设一个公开、透明的服务型政府。政府转型成为进一步深化改革的中心环节。这种转型就是从“父爱主义政府”向真正的现代政府的转变。这就需要理顺政府与公民之间的关系。现代政治学认为，政府的身份应该是公共产品和公共服务的提供者，而公民则是公共产品和公共服务的购买者。公民通过缴纳赋税养活政府，政府通过提供公共产品和公共服务获得赋税。

在这种新型的现代政治架构中，政府不再是一个“为民做主”的万能主宰者，而是一个真正的“为人民服务”政治组织。不管是维持社会治安、社会秩序，还是治理环境污染，架桥修路，都是政府的本分，是其应尽的义务，公民不必为此“感谢政府”，政府也没有理由接受公民的“感谢”。相反，如果政府做得不好，就应该为此承担政治责任乃至法律责任，公民也完全有权利对政府“问责”！

一句话，中国的各级政府都应该从“管理型”政府转向社会的“服务型政府”，正确对待政府与公民之间的关系，多考虑自己的责任，少期望公民的感谢声。我们希望有越来越多的政府官员像温总理那样诚恳地对公民说，“谢谢群众的理解、支持和配合”！

思考题：

1. 联系实际谈谈领导者素养的重要性。
2. 上述案例的启示有哪些？
3. 在改革开放条件下如何提高领导者的素质？
4. 举例说明领导班子素质结构优化的表现和具体措施。

阅读参考书目：

1. 朱立言．智慧　尊严　方略．北京：中国人民大学出版社，1993.
2. 王乐夫．领导学：理论、实践与方法．广州：中山大学出版社，2002.
3. 竺乾威．公共行政学．上海：复旦大学出版社，1999.
4. 范学智，张稼人著．超越权力——领导魅力纵横谈．北京：京华出版社，1997.
5. ［美］华伦·本尼斯，罗伯特·唐森德［著］，吴金根，吴群［译］．重塑领导者．九州出版社，1999.

第四章 领导环境

教学要点

- 领导环境的概念
- 影响领导活动的环境变量
- 领导环境的分类
- 优化领导环境

第一节　领导环境的概念

一、领导环境的定义

环境最初的含义，主要是指空间范围的大小，表明某一事物所具有的明确空间边界，即环绕而成的区域。《元史·余阙传》中说："环境筑堡寨，选精甲外悍，而耕稼其中。"随着社会的发展，环境逐渐突破了其狭窄的空间属性，而被赋予社会和人文意义。我们现在一般是以自然环境和社会环境来概括之。大气和水的纯净指数和污染指数、生物存活和灭绝的数量等，属于衡量自然环境好坏的基本指标。而犯罪率的高低、政府反抗行为的多少、经济投资的大小、教育普及的范围与程度等，则是衡量社会环境好坏的基本指标。

所谓领导环境，指制约和影响领导活动展开的各种自然要素和社会要素的总和。领导环境作为领导活动中的一个基本要素，与领导者、被领导者共同构成领导活动的基本要素。

任何领导活动都是在一定的环境中展开的，脱离了一定环境的领导活动是不可能存在的。领导者无论是处在何种经济、社会、政治及技术条件下，都必然会受到领导环境的影响和制约。因此，领导环境就成为领导学研究的重要内容，领导者总是一方面受制于领导环境，另一方面又试图改造领导环境。领导者往往都必须面对这样的严酷事实：在与环境产生严重抵触时领导活动往往失败，而过分受制于环境时领导活动又往往失去效能。这些都说明环境是领导活动必不可少的要素。

二、领导环境的特征

领导者为了创造性地进行工作，必须认识环境的特征。一般而言，领导环境主要包括以下特征。

（一）客观性

领导环境是独立于领导者之外的客观存在，它不依领导者的主观意志为转移。领导者在工作当中必须采取审慎的、客观的、实事求是的态度，去认识和把握环境，绝不能采取回避或各取所需的态度。我们说离开了一定的环境，领导活动不可能成功，就是强调环境的客观性。

（二）差异性

环境的差异性首先表现在环境性质的多样性上，有政治的、经济的、自然的、技术的、精神的等多种多样的环境。其次，表现在对领导活动的作用上，有的作用大，有的作用小；有的起关键性作用，有的则起辅助性作用；有的直接起作用，有的则间接起作用。再次，表现在作用的方向上，有的环境对领导工作起支持的、鼓舞的、积极的作用；有的则起消极的、阻碍的、甚至破坏的作用。领导者认识环境的差异性，分清环境的性质、作用程度、作用指向，就能清醒地认识客观形势，针对不同情况采取不同对策。

（三）复杂性

领导环境的差异性进一步表现为复杂性。首先，环境自身的某些界限是难以划分的，常常相互交叉，如政治环境与经济环境、文化环境的交叉，物质环境与思想环境的交叉等等，人们很难找到纯粹的单一环境。其次，当环境与领导者的活动结合的时候，更是错综复杂。同一环境，对不同的领导者，作用可能截然相反；不同的环境对于不同的领导者可能造成同一结果，同一环境也可能引起不同后果。再次，领导环境中还包括人的因素在内，而人是有思想、有欲望、有情感的；在社会活动中，还会出现假相，所有这些又是不断变化的，所以使领导环境更为复杂化。

（四）可塑性

环境有可改造性。环境是客观的，并不是说人们在环境面前无能为力。领导者不仅要认识利用环境，更要去改造环境，以适应领导活动的需要。当然，对环境的这种改造，绝不能随心所欲，而要在认识和把握了环境发展变化规律的基础上，推动环境的发展。

领导环境的客观性、差异性、复杂性、多变性和可塑性等特征，是对领导环境从不同角度的考察，从不同侧面的认识，是领导环境的一般特征。具体到某一领导者，他所遇到的环境特征可能会有更为复杂的情况和不同的表现。无论如何，作为领导者必须认识他所处环境的情形和特点，摸索其规律。这样，他才可能应付各种可能出现的情况，把握工作的主动权，做好领导工作。

第二节 影响领导环境的变量因素

一、自然因素

自然因素是构成领导环境的最基本因素之一。相对而言，自然因素是领导环境中较为稳定的一个因素。各种自然要素的相互作用不仅构成了人类的生存环境，而且也是领导活动的必要前提。古希腊哲学家、科学家亚里士多德在《政治学》一书中谈到土地问题时，就曾经指出："就土壤的性质说，当然，人人愿意在自己境界内可能种植一切庄稼（农产），使大家各得所需，样样都不缺乏，保证城邦高度的自给自足。就国境的大小或土地的面积说，应当以足使它的居民能够过闲暇的生活为度，使一切供应虽然宽裕但仍须节制。"① 亚里士多德还分析了海洋和海上交通对于一个内政良好的城邦，究竟有利抑或有害的问题。虽然他认为政治制度导源于人的德性，但他同时认为环境是政体是否优良的条件之一，主张城邦应尽量按环境所许可，建立联系陆地和海洋的中心。

把自然环境对政治影响推向极致的是法国的思想家、法学家孟德斯鸠。他在《论法的精神》一书中就详细分析了气候和土壤是如何影响政治制度的。他说：在气候炎热的地方，女子 8、9 岁或 10 岁就可以结婚，所以在那些国家里，幼年和婚姻通常是联系在一起的。到了 20 岁，那里的女子已是垂垂老矣。因此妇女们的"理性"和"容色"永远不能同时存在，当她们的"容色"正要称霸天下的时候，却缺乏足够的"理性"；当"理性"可以取得霸权的时候，"容色"已不复存在，故妇女只好处于依赖的地位。因为"理性"不能在她们年老时为她们再次取得在她们年幼时由"容色"所获得的那种霸权。因此在这种地区一夫多妻制自然就成了很容易理解的事了。在气候温和的地方，女子的容颜不那么易于衰老，达到适于结婚的年龄也相对比较迟，并且其丈夫年龄大多不小，因而妇女在结婚时有足够的生活经验，较多的理性和知识，很自然地给两性带来一种平等，结果必然促使法律去规定一夫一妻制。由于大自然赐予男子以体力和理性，赐予女子以魅力，这就使得女子在容色消失的时候，她们原来拥有的超乎男子的优势也随之而尽。在炎热的国家里，女子的娇媚只在幼年，此后的一生无容色可言。更有甚者的是，孟德斯鸠认为基督教在中国难以发展，也是因为气候的原因。这种试图从自然环境中寻找解释政治与社会的方法，虽然谬之千里，但它也从一个侧面提出了人们活动中环境的不同影响作用。再例如，对于大陆文明和海洋文明来说，历史上就出现了不同的领导组织结构和领导体制，人们对于他们的优劣也进行了讨论；在自然资源匮乏和自然资源丰富的地区和国度之间，就有不同的领导观念和领导哲学产生。魏特夫的《东方专制主义》就是从自然环境研究中国古代政治制度和领导体制成因的一部著作。

具体说来，作为领导环境的自然因素，主要包括以下内容：地理位置，不同的地理

---

① ［古希腊］亚里士多德．政治学．北京：商务印书馆，1995 年，第 356 ～ 357 页．

位置，为领导开展活动形成了基本的活动空间；人口数量和质量，领导者所处的人口因素，直接影响领导活动的方式、内容和效果；人工生态系统，由于人类活动的广度和深度，在地球上完全自然的生态系统已经越来越少，经过人类活动而形成的生态环境是每一时期领导者活动的重要资源。

当然，自然要素对于领导来说，并不是决定性的，但它的地位和作用却不容低估。任何对这一要素的轻视和忽视，都会对领导实践带来损失和危害。

二、社会因素

社会因素主要体现在政治法律、经济发展、文化传统、社会心理、意识形态和个人价值取向等几个方面。

政治法律是社会变量因素中的一个重要方面。因为任何领导活动并不是一种自然人的行为，它总是与一个国家和地区的政治传统、政治精神和政治权力结构联系在一起的。例如，对于企业组织来说，政治制度、法律尺度和法律环境对企业组织内部的领导与管理就显得至关重要。在许多不发达国家中引进先进管理方法的主要障碍是过多的政府控制与限制，即政治环境的不适应。因此，我们发现，集权制国家和分权制国家中的领导活动也呈现出不同特色。而在政府干预强和干预弱的国家中，企业组织、教育组织和群众组织中的领导活动也具有迥然不同的表现。领导者是否拥有足够的自主性和规范性，是衡量政治法律影响领导行为的重要指标。

概括地讲，政治法律因素对领导活动的影响主要体现在以下 5 个方面：政体类型对领导活动的影响；政治法律制度的稳定性对领导活动的影响；国家安全对领导活动的影响；国家对外政策对领导活动的影响以及国家政府的法律规章对领导活动的影响。

经济环境是人们社会生活的基础，它直接或间接地影响着各类组织的领导管理活动。尤其是随着科学技术的发展，知识经济的到来，经济因素对领导活动起着越来越重要的作用。

以文化为基本背景的文化传统、社会心理、意识形态和个人价值取向，也是社会变量的基本内容，他们对领导活动的开展也有着直接或间接的影响。

有人认为，在所有的外部变量中，教育在改变领导者和管理者的工作态度方面所施加的影响是最大的。受过高等教育和培训的领导者和管理者往往比较信任他们的下级、能放权给下级。他们比较有远见，在挑选和评价下级的时候往往更具目的性。在吸取控制、引导和决策等方面的现代技术时，他们也颇具潜能。

也有人认为，是否受过系统的、较好的教育，对于领导者和管理者来说，似乎并没有必然的影响，或者说完整的知识结构和开阔的知识视野，不能保证领导者和管理者对下级抱有充分的信任，也不能保证他们通过授权实施分权式领导。相反，他们的自信反而加剧了集权和专断的程度。更有甚者，他们有时会因为受过系统的、较好的理论教育而脱离实际地从事领导和管理工作，轻率地视下属为一窍不通、不懂科学的被领导者。

无论哪种意见正确，但实际上，都强调一点，即知识和教育变量作为领导环境的一部分，对于领导活动具有多方面的影响。

第三节　领导环境的分类

一、内部环境

所谓内部环境，就是组织内部诸要素对领导活动产生制约和推动作用的综合。它主要包括以下要素：

（一）组织的性质和类别

组织性质和类别的差异，决定了领导方式会出现一定程度的差异。在知识分子云集的教育组织和等级森严、令行禁止的军事组织，以及谋取高额利润的企业组织中，领导方式的差异是显而易见的。虽然在各种领导理论中，提出了一些模式化的领导行为方式，但是它们在不同组织的落实过程中，显然具有别具一格的画面。

（二）组织内部的文化传统

任何组织在其发展过程中，都会形成自身所拥有的文化特质和传统方式。这些文化传统决定着组织内部的人际关系模式、工作观念以及个人的发展方向等。在不同的组织中，我们不难看到不同风格的组织文化所带来的领导氛围的差异。

（三）群体的发展状况

领导行为理论和领导权变理论对组织内部群体进行了大量的研究。研究发现，在一个组织中，群体的发展状况对领导活动的有效性有着重要的作用。领导活动的目标能否实现，依赖于组织内部群体能否忠实有效地执行领导决策。而领导决策的执行状况也取决于群体的组成，如性别、年龄、知识和技能构成等。另外下属的成熟度还影响领导活动的预期效果。群体是否团结一致、群体内人际关系状况、群体的受教育水平等构成领导环境的重要组成部分。

（四）领导者的特质

领导者自身的特质也是构成组织内部环境的一个重要方面。领导者不仅是在领导一个组织，而且也是在领导自身，故西方学者提出，一个优秀的领导者必须学会领导自己（lead yourself），因为领导者如何将自身的特质与组织有效地结合在一起，在很大程度上取决于领导者领导自身的有效性。当领导者具有极强的环境适应能力时，他会根据环境要求及时调整自己的状态，满足领导环境对自身素质的需求，从而将自身特质与组织特征有效结合在一起，取得比较满意的效果。

（五）组织的内在物质基础

物质是一切社会活动的基础。不同的组织具有不同的经济基础和物质要求，它对领导者的领导行为和领导方式产生较大的影响。在经济基础较薄弱和物质条件较差的组织中，领导活动在创新、研究开发、人才的吸纳和稳定等方面处于极为不利的局面，这使得领导的战略决策实施、活动的开展和领导绩效的体现与物质基础好的组织比较差别很大。

二、外部环境

所谓外部环境，在此是指推动领导活动展开的各种自然要素和社会要素的总和，是政治、经济、文化和自然等要素影响领导行为模式的社会氛围和外在条件。

组织所处的环境是相同的吗？对这一问题，组织行为学已经得出了不容置疑的结论，即组织存在于不同类型的环境中。艾默里和特里斯特对组织的外部环境进行了以下的分类，见表4－1。

表4－1 外部环境的类型与特点

环境的类型	特　点
1. 平静、随机型	环境简单且平静 环境对组织的影响最小 单个的小型组织存在于其中
2. 平静、串型	环境变化不快，可以对因果关系作出概率估计 组织形成等级层次并实行集权化控制
3. 混乱、活跃型	存在许多相似的组织 必须不断变化且非常混乱
4. 动荡型	对内部组织和管理的影响很大 组织高度依赖其研究与开发工作，以适应竞争的挑战

劳伦斯和洛斯奇也进行了大量的研究，并确定环境的性质和类型及其对组织的影响，见表4－2。

表4－2 外部环境的性质、类型及其对组织的影响

环境的类型	特　点
1. 稳定的环境：变化不大，有一定的规律和较大的确定性	该环境中的组织有规范的操作和严格正规的结构
2. 中性的环境：不太稳定，也不太动荡	该环境中的组织要面临稳定的环境，也要面临变化。组织结构不严格，也不正规
3. 动荡的环境：不断变化，高度的不稳定，结构也不正规	该环境中的组织要面对环境的不断变化，并且要适应这些变化

三、内部环境与外部环境的相互关系

由于任何一个组织都是一个开放系统，这就决定了内部环境与外部环境必然处于一个动态的相互作用过程之中。内外环境的互动程度，在很大程度上是决定组织发展和领导有效性的重要变量。因此，领导学不能对内外环境之间的关系置若罔闻。一般来说，两者之间的关系主要体现为以下两个方面。

1. 外部环境对内部环境产生压力

外部环境的压力往往是一个组织图谋变革的原动力。市场竞争的加剧、政府的倡导与管制、外来领导观念的冲击等等，都是影响组织内部的领导体制和领导方式产生变革的重要因素。如美国企业在实行产权激励的过程中，美国政府所产生的刺激和压力，是极为重要的因素之一。再如，我国政府体制的改革，由集权化的“大政府”向精简、高效的“小政府”转变，必将推动领导体制和领导方式的变革。是否有效地应对外部环境的变化，是衡量组织内部领导有效性的一个重要指标。

2. 内部环境对外部环境存在着抵制和适应的两重性

丹尼尔·A·雷恩在《管理思想的演变》一书中说：“经济环境能带来新的机遇，也能增大竞争压力；政治环境可以带来自由，但也能限制个人与组织的权限；而开放系统中的社会环境会给恰当的行为造成更多或者说是不同的预期。”① 尽管外部环境不可避免地对组织的内部环境产生压力，但是由于受各种因素的影响，内部环境与外部环境并不总是协调一致的。内部环境对外部环境有适应的一面，这是领导者能够有效应对外部环境压力的结果，还有抵触的一面，例如，由于领导者为了预防组织内部既得利益集团不受损失，会将外部环境的影响抵挡在组织边界之外，以免引发与领导者意图相违背的变化。因此，内部环境对外部环境存在着抵制和适应的两重性。

第四节　领导环境的优化

一、领导环境关系领导活动的成败

领导环境对领导活动会产生重要的影响，这是因为：① 领导环境是决定领导有效程度的重要变量。② 领导环境的变化是推动领导变革的重要变量。③ 特定时期的领导环境决定着领导变革的限度。

领导者能否有效地驾驭环境，能否充分利用环境这一重要资源，为领导活动的有效性奠定坚实的基础，对于任何一个领导者来说，都是一种考验。作为领导者，其思想意识乃至整体素质都受环境制约，开展的每一项领导活动都离不开环境的影响。这些影响因素左右着领导行为的正常或者偏差，并进而决定领导成败的不同情况。领导者对环境及其影响力的认识，在很大程度上左右着对其自身、被领导者、领导客体、领导关系、领导手段等诸多领导常量和领导变量的把握、理解、判断和评估，因而直接或者间接地影响领导效率。因此，我们说在一定意义上讲，领导环境关系领导活动的成败。

---

① ［美］丹尼尔·A·雷恩. 管理思想的演变. 北京：中国社会科学出版社，2000 年，第 525 页.

二、领导环境对领导活动影响的机制

领导环境对领导活动的影响，通过一定的机制来实现。它集中体现在对领导者素质的综合影响、对领导过程的影响以及对领导体制的影响，最终影响领导效能的实现。

（1）领导环境通过对领导者素质的影响而影响领导效能。领导者的形成和发展都是一定社会的产物，他们的思想、观念、能力和技术等都与心理素质和天生秉性有一定关系，但是，从根本上来讲，是环境影响的结果。良好的环境，有利于领导者形成优良的品质和发展高超的艺术，造就优秀的领导者；反之，如果领导活动的环境恶劣，就难以形成优秀的领导者，甚至使原来的优秀品质受到破坏和走向反面，从而影响领导效能的提高。

（2）领导环境通过对领导过程的影响而影响领导效能。领导活动是否能够实现在很大程度上取决于领导环境的优劣。领导决策和执行的过程中，外部环境的理解和支持，可以优化领导决策，推动甚至加速领导活动的开展；反之，如果外部环境消极甚至反对，则会影响领导决策的科学性，阻碍甚至破坏领导活动的实施，从而影响领导效能的实现。

（3）领导环境通过对领导体制的影响而影响领导效能。领导环境特别是其中的经济和政治因素，对于领导体制和领导机构产生直接的影响。正是由于政治制度的不同，经济关系的差别，使不同的社会有不同的领导体制和领导机构。在集权制的政治体制下，领导体制一般也是集权的；在经济关系对立的社会，领导体制也表现出不同的利益关系和利益要求。政治、经济中的矛盾，直接或间接影响领导体制的运行，从而影响领导效能的实现。

三、领导环境的优化

环境是人活动的基础，环境的优劣影响人好坏；环境的改变，必然引起人的改变。但是，环境是人创造的，是由人改变的。人在面对环境时，不是无能为力的，而是能动的。因此，领导者对于领导环境要给予高度重视，充分利用有利环境，积极改造不利环境，变不利环境为有利环境。

（1）领导者要正确认识和把握领导环境。领导者要开展领导工作，首先必须客观地、全面地认识环境，准确把握环境的类别、特点、变化、规律及其对领导活动的影响。认识和把握有利环境和不利环境、现在环境和将来环境、动态环境和静止环境。同时，对环境的认识不是一成不变的，随着领导者认识水平的提高，领导环境的变化和领导目标的转移，对领导环境的认识也是不断深化的，随着实践的发展而不断发展。

（2）领导者要积极适应和利用环境。环境是客观的，又是千变万化的，要在认识的基础上适应环境的变化，对有利的环境要抓住机遇积极利用；对不利的环境也不要怨天尤人，无所作为；适应环境不是消极等待，而是要注意环境的变化，利用客观环境中的一切有利因素，避免一切不利或者有害环境。做到适应中利用，利用中适应。

（3）领导者要善于改造和优化领导环境。环境是客观的，在一定时期是相对稳定的。人们不能选择环境，但是能适应环境并且在认识和把握的基础上改造和优化环境。领导者的高超领导能力即表现为对有利环境的认识和把握，抓住机遇实现领导目标，还表现为在不利环境中的积极应对，变不利环境为有利环境，创造和优化新的有利环境，使各种环境因素为我所用，实现领导效能的最优化。

总之，如何应对领导环境是一种高超的领导艺术和领导能力。一个在不同环境中应对自如的人，才是一个高明的领导者。一个善于把握环境的领导者，一定在领导决策、领导指引和一切领导活动中都主动适应环境的要求，灵活应变一切环境的变化，使环境为我所用。

【案例】

慕绥新的收钱“哲学”

慕绥新是一个被处以死缓的腐败分子。然而，他曾经是一个有政绩的市长，当初，他曾由衷地宣誓要做一个有作为而且清廉公正的好官……2001 年初，慕绥新已被迫辞职；2001 年 3 月，当他把所有问题都交代之后，很想找人好好探讨一下，他好好的一个人，为什么会走到这一步。

他开始回忆过去的事情。他说：“那是 1998 年换届的时候，是我提议宣誓的。因为当时代表们的选举气氛很热烈，票数也很集中。我就产生了一个想法，我们能不能面对选举我们的人做一个承诺，这样也成为约束我们自己的一把尺子。我们一起喊了一些誓词，主要是这么几句话：‘依法从政，廉洁奉公，牢记宗旨，报效人民。’因为我知道，上任后会面临很多新的困难和问题，有些问题靠我们的智慧可以解决，但有一个问题是我们自己很难解决的，那就是腐败。只有把我们交给群众，在群众中亮相，把我们的诺言喊出去，我们才有可能更加严格地要求自己，闯过这一关。当时代表们都站起来，为我们欢呼。”

他沉痛地说：“我非常地内疚，非常地对不起我的老百姓。”他还说，他主观上没有处心积虑地捞钱，只是有种绕不过去的环境。

在某些地方，送红包已经成为一种风气。每到出国、住院、逢年过节，自会有大批红包送上来。顺着收了，显得很自然，很合群儿，团结友好，皆大欢喜。不收就会有些麻烦，所以一般都是收了。在某些地方，你没有看到当地闹出不收红包的风波，那就是不显山不露水地收了。

送的收的都感觉不到这是行贿受贿，只是想送点礼品，但不知道送什么好，拿着也不太方便，那就撂下点钱自己买吧。不收下就是一个不小的问题。你怀疑我？不信任我？没把我当成自己人？我怎么这么倒霉！看来今后还得对他敬而远之，或者干脆投他个反对票！自己再改换门庭，投靠别的领导。

所以收下还是不收下，这绝不简单是个廉洁不廉洁的问题，而是一个很复杂的问题。一般的人都为了减少麻烦而收下了。

他抗拒不了强大的客观条件，但他主观上又是一种怎样的表现呢？是积极主动有计划有目标地索取，还是既来之则收之，大大咧咧不当一回事？

他属于后者。他收了别人的钱了，但具体细节总是很马虎，比如谁送的，送多少，他向来不太在意，事后连看也不看，这比斤斤计较的贪官要“大度”得多。收受红包一般都在家里，1999年春节期间，他竟然坐在办公室里收钱。他很忙，他还有许多大事要办，他就把地点移到办公室，由秘书先约好时间，什么钟点可以给市长拜年。拜年的人进来没有几句话，放下红包就走。

无论如何他是收了别人的钱了，而且数额非常巨大。收钱的时候虽然不斤斤计较，但也嘎嘣脆，难怪有人说他，既能干事，也敢捞钱。

慕绥新主要是充当收钱的角色，但他非常理解送钱人的心理。因为在他年轻的时候，曾经给省里的一位老领导送过烟，只一盒，这一盒烟却没有送出去，于是对他造成了巨大的心理伤害。那时候还很穷，那是下了很大的决心，买到的一盒很高级的香烟。但送的方法不对，领导没收。他过于殷勤了，打开包装，抽出一根，给领导点上了火。自以为很完美，领导却误以为只给一根尝尝，整包的不给。就说，我抽一根尝尝就行了，剩下的拿回去吧！这么一来他的压力可就大了，回去以后“我就三夜没睡好觉，想啊想，他不收我的烟为什么，是对我有什么看法，还是不信任我，还是觉得我是另外的人，不是能靠得住的人？”

思考题：

1. 如何理解领导环境？
2. 影响领导活动的环境的变量主要有哪些？
3. 领导的内部环境和外部环境可以转化吗？
4. 举例阐述不同的领导环境对领导活动所产生的影响。

阅读参考书目：

1. 常健编．现代领导科学．天津：天津大学出版社，2004.
2. 邱霈恩．领导学．北京：中国人民大学出版社，2004.
3. 朱立言．行政领导学．北京：中国人民大学出版社，2004.
4. 刘建军．领导学原理——科学与艺术．第二版．上海：复旦大学出版社，2004.
5. 苏保忠．领导科学与艺术．北京：清华大学出版社，2005.
6. 王乐夫．领导学：理论、实践与方法．广州：中山大学出版社，2002.
7. ［美］加里，尤克尔著．陶文昭译．组织领导学．第五版，北京：中国人民大学出版社，2004.

第五章 领导用人

教学要点

- 什么是人才
- 人力资源开发
- 领导用人的原则
- 领导用人的艺术

当今世界是一个竞争的世界。经济的竞争、技术的竞争和文化的竞争归根到底是人才的竞争。人才的重要性正日益为人们所认识和重视，争夺人才的斗争也愈演愈烈。据统计，美国在“二战”后引进的科学家超过22万人，这是采取人才输入政策的结果，也是美国的科学技术一直处于领先地位的重要原因。“二战”后日本的经济在一片废墟上得到迅速的发展，其重要原因之一也在于重视人的潜能的开发，实行“能力主义”、“功绩主义”，不搞论资排辈，大胆使用人才，形成全社会尊重人才的风气。

同发达国家相比，我国的科学技术和教育发展水平还有一定差距。社会主义现代化事业成败的关键在于能不能培养人才，能不能发现人才，能不能使用人才。因此，用人，特别是领导干部要善于发现人才、使用人才，成为我国各类领导活动的重要标志。

第一节　人才的特征与素质

一、人才的含义及其特征

“人才”概念有广义与狭义之分。人才是才能较高、以其创造性的劳动成果对社会发展和人类进步做出较大贡献的人，这是狭义的人才概念。中共中央、国务院《关于进一步加强人才工作的决定》指出：“只要具有一定的知识和技能，能够进行创造性劳动，为推进社会主义物质文明、政治文明、精神文明建设，在建设中国特色社会主义伟大事业中做出积极贡献，都是党和国家需要的人才。”这是广义的新的人才概念。

人才具有以下几个方面的特征。

1. 人才的社会性

任何人都是作为一名社会成员而存在的，这是人的社会属性。人才，尤其是具有超出一般常人的能力和做出突出贡献的人才，更是社会的需求和社会评价的产物。否则，就没有人才这一概念本身。人才的发展离不开社会，而且随着现代化水平不断发展，人才社会化趋势越来越突出。特别是担负领导工作的人才，他们是社会活动的组织者和管理者，其社会性更为直观。

2. 人才的广泛性

所谓“七十二行，行行出状元”，说的就是人才的广泛性。随着生产社会化程度的不断提高，社会分工的不断发展，专业分化越来越细，各种各样的专业人才就越来越多。伴随着科学技术日新月异的变化，新科学、新技术不断涌现，必然会出现更多的新的人才。社会主义制度本身的优越性应当为这种人才的产生和成长开辟广阔的道路，终将形成一个人才辈出的局面。

3. 人才的层次性

根据上述人才概念的广义、狭义之区分，可以看到人才是有层次之分的。人才大致可以分为这样三个层次：一为高素质的劳动者，即具有一定知识或技能，能够进行创造性劳动，为社会做出积极贡献的人。这个层次的人才，是人才队伍的主力军，大部分人才属于这一层次。二为专门人才。这一层次人才的突出特点是具有专门的知识或技能，在信息和全球化时代，他们进行的创造性劳动对社会的贡献要大一些，而且这种创造性劳动更多地体现在质上。三为高技能人才。他们是在专门人才之上的拔尖人才，是各类人才中知识、技能、贡献都出类拔萃的人物。这三个层次的人才，共同构成了人才的“倒金字塔”结构，发挥着各自的作用。所以，我们既要重视高层次的“尖子人才”，也不可忽视其他各层次的人才；既要重视显人才（已经显露出才华，做出贡献并已得到公认的人才），也不可忽视潜人才（未被发现和未被挖掘出来的人才）。

4. 人才的专业性

在人类历史的发展中，随着人类社会分工的渐趋明显和相对稳定，社会便产生了各行各业。在封建社会的成熟期，中国民间有三十六行、七十二行、三百六十行的称谓，还有三教九流、七十二门的说法。这是职业分工导致人才发展的专业化趋势。但是，工业社会以前，特别是在古代，由于生产力发展水平低，科学技术不发达，知识总量极为有限。杰出的人才较易掌握各类知识和技能，因此人才一般是“通才”型，如达·芬奇，不仅是个大画家，而且是大数学家、力学家和工程师；古希腊的亚里士多德，从哲学到各门具体学科，如天文、地理、数学、物理、生物，几乎是无所不知，是个百科全书式的“全才”。

在现代社会中，科学知识高度分化，学科分工越来越细。据联合国教科文组织统计，当代的基础学科已达500个以上，学科门类已超过2 000多种。知识量如此巨大，这是任何杰出人才都无法全部涉足的。所以，现代社会人才的专业性越来越强是一种客观趋势。因此，在育才、用人方面，我们要根据实际，创造条件，形成优势，用其所长，避其所短，防止“求全责备”的片面性。当然，也要看到现代各学科相互交叉、密不可分的整体化特点，在大量培养多学科人才的同时，培养知识面较宽的人才，“文理兼修”，知识的整体性较强的人才同样不可忽视。

5. 人才的道德性

人才是德才兼备的人。有德无才，没有造福于人类的真实本领的人，当然不能成为人才；反过来，有才无德，也不是社会和人民所需要的人才。在对待人才问题上，人们容易重才轻德，忽视德与才的有机统一。为了防止这种倾向，我们应强调人才的道德性问题。所谓道德性，主要是指以特定的才能和专长为社会发展和人类进步服务。在阶级社会里，人才的作用总是表现出一定的阶级属性。凡是站在落后阶级一边，阻止历史前进，为腐朽没落的统治阶级服务的人，他们的才能愈强，本事愈大，对于社会和人类的进步事业破坏性就愈大，后果也就愈严重。因此，并非所有的才能都会促进社会进步。这里有一个才能使用方向问题。在社会主义现代化建设时期，人才道德性的标准，就是为人民造福，为发展生产力、发展社会主义文化、为社会主义事业作出积极贡献。

6. 人才的动态性

所谓动态，就是说人才的内涵和层次不是固定的，同任何事物都在发展变化一样，人才也会随着时间、地点、条件的变化而变化。这种动态性主要表现为：第一，人才概念本身在不同的历史时期，有着不同的内涵和衡量标准；第二，人才和非人才，各种类型和各种层次的人才，在一定条件下是可以相互转化的；第三，就个体而言，人才的出现总有一个从潜到显的过程。人才的成长总有一个从崭露头角到炉火纯青的发展过程。人才还可能有正反方面与上下层次地位的转化。

二、社会主义现代化建设人才的基本素质

人才是为社会进步事业做出积极贡献的人。因此，人才的基本素质应与具体的社会历史任务联系起来界定。在社会主义初级阶段，我们党建设中国特色社会主义的基本任务是，以经济建设为中心，坚持四项基本原则，坚持改革开放，把我国建设成为富强、民主、文明的社会主义现代化国家。为了实现这个任务，各级各类人才当然应有各自的特殊素质要求，但最重要的是要具有以下五方面共同的基本素质。

（一）政治过硬

在新的历史时期，我国面临中国特色社会主义建设的艰巨任务，需要大批优秀的人才。这种人才要求有强烈的事业心和责任感，富于牺牲精神，善于独立解决问题。从这一点上来说，良好的政治素质是人才素质的核心因素。这不仅是发展我们社会主义事业的需要，也和人才的成长规律有关。凡是与人类社会发展规律相一致的，自觉遵循人类社会发展规律塑造自己的，即与发展规律“顺向”而行的则比较容易“顺天应理”成才，并为社会所认可。这是为无数事实所证明了的真理。

（二）远见卓识

远见卓识是指遵循客观规律，正确确定目标，科学分析主客观条件，以求在既定条

件下达到最大功能效果所体现的远大目光和高超的见识。它一般包括两个方面：一是政治见识，二是业务见识。政治见识是指能看得准时代和社会前进的方向，能坚持坚定的政治方向。业务见识是指能抓准业务领域中具有关键意义的课题，能很快辨别出业务领域中的新事物、新发现、新经验。远见卓识是同一定社会的历史条件相互联系的。它是思想品质、知识素质、科学的思维方法、开创新局面的能力等条件的集中表现。远见卓识是现代化建设人才素质，尤其是杰出人才素质的一个重要方面。现代社会活动复杂多变，领导影响巨大而深远，缺少远见卓识就无法取得战略的主动。

（三）真才实学

才即才能，主要包括一般才能与专门才能。学即各类知识。人才学对才能的定义是：在劳动的过程中，使知识形成的技能得以高度发展。所谓真才实学，是指人才以系统而专深的知识作基础，以科学的世界观与方法论为指导，有较强的智能，在认识世界和改造世界的活动中显示出较高的水平。主要表现在以下两个方面。

1. 既要有专长，又要有较宽的知识面

知识面较宽的人才难得。因为现代化建设的问题，几乎都是综合性的、复杂的、涉及许多具体科学技术部门，需要多学科的知识和多学科的人才综合、协作来完成。如果一个人的知识面太窄，只懂得自己专业的一部分，就会在比较复杂的问题面前无能为力，或者同其他专业的人才缺乏共同语言，很难协作配合。对于现代领导者来说，既要懂得本系统的专业知识，又要是管理工作的内行。为此，一是要选拔知识面较宽的、有一定组织管理才能的人担任领导；二是对已在岗位的领导进行知识化、专业化的培训。

2. 要有较强的智能

知识不等于智能。智能是人们运用知识去分析问题与解决问题的能力。现代知识的更新越来越快，要求人们进行有效的学习，防止知识结构的老化。但是我们不能仅仅停留于获得一定数量的知识，更重要的是要培养自己的智能，即培养运用知识解决问题的能力。那种传统的“仓库理论”（把人脑仅仅视为“储存知识的仓库”）的观点，显然已经过时了。除各类人才必须具备的专门才能外，在社会主义人才的个体结构中，一般的还应包括：观察才能、记忆才能、综合分析才能、创新才能等内容。

（四）优良作风

作风是指人在思想上、工作上和生活上表现出来的稳定态度和行为。工作作风是指人们对待工作的态度及其行为方式，是决定和影响工作效率和工作成果的重要因素。根据新时期的具体实际，现代化人才的优良作风应着重强调两条：一是要有很强的集体观念；二是要有一丝不苟的严谨态度。这是因为，现代化建设只有把许多人的创造性有机地组织起来，团结合作、共同努力，才能使事业取得成功。如果人们的全局观念淡薄，或者办事马虎，就会成为限制甚至是实现共同目标的内耗因素，影响领导效率的实现。

（五）健康体魄

人们通常说的“健康是事业之母”或“健康是工作的本钱”，形象表达了健康的重要性。作为人才，尤其是高层次的人才，其工作环境常态是超常或充满风险的工作压力，纷杂而无规律的生活方式。要应付各种意想不到的突发事件，迎接意料不到的工作挑战，这一切，如果没有健康的身体是难以支撑的。在当前激烈竞争的社会环境中，健康的心理、强壮的体魄是必不可少的条件。

第二节 领导用人的原则

随着社会的发展，改革的深入，我国社会的就业方式、利益关系、分配关系以及人们的思想观念、思维方式日益多样化。与此同时，我国的人才队伍也发生了深刻变化，出现了许多新的特点。比如，人才队伍不断壮大，人才素质不断提高，人才分布越来越广泛，人才流动越来越频繁，人才管理越来越开放，人才竞争越来越激烈，人才资源配置日益市场化、国际化，等等。这些新情况、新问题，对领导用人工作提出了新的更高的要求。成熟的领导者要有爱才之心、求才之情、聚才之方、用才之能、容才之量、护才之魄、举才之德、育才之长。在用人方面领导者必须坚持以下四项原则。

一、量才任用，扬长避短

人和人都是不同的。德国哲学家莱布尼茨说过，世界上没有两片相同的叶子，更何况人。每个人都有其长处和短处，不可能十全十美。有些人才能卓越、专长精深，由于环境、性格和心理上的原因，其缺点、短处和个性往往也比较明显。如有创新精神和能干的人，往往喜欢发表见解，有朝气和锐气，但过于坚持己见，也就表现得固执和自傲。因此，要用人之所长，避人之所短，这样才能人尽其才。我们需要的是人才而不是全才，不能“因瑕掩瑜”，“因疵废人”，要不拘一格用人才。

在实际工作中我们看到，有的领导者总是抱怨部属不得力，怨天尤人；在用人上也是举棋不定，一误再误。这固然有客观上的原因，但从主观思想方法上说，恐怕就是自己“求全责备”的毛病。理想中的完人生活中是没有的。“水至清则无鱼，人至察则无徒。”“录长补短，天下无不用之人；责短舍长，天下无不弃之士。”领导者自己也不可能十全十美，不能过分苛求下属。

二、信任授权，放手用人

常言说，疑人不用，用人不疑，前提是要看准人，选好人。领导者因事择人，视能授权，一旦委以责任，就要坦诚交底，放手让其工作，并真正予以全心全意的支持，关键时刻为其承担必要的领导责任。这对被使用者来说，无形中也是一种激励的力量，从而增强其责任感和自信心，调动工作的自主性与积极性。

放手用人就要授之以权，使其真正有职有权，否则谈不上信任，还会造成工作推一推、动一动的被动局面。授权包括两部分，一是下属在其位、谋其政应拥有的权力，这应全部授之于下属，领导者不要随意干涉、插手和包办代替。二是领导者将属于自己的部分权力授之于下属，这是超出下属职权的各种自主权，可以随机处置，先斩后奏。领导者授权要把握三条原则：一要大权独揽，小权分散。重大决策权，领导者必须亲自掌握；二要按层次授权，考虑到下属的承受能力。一般不要越级授权，以免造成组织上的混乱；三要授权与指导、帮助结合起来。授权之后不能撒手不管，要给予必要的指导和帮助，以克服工作中的困难，解决工作中的问题。

放手用人要有容人的气量和胸怀，宽以待人，厚道为本，不能尖酸刻薄，气量狭小。一个领导者越成熟，就越可以兼容、认识和理解不同的人和不同的行为方式。凡有大作为者都有大的度量，干大事者必有大的胸怀，这样才能团结人、使用人。

要坚定不移地放手用人，还必须排除嫉才之风的干扰。嫉妒是人类的一种痼疾，“木秀于林，风必摧之；石突于岸，流必湍之；行高于人，众必非之”，“事修而谤兴，德高而毁来”，这是自古即有的现象。从历史上看，嫉妒别人的人，常常是无所事事、无所作为的人。嫉妒心理严重的人，凡事以自我为中心，把别人的成功看作是对自己的威胁，对他人的成就看做是自己的失败。嫉妒心的实质归根结底乃是个人主义作祟。

三、提携新人，更新标准

长江后浪推前浪，一代新人胜旧人，这是自然规律。但要打破论资排辈的传统和惯例，使人才脱颖而出，后来居上，仍需领导者具有新的观念和视野，有破格用人的魄力和气派。实践证明，凡是自觉这样做的领导者，必然给单位带来生气和人才竞争的局面；反之，则是万马齐喑、人才受压抑和人才流失。提携新人特别要注意新的人才观和用人标准。虽然不同的组织有不同的选人标准，但是也有共同的择才标准和用人哲学。这包括：① 诚信品质。这是现代社会选人的一个基本点和出发点，也是首要原则；② 团队精神。目前广泛流行“员工就是合伙人”、“企业就是大家庭”的管理理念。人们并不强求员工个人能力都非常强，但必须有团队精神，服从团队利益；③ 创新激情。组织的发展必须要有创新精神。选人不仅看他是否能胜任现任工作，更重要的是要有创新精神。因为只有创新精神才能做好明天的工作；④ 学习能力。我们面临的是知识经济和学习性社会，只有较高的学习能力，才能适应不断发展的社会需要。

四、监督检查，奖惩严明

领导者要根据领导机关确定的目标、任务，经常检查督促下属的工作，及时发现工作中的政绩或游离于目标的偏差，以便总结经验，纠正错误，推动工作。领导者的监督检查是绝对必要的，并且要在有效的时间内及时进行，这也就是对下属人员的真正关心与爱护。

监督检查要伴之以适当的奖惩，该表扬则表扬，该批评则批评，立功受奖，有过必罚，依工作表现和政绩晋升。只有这样，才能形成差别境界，使有作为、有贡献的人脱颖而出，受惩罚对象与之形成更大的反差，从而激励人们上进，调动下属的积极性。反之，干多干少一个样，干好干坏一个样，干与不干一个样，形成不了人才竞争、奋发向上的局面。在消极参照系数的影响下，能人也会变成庸人，勤人也会变成懒人。

为了进一步了解领导用人的特点，我们可以比较领导用人与管理用人的区别。见表5－1。

表5－1　领导用人与管理用人的区别

	本　质	层　次	对　象	内　容
领导用人	人事决策	高级人才资源调度	善于贯彻战略决策的组织者、指挥者	解决人与事、人与人、人与环境的配合
管理用人	执行人事决策的具体操作	基层人事安排业务	专业人才、善于解决某一问题的操作者	解决某项具体任务中的问题

第三节　领导用人的艺术

领导者能否实现领导目标，在很大程度上取决于他是否掌握了高超的用人艺术。领导者在掌握了科学的用人方法并加以创造性地运用时，或者在诸多的方法中灵活选择最优方法时，便进入了更高的领导境界。这个境界就是艺术的领导境界。所以，用人艺术是领导者在掌握和运用科学用人方法的基础上，根据特定情况灵活运用用人方法和用人技巧。当用人水平达到相当高度时，用人方法和技巧就成为一种高超的领导艺术。正因为如此，用人艺术是领导艺术中最重要的部分之一。常见的领导用人艺术有四种。

一、攻心为上

在所有的用人艺术中，攻心为上是一条最重要、最关键的用人艺术。作为一种用人艺术，攻心就是指领导者不仅需要准确了解下属的内心世界，而且还要在此基础上，进一步获得下属的真心追随，使下属从心里信服你、敬重你、服从你、爱戴你，心甘情愿作为你的追随者。曹操利用徐庶孝敬母亲的特点，设计将他弄到自己身边。然而，他并没有真正赢得徐庶的心，得到的只是一个“身在曹营心在汉”，对他离心离德、一言不发的“废才”。刘备三顾茅庐、心志专一、谦恭下士的品德深深打动了诸葛亮的心之后，这位隐居山野的“卧龙”先生，欣然出山助他振兴汉室。上述两则案例从正反两个方面说明了攻心艺术在用人过程中所起的重要作用。

攻心的方法有很多，主要介绍下面四种。

（1）以情启始。人是十分珍视感情的，中国人又有注重感情的传统，在人与人的接触和交往中，感情的作用就十分重要。你对人有情，别人对你一定有回报。

（2）先顺后逆。心理学有个“名片效应”，是说与人接触，先要向人家介绍自己的情况，让人家了解自己，取得信任。心理学还有个“自己人效应”，是说与人接触，要取得人家信任，就应该先让人家认可你是他的“自己人”。采用这种先顺后逆的方法，可以消除对方的陌生和对立，拉近双方的心理距离，引出认同感。

（3）寻找沟通点。也就是如何引起对方注意兴趣。实际上，无论什么人，我们在工作和生活中都可以找到双方的共鸣之处，即沟通点。共同的爱好、兴趣，共同的性格、情感，共同的方向、理想，共同的行业、工作等等，这些都是很好的沟通媒介。

（4）以大同求小同。组织内部，人们在具体问题上发生分歧是不可避免的。仅仅将问题停留在具体问题上，事情往往不好解决。如果把这个问题提到如目标、理想、价值等相关的层次上，就容易找到共同点。有共同点，而且是大共同点，在其他方面统一认识和看法也就不难了。

需要指出的是，有些领导者误以为，攻心行为只不过是掌权者为了自己的管理目标所玩弄的一种收买人心的权术。倘若这样来认识攻心行为，那就大错特错了。诚然，在中外用人史上，确有不少统治者是通过玩弄政治权术来收买人心的，但这只能得逞于一时，很难维持长久，一旦下属识破了他所玩弄的权术，他的攻心企图也就彻底失败了。因此，真正合格的领导者，他们能够“以已之心，换人之心”，所以能够得到下属的信任和拥戴，从而达到攻心的目的。

二、以柔克刚

在用人活动中，下级所处的地位，有时由于种种原因，难免会对领导者的某项用人决策，多少做出强烈的情绪反应，甚至形成矛盾冲突。这不仅严重干扰和分散了领导者的精力，而且也对领导者的权力和威望，构成了现实的或潜在的威胁。如何理智地处理和解决这些矛盾冲突，是每个领导者在用人过程中必须认真对待的一个重要问题。

以柔克刚艺术，是指领导者在用人过程中，面对下属的过激行为，采取理智和冷静的方式，既巧妙坚持原则，又缓解矛盾的一种用人艺术。这里说的“柔”，并不意味着软弱、迁就和退让，而是领导者在知己知彼和有充分把握的条件下的理智、机敏、冷静、克制、坚定、沉着和自信的表现，是以有原则的、机智的柔，去碰撞无原则的、粗暴的刚。以柔克刚艺术，通常包括以下一些策略和手段。

1. 以理服人

主要指以符合国法政纪、规章制度、道德准则的规范行为疏导下属。对无理的下属，耐心疏导，晓之以理，促其醒悟，达成共识。

应该看到，在许多情况下做出过激反应的下属，尽管其行为特征有些无理，但就其心态特征而言，还是愿意讲理的。他们只是想通过这种无理行为，宣泄自己的愤恨和不满，向领导者索取正常情况下难以得到的东西。在这种情况下，领导者若也以过激的行为回报他们，他们内心尚存的一点自责便得到解脱，过激行为带来的错误也便被掩盖了，他们矛盾的心情也达到了平衡。相反，领导者只要用理智控制感情，采取以理服人的方法，就能巧妙地利用下属复杂心态中的积极因素，有效缓解矛盾，平息风波，将下属顺利引导到自己预定的用人轨道上来。

2. 以礼待人

对失礼的下属，既坚持原则，又以礼相待，是以柔克刚艺术的又一行为准则。以礼待人，就是尊重下属的独立人格，尊重下属的主人地位。对下属的正当行为，如批评、抗议，甚至越级反映、公开反对等，即使冒犯了领导的尊严，也不应采取过激的办法；而是相信自己的威望和能力，相信多数人员的是非鉴别力，相信失礼下属内在素质中的积极方面。巧妙地通过有礼来显示自己作为一个领导者应有的涵养和气度，显示自己的诚挚、宽厚、豁达和强大。

3. 以智驭人

从根本上说，柔之所以能够克刚，是由于柔代表智。有智之柔，是领导的艺术方法，在柔中一步步引导过激的下属用理智约束自己，最后达到对领导者心悦诚服的目的。所以，这种柔是建立在领导者的智慧和威望的基础上的。无智之柔，则是软弱和无原则的忍让，这样不仅不能克刚，反而会加剧下属的过激行为。

4. 以情动人

这是以柔克刚艺术的催化剂和润滑剂。这是因为，人都有思想有感情，任何领导活动包括用人活动，都不可避免地会有领导者与被领导者之间的思想传递和感情交流。因此，领导者在处理下级的过激行为时，要怀着与人为善的诚挚态度，以高尚、诚挚的真情去感动下属，下属才能心悦诚服地接受你的批评乃至惩处，进而达到感情上的沟通。

5. 以信处人

信即信用，表现在用人行为上，就是说到做到言必行，行必果，获取下属对领导者的信任和支持。在此基础上运用“柔”术，领导者就能卓有成效地领导和指挥众多的下属。

上述策略和手段的有机结合和灵活运用，构成了以柔克刚艺术的丰富内涵和多姿多彩的表现形式。由此不难看出，这是一种以“静”制“动”的艺术，这里的“柔”就不是软弱的代名词。也就是说，只有自信的、有水平的领导者，才能运用以柔克刚的用人艺术，才会收到良好的用人效果。

三、维持平衡

领导者的责任之一就是衔接、平衡、协调好各方面的关系，在对待各项关系时，既不能简单从事，也不能迁就随和，更不能做“老好人”，丧失原则，这就要把握好原则性和灵活性，使二者恰当结合起来。世界上任何国家、任何地区、任何部门、任何单位的领导者，只要从事用人活动，就必须面临如何处理与各种势力的关系问题，而只要打算处理好与各种势力的关系问题，就必须首先考虑巧妙运用维持平衡的用人艺术。在这里，“势力”一词的涵盖面很广，大到各种党派、社会团体、流派、集团，小到部门中关系相对密切的某些个人形成的隐性小群体。这些势力或小团体是领导者进行领导活动、实施用人行为的对象，也常常是领导活动的中坚力量。领导者在领导活动中，就是要巧妙处理用人行为中各种势力之间的动态平衡关系。领导者在处理这一问题时，必须首先承认以下客观事实。

其一，各种势力的产生，既非一朝一夕；它的消失，也决非短期内就能办到的。而且，各种势力既然能在复杂的环境中生存下来，就必有其存在的价值。

其二，每一种势力都能在组织管理活动中发挥其特有的作用，都能对其他势力，甚至对领导者自身产生微妙的影响和牵制作用。

其三，各种势力之间，既相容，又排他；既对立，又统一；既协调合作，又互相制约，往往呈现出一种十分复杂的排列组合关系。

其四，领导者与各种势力之间，存在着法定的领导与被领导的关系。但是，这种关系也是可以改变的，而且，领导者与各种势力之间只能建立较为合理的关系，而几乎很难建立最佳关系。正因为如此，领导者在运用维持平衡的谋略时，就应该注意以下三点。

1. 区别对待，用其所长

每一种势力，都有各自的不同特点和无法取代的特殊作用。领导者对于这些势力的不同情况，必须做到心中有数，了如指掌。然后根据组织管理活动的需要，区别对待，用其所长，让他们充分发挥自己的特殊作用，只有这样，组织管理活动才可能协调进行。

2. 不偏不倚，一视同仁

领导者应该始终居于支配全局的有利地位，对各种势力起到领导、协调、引导、监督、制约的作用。为了做到这一点，就必须遵循不偏不倚、一视同仁的原则，不表现出明显的倾向性，领导的协调工作，才能做到成效。古今中外一切杰出的领导人才之所以能够获取事业上的成就，能够稳固地保持着自己的领导地位，其中一条重要原因，就是因为他们决不轻易倒向某一种势力。尽管在他们的心目中对各种势力有远近亲疏的区别，但在实际活动中，他们又必须把这种倾向隐藏起来，不让它们表现出来。

3. 宏观控制，微观松缓

各种势力都有维护其自身利益的本能要求，都有发展力量、扩大影响的欲望。这种要求和欲望有些对领导者的组织管理活动可能有利，有些却可能有弊，因此，领导者的调节作用非常重要。进行调节的最巧妙办法，就是对各种势力，在宏观上严格控制，在微观上大胆松缓，使其增强活力，适度自由，从而能够更好地发挥自己的积极性和创造性。

综上所述，维持平衡，实际上是领导者在用人行为中，通过各种灵活巧妙的方法，力求协调各种势力的相互关系，从而确保自己对各种势力实行有效管理的一种领导艺术。它的关键在于尽量兼顾各方面的利益，但决不搞利益均摊，更不搞数量均等，这是运用平衡艺术手段时应注意的。

四、典型警示

典型警示是一种选择个别典型、以一带百、惩一儆百的用人艺术。传统上把这些叫做“榜样示范”或称“杀鸡儆猴”。为此，就很有必要及时抓住优秀典型，做出示范，带动全体。同时，对个别害群之马，从严从速处理，以教育多数，以确保整个领导活动得以顺利进行。对于处罚性的典型警示，在运用中还应注意以下四点。

（1）决不轻易放过第一个以身试法者。因为这第一个，往往影响面大，处置得当，就会收到警示一大片的效果。

（2）重点惩处性质最恶劣的人。当领导者同时遇到多个违反法规、抗拒领导者时，就要从中加以选择，找出性质最恶劣、影响最坏的一个予以重点惩处，既减少打击面，又能收到惩一儆百的效果。

（3）应尽量做到合情合理。这就要求领导者既要按章办事，又要适度灵活，使被惩处者口服心服地受到应有的处置，又让其他人员接受教育。

（4）辅之以必要的关心和帮助。杀鸡儆猴虽然是一种“惩”的方式，但目的是“教育”。所以，在惩处时辅之以必要的关心和帮助，使被处罚者在接受处罚的同时，认识错误，接受教育。

典型警示作为一种用人的艺术手段，是领导用人实践中总结出来的有效方法，运用这种方法的诀窍在于审时度势，灵活巧妙，切不可生搬硬套。同时，还应辅之以其他教育手段，才能达到领导用人的目标。

【案例】

用人 妒人 毁人

2005 年 12 月 22 日，中国乳业著名企业伊利集团董事长郑俊怀案宣判。因犯有挪用公款罪，郑俊怀被判处有期徒刑六年。他与其他 4 名公司高管挪用公款所购买股票的非法所得依法予以追缴。

作为一名名声在外的成功企业家，郑俊怀为何要冒险挪用公款购买股票呢？这要从郑俊怀和他的副总——牛根生一起创业的故事说起。

郑俊怀出生于 1950 年 9 月，是呼和浩特市土默特左旗人。父亲早亡，一家全靠母亲做针线活维持生计。他发愤读书，大学毕业后被分配到呼和浩特市农业局工作。1983 年 1 月，颇有经营才能的他被调到濒临倒闭的呼市回民奶食品厂任厂长，这就是伊利集团的前身。此时的奶食品厂一片凄凉，两间布满蜘蛛网的车间，一个狭小的门面和 80 多个无精打采的工人。

郑俊怀决心将回民奶食品厂起死回生！上任后，他先招收了一批有文化的青年进厂。他向全厂职工泪流满面地讲起自己的母亲在贫困中如何支撑一个家的故事，号召职工艰苦创业。演讲完毕，台下一个高大粗犷的年轻人带头鼓掌高声叫好！这个鼓掌的年轻人叫牛根生，24 岁，高中文化，思维活跃，说话直爽而豪迈。郑俊怀一眼看出，这是个一呼百应的人才。当时，牛根生是洗瓶车间的一个洗瓶工。

接下来，郑俊怀在全市率先搞起了承包制，牛根生积极响应并承包了一个加工车间。两年后，回民奶食品厂在同行中脱颖而出。

为了发展更多奶牛和建设冷库，郑俊怀争取到自治区原计委的 100 万元扶持资金，再贷款300万元筹建冷库。不料，就在接近完工时，由于施工单位违章操作，冷库起火。望着巨额贷款修建的冷库被无情的大火吞噬，郑俊怀心痛至极，一头冲进火里欲同归于尽。火光中牛根生急得大喊："郑大哥，难道你忘记了你娘吗？你娘不是对你说越艰难越要坚持吗?"郑俊怀这才猛然惊醒，他鼻子一酸，紧紧握住牛根生的手，一句"好兄弟"后再也说不出话来了。

牛根生与郑俊怀同舟共济，几年后将贷款全部还清。1993年，回民奶食品厂进行股份制改造，改名为国有控股的"伊利实业股份有限公司"。郑俊怀为公司总经理，牛根生被任命为公司副总经理之一，主管冰淇淋、雪糕生产。

短短两三年间，牛根生分管的伊利雪糕风靡全国。1996年，伊利集团成立，成为全国乳品行业第一家上市公司。此后的伊利业绩一路飙升。

然而，随着集团公司的规模越来越大，郑俊怀和牛根生兄弟感情也渐渐出现了微妙变化。牛根生作为副总分管了技术中心、调度、质管、基建、牛奶公司等十几个公司和部门，分管的员工占到了伊利员工的80%，郑俊怀感到了隐隐的不安。

1996年底，有位叫郝义的工人因癌症急需救治，公司组织捐款，牛根生率先捐了1万元。郑俊怀来捐款时，看见牛根生捐1万元，脸色很难看，他事后对别人说，他副总率先捐1万，我老总该捐多少啊?

郑俊怀开始注意强化自己的绝对权威，凡是不听命令自作主张的，一律免职或辞退。从1996年开始，被他免职或辞退的公司高管达十几个人，董事会也基本上成为他的一言堂。牛根生在工作中感到处处掣肘。

1998年11月，公司召开董事会，牛根生正式提出辞职。受郑俊怀的影响，董事会同意牛根生辞去副总职务，但没有立即对外宣布。

一名高管奉命找到牛根生谈话："你得离开呼和浩特两年，公司安排你到北京大学学习。还有，你回来后不要再搞食品行业了!"

牛根生离开"伊利"后，他手下的几十名得力干将大部分被"清洗"。

1999年3月29日，伊利董事会正式宣布牛根生辞去副董事长和副总职务的消息。牛根生也从北大回到了呼和浩特，但是郑俊怀不给牛根生报销1万多元的北大学习费用，牛根生感到了彻骨的心寒。他回到呼市后，十几个旧部聚集到牛根生身边，他们一共筹集了100万元资金，注册了一家乳业公司，取名"蒙牛"。令郑俊怀没有想到的是，牛根生的公司一成立，伊利公司的生产、销售、技术人员纷纷过去投奔牛根生，几个月间竟然有300多人，他们宁愿放弃优厚的待遇而愿意跟着牛根生重新创业!

这一下郑俊怀慌了，自己放弃的牛根生是一条龙啊！果不出郑俊怀所料，"蒙牛"乳业在国内迅速崛起。这一切使郑俊怀感到了巨大的压力。这一年郑俊怀49岁了，他越发感到对"伊利"全面掌控对他很重要。只有控制上市股才能全面控制伊利公司，即使将来退休，他也可以通过控股掌控公司。1999年5月，"伊利"股份第二大股东某开发公司准备转让股份。郑俊怀联合几个心腹，挪用公款1 500万元以个人名义收购了该公司的股票。

2006 年 1 月 5 日，该案东窗事发，郑俊怀被正式逮捕。对此，牛根生只说了一句话："没有郑大哥的培养，就没有我牛根生的今天。"

郑俊怀被捕后，牛根生托人给郑俊怀 92 岁的老母亲和妻子送去生活费。2006 年 2 月，郑俊怀的女儿在加拿大留学，学费不足，郑妻找上门来，牛根生又鼎力相助。面对牛根生，郑妻忍不住放声痛哭起来，她说："你不计前嫌，是难得的好人啊……"

思考题：

1. 一个领导者遇到了比自己有才干的下属应该怎么办？
2. 有人说为了提高领导效率，最好是用"圈内人"，你同意这种看法吗？
3. 加入 WTO 后，社会主义现代化建设人才应具备哪些新素质？
4. 如果你身为领导，属下有人不服从你的领导，你该如何应对？
5. 对于改革开放初期，我国人才的"孔雀东南飞"现象，你如何理解和评价？

阅读参考书目：

1. 夏书章，王乐夫．行政管理学．北京：高等教育出版社，2003.
2. 竺乾威．公共行政学．上海：复旦大学出版社，2000.
3. 王元瑞．领导人才学概论．北京：中央民族大学出版社，1999.
4. 高建德．领导科学．北京：知识产权出版社，2001.
5. 黄强．领导科学．北京：高等教育出版社，1992.
6. 周庆行．公共行政导论．重庆：重庆大学出版社，2004.
7. ［美］西奥多·W·舒尔茨．吴珠伦译．论人力资本投资．北京：北京经济学院出版社，1990.

第六章 领导决策

教学要点

- 领导决策的概念
- 领导决策的特点
- 领导决策的基本类型和应遵循的原则
- 领导决策的程序与方法
- 领导决策中存在的主要问题及改进对策

第一节 领导决策概述

决策在领导工作中具有十分重要的地位和作用。任何单位、任何层次的领导工作都离不开决策，甚至可以说，没有决策就没有领导。决策又是贯穿于领导过程始终的活动，领导的过程实质上就是一个不断地制定决策、实施决策、反馈修正决策的过程。决策还是领导者履行各项其他诸多职责的基础。决策的正确与否关系到事业的成败，正确的决策引导事业胜利前进，错误的决策则会导致事业的失败倒退。现代社会对领导的决策提出了更高的要求，决策在领导工作中的地位更加突出。

一、领导决策的含义

"决策"一词是从英语 Decision Making 翻译过来的。20 世纪五六十年代这个词首先出现在美国。在我国最早译成"做出决定"，后来为了文字精练和表达准确，把它译为"决策"。

决策的含义可以从广义上和狭义上来了解。从广义上讲，决策就是作出决定，即人们为实现一定的目标所作的行为设计及其抉择。从狭义上讲，决策是指社会组织在管理活动中所作的决定，是社会组织为实现一定的目标或解决面临的问题制定行动方案并加以优化选择的过程。里查德·施奈德认为：决策是一个过程，它是指决策者为了达到想像中未来事务的状态，从社会所限制的各种途径中，选择一个行动计划的过程。因此，决策广泛地存在于社会生活中。

领导决策，是指领导者在领导活动中，为了实现组织目标，通过采用科学的决策方法和技术，从若干方案中选择一个方案，以实现领导目标的活动过程。

二、领导决策的特点

领导决策不同于其他类型的决策，有着自身的特点。一般来讲，领导决策具有主观性、预见性、战略性、选择性、创造性、群体性和过程性等特点。

1. 主观性

决策是人的主观意志对客观存在的多种可能性进行选择。它所研究的是从人的主观能力角度出发，寻求主观与客观这个矛盾统一体不断变化与发展的规律并把握住这个规律，以达到为人类服务的目的。决策立足于现实又面向未来，以现实作为通向未来的起点，根据现有的知识和经验，进行科学的预测。

2. 战略性

领导决策的性质通常表现为战略性决策。这类决策既包括事关组织全局的总体发展方向和远景规划，也包括现实中的一些重大问题。它往往具有全局性、宏观性、长远性和根本性的特点。

3. 选择性

选择是决策的灵魂，领导决策实际上就是一种选择活动过程。决策总是在若干个目标中选择一个最切合实际的目标，在若干个有价值的方案中选择一个最佳方案的过程。有比较才有鉴别，有鉴别才有优选，没有选择，就无从优化。

4. 创造性

领导决策是一项开创性的活动。领导决策需要人们发现并提出新问题、新思想、新方法，任何因循守旧、故步自封、停滞不前，都会对事业的发展造成危害。

5. 群体性

现代领导决策面临的往往是难以预料的一些重大的复杂问题，单靠领导者个人的智慧往往是不够的，必须依靠广大干部员工，特别是专家、智囊人员的参与和辅助，才能保证决策的科学性。

6. 过程性

在日常管理活动中，有人往往认为领导者“拍板定案”，作出决断的那一刻就是领导决策的全过程。这种认识是片面的，“拍板”只是决策全过程的一个环节，如果没有“拍板”前的调查研究过程，“拍板”必然是主观臆断。因此，领导决策，既包括了领导者“拍板”前的调查研究、发现问题、确定目标、集思广益、拟订方案、分析评估、方案选优等准备活动，还包括“拍板”后的实施这样一个完整的过程。

三、领导决策的地位和作用

决策在整个领导工作中具有十分重要的地位和作用。任何部门、任何层次的领导工作都离不开决策，甚至可以说，没有决策就没有领导。领导决策在领导活动中的重要地位和作用具体表现在以下几方面。

（一）决策是领导的基本职能

领导职能很多，但决策是最基本的职能。从横向上看，决策涵盖领导活动的诸方面；从纵向上看，决策贯穿于领导活动的全过程。毛泽东指出，领导者的责任，归结起来主要是出主意、用干部两件事。“出主意”指的就是决策；“用干部”指的是选人用人，这里也包含决策。美国学者马文在高层管理者中作调查时曾提出三个问题：① 你认为每天最重要的事情是什么？② 你每天在哪些方面花费的时间最多？③ 你在履行你的职责时感到最困难的是什么？结果有 90% 以上的答案都认为是决策。因此有人提出“领导就是决策”的观点，是有道理的。

（二）决策是决定领导活动成败的关键因素

古今中外领导活动的历史经验一再表明，领导决策正确与否对领导活动的成败影响极大。决策正确，事半功倍，事业兴旺发达；决策失误，事倍功半，事业蒙受损失。如美国克莱斯勒汽车公司，在 20 世纪 70 年代世界石油危机时作出了一个错误决策——继续生产大型豪华轿车。结果在石油危机中损失惨重，公司濒于倒闭。董事会解除了总经理的职务，聘请福特公司的前总经理艾柯卡出任总经理。艾柯卡上任在召开的第一次会议上说的第一句话就是：决策的失误是最大的失误。而现在，随着知识经济时代的发展，社会活动越来越复杂多变，对领导决策的要求也越来越高。

（三）决策是衡量领导者领导水平高低的重要尺度

领导者的主要任务是决策，决策水平的高低，是衡量领导者优劣的重要尺度。决策水平，一是指能否作出正确的决策，领导者对决策方案的最终抉择关系到领导活动的成败；二是能否正确地、创造性地实施决策。正确地制定和实施决策，是一个领导者素质能力的综合反映，是领导水平的综合体现。

第二节　领导决策的类型和原则

一、领导决策的基本类型

按照不同的分类标准，决策可分为不同的类型。

1. 经验决策与科学决策

按决策的方式分类，可以把领导决策划分为经验决策与科学决策。

经验决策是决策者主要依靠个人的经验、智慧和胆略作出的决策。科学决策是指在科学理论的指导下，决策者依靠专家和广大员工，采用现代科技所作出的决策。经验决策与科学决策的本质区别不在于正确与错误之分，而是方式方法的不尽相同。那种认为经验决策是落后的、错误的，是经验主义的决策，只有科学决策才具科学性的认识是片面的。事实上，在古今中外历史上，许多成功的经验决策已成为脍炙人口的佳话。如三国时期诸葛亮的“隆中对”，刘备采纳这一决策后，遂使西蜀由弱变强，成就了魏蜀吴三足鼎立的局面；朱元璋采纳了朱升“广积粮，高筑墙，缓称王”的大计，建立了明王朝等。经验决策和科学决策的区别主要在于：经验决策的主体一般表现为个体，而科学决策是集体智慧的产物；经验决策主要凭借决策者的主体素质，科学决策则尽可能采用先进的技术和方法；经验决策带有直观性，而科学决策不排斥经验，但注重在理论指导下处理决策问题。因此，应把经验决策与科学决策结合起来，实现决策的科学化。

2. 程序性决策和非程序性决策

按决策问题出现的概率和重复程度分类，决策可分成程序性决策和非程序性决策。

程序性决策也称为常规决策、例行决策、规范化决策。它主要针对那些经常反复出现、性质类似的问题进行。程序性决策往往有一套可以遵循的程序，依据惯例和规章即可进行。非程序性决策也叫非规范性决策，它主要针对那些过去没有出现过、偶然发生或突发的问题进行。非程序性决策往往是无章可循、没有先例的决策。

3. 战略决策与战术决策

按决策目标的影响程度以及决策所涉及的范围，可把领导决策划分为战略决策和战术决策。

战略决策是指带有全局性、长期性、整体性问题的决策。所谓“牵一发而动全身”、“一着不慎，满盘皆输”，讲的就是战略决策。战略决策主要表现在路线、方针、政策、规划的制定上。

战术决策是指对局部的某一具体问题的决策。它主要以实现战略决策所规定的目标为决策标准，是战略决策的延续和具体化，具有单项性、具体性的特点。

战略决策与战术决策紧密联系、相互作用。战略决策确定决策目标、决策目的、性质等问题，而战术决策则要进一步解决怎样实现目标的问题，所以它必须服从于战略决策。反过来说，只有制定出正确的战术决策，才能保证战略决策的实现。

4. 群体决策与个体决策

按决策主体以及决策权限的制度安排分类，可把领导决策划分为群体决策与个体决策。群体决策，又可分为领导群体决策，即一个领导集体共同进行决策；群体参与决策，即较低层次的群体成员参与较高层次的决策。

群体决策的长处在于：可以为解决问题提供较多的处理意见和可供选择的决策方案；群体成员在决策过程中，会表现出对决策的支持，从而使之易于执行；通过群体决策可以加强组织中不同层次的沟通。群体决策的局限性在于：工作程序较慢，需要比领导个人决策更长的时间；在群体沟通遇到障碍时，个人意见往往会受到从众心理等的影响；群体决策易出现冒险或保守两个方向的极化现象；可能造成不必要的内耗和人力的浪费；名义上的集体决策，实际上的个人拍板，可能会伤害参与决策的成员的感情；一旦决策失误，责任需由集体承担，可能掩盖了个人的失误。

个体决策，就是最后由一个人做出决断的决策。个体决策的长处是决策者能够迅速、灵活地作出决策，在执行中便于集中统一指挥，提高工作效率。个体决策的局限性在于决策者个人素质决定着决策质量，如果缺少必要的制度，或者决策者主观专断，很可能导致家长制和一言堂。

因此，可采用群体领导和个人分工负责制，把两种决策方式结合起来。凡属重大问题，如战略性、方向性、立法性等问题，由群体决策；而日常工作中应急性、常规性、技术性、执行性的事情，则由分工负责的领导者个体决策。

5. 确定型决策、风险型决策和不确定型决策

按决策所具备的条件的可控程度划分，领导决策可分为确定型决策、风险型决策和不确定型决策。

确定型决策是指面临的是一种比较确定的自然状态，可选方案的预期结果是相对明确的。风险型决策是指面临的是多种可能的状态，决策者对未来客观状态不能作充分肯定，可选方案在不同状态下的结果不同，未来会出现哪一种状态，事前虽难以肯定，但却可以预测其出现的概率。决策虽然带有一定的风险，但决策者对风险程度有基本的预知。不确定型决策面临的决策条件与风险型相似，决策者面临可能出现的状态有多种，不同的只是不能预测未来自然状态出现的概率，因而不定因素更多，决策风险更大。

6. 单目标决策和多目标决策

按决策目标的多寡分类，决策可分成单目标决策和多目标决策。

单目标决策就是决策所希望达到的状态只有一个，即所要解决的问题只有一个。多目标决策是指一个决策所要达到的目标有多个。它涉及的往往是系统问题，目标之间容易产生交叉效应与连锁反应。因此，决策时应做好统筹，使目标之间能够相互协调，达到整体优化的效果。

7. 定性决策与定量决策

按决策的目标、变量是否可用数量来表示，可将决策分为定性决策与定量决策。

定性决策是指决策目标和决策变量等不能用数量来表示的决策。这类决策一般难以用数学方法来测算，而主要依靠专家的知识、经验、智慧，运用社会学、心理学的理论，作出判断。定量决策是指决策目标和决策变量等可以用数量来表示的决策。它借助于运筹学、系统分析和电子计算机的知识，通过数理分析来进行判断分析。定量决策要求有一定的精确性和明确性，如销售增长多少、成本降低多少等不能用“较大幅度提高”和“明显下降”等笼统、模糊的提法。

此外，根据可选方案的数量，可将决策划分为开关式决策（A 或 B）与旋钮式决策（A 或 B 或 C……）；根据后来决策与先前决策的一致性程度，可将决策划分为激进性决策和保守性决策；根据决策所要解决问题的性质，可将决策划分为原始决策和追踪决策。具体分类见表 6－1。

表 6－1 领导决策的分类

类　别	分类依据
1 经验决策与科学决策	决策的方式分类
2 程序性决策与非程序性决策	决策问题的重复程度
3 战略决策与战术决策	决策目标的影响程度
4 群体决策与个人决策	决策权限的制度安排
5 确定型决策、风险型决策与非确定型决策	决策条件的可控程度
6 单目标决策与多目标决策	决策目标的多寡
7 定性决策与定量决策	决策目标变量是否可用数量表示
8 开关式决策与旋钮式决策	决策方案中可选方案的数量
9 激进型决策与保守型决策	后来决策与先前决策的一致性程度
10 原始决策与追踪决策	决策所要解决问题的性质

二、西方经典决策模式介绍

西方学者从不同的视角研究决策，提出了不同的观点和理论，主要有：以切斯特·巴纳德为代表的社会系统学派；以赫伯特·西蒙为代表的决策理论学派；以提斯维尔为代表的行为主义政治学学派；查尔斯·林德布洛姆在20世纪50年代确立的渐进决策理论；阿米泰·埃佐尼提出的混合决策模式（也称综视决策模式）以及经验型决策模式等等。

（一）理性决策模式

理性决策模式强调决策必须严格依照科学程序进行，注意运用科学的方法和技术进行决策，注重决策过程中的定量分析，甚至建立起复杂的数学模型。这种决策模式强调将决策建立在可靠的量化分析的基础上，减少了决策的盲目性。但是，作为一种理想的模式，理性决策模式是完全从规范的角度来研究决策，它过于理想化，往往难以适应现实的决策问题。事实上，决策目标往往不是单一、明确和绝对的，而是多元、模糊和相对的，在公共部门尤甚；决策者也是有限理性的；决策往往面临相互冲突的价值目标；决策往往要受到时间、人力、物力、财力等方面的约束。为此，现代决策理论的创始人西蒙修正了这种过于理想化的理性决策模式，提出了“有限理性模型”或称“满意模型”、“次优决策模型”，主张决策者应以较为符合现实条件的满意目标来取代追求理想条件的最优目标。西蒙的有限理性决策模式是对理性决策模式的一种发展。

（二）渐进决策模式

渐进决策模式由美国的林德布洛姆提出。林德布洛姆认为，理性决策模式不能够适应现实决策过程中的实际要求。决策的实际过程并不完全是一个理性过程，而是对以往政策行为的不断修正过程。决策只能根据以往的经验，在现有的政策基础上实现渐进变迁。决策者要依据现有方案，通过与以往政策的比较，考虑不断变化的环境需要，对以往政策进行局部的、小范围的调整，逐渐把一项旧的政策转变为一项新的政策。渐进决策模式的特点是：① 渐进主义；② 积小变为大变；③ 稳中求变。它要求决策者必须保留对以往政策的承诺，注重其对现行政策的修改与补充，注重减少现行政策的缺陷，不注重手段和方案的重新选择。渐进决策模式注意到决策过程的连续性、稳定性和现实性，有利于避免因决策严重失误产生的持久性结果。尤其是在政府公共政策的制定过程中渐进模型的作用更大，有其值得肯定的积极意义。它的局限性表现在这种模式具有墨守成规、维持现状的保守主义倾向，多适用于稳定发展的社会形势，不适用于突发形势。渐进决策模式，是直接针对传统理性决策模式的缺陷，根据实际政策制定的特点，从“决策实际上如何做”而不是“应如何做”的角度出发建立的一套政策制定模式。

（三）综合决策模式

美国的阿米泰·埃佐尼综合了理性决策模式和渐进决策模式的长处，提出了综合决策模式。他认为，当社会环境没有剧烈变化，原有的政策无须重大变动时，就应更多地利用渐进决策模式的原则和方法，以保持政策的稳定性和连续性。但是，即使在这种情况下，也应采用理性决策的一些原则和方法，对一些关键因素进行深入的科学分析，力求制定出科学的决策。而当社会环境发生剧烈变化，原有的政策需要作出相应的变化时，则应更多地利用理性决策模式的原则和方法，对相关问题的分析的广度和深度就应当增强，保证决策的科学性。当然，就是在这种情况下，也应保留渐进决策的一些原则和方法，没有必要无限度地扩大问题分析的范围和程度，没有必要去追求过于理想化的却不符合现实的最优方案。总之，综合决策的模式主张综合利用理性决策和渐进决策的原则和方法，这是具有更大的弹性的决策模式，更能适应实际情况的需要。

三、领导决策的基本原则

1. 客观性原则

客观原则是决策科学的首要原则，它要求决策者坚持实事求是的思想路线，从客观实际出发，准确把握决策对象的发展趋势，做出符合客观实际的判断和选择。不仅决策的每一件事都有规律可循，而且决策本身也是有规律的。领导者应力争认识它们，掌握它们，以提高决策的科学性。

2. 信息性原则

信息是决策的基础，只有掌握了大量的准确的信息，才能为科学决策提供准确可靠、全面系统的信息，使其有坚实的基础。没有资料、情报、数据作依据，靠想当然是作不出科学决策的。决策的科学性是同信息的准确性、及时性、适用性成正比的。决策所需要的信息越准确，越真实可靠，越全面，决策的基础就越坚实，决策越具有科学性。

3. 预测性原则

科学的决策必然要求科学的预测，决策是规划未来，影响未来的活动。决策正确与否，往往取决于对未来后果所作预测的正确程度。科学的预测为领导的正确决策提供了客观依据。

4. 可行性原则

任何一项决策都是为了实施，因而必须是可行和可操作的。要保证决策的可行性，就必须分析现有的人力、物力、财力、科学技术水平等主客观条件，慎重全面地作出可行性分析，在此基础上作出决策。可行性原则要求在决策中，绝不能只强调需要而不考虑可能和成本，也不能只强调有利因素和成功的机会，而不考虑不利因素和失败的可能。

5. 民主性原则

民主性原则是指决策者要充分发扬民主，善于集中和依靠集体的智慧，调动决策参与者等诸方面的积极性和创造性，共同参与决策。民主性原则要求领导者必须切实保障决策参与者在决策中的地位和权利，使他们真正享有决策的知情权、参与权和监督权。同时要求领导者要注意发挥民主作风，既要反对家长制作风，又要反对极端民主化。

6. 科学性原则

科学性原则是一系列决策原则的综合体现。遵循科学性原则，就要实现决策思想、决策程序、决策方法、决策体制的科学化。现代决策体制一般由决策系统、智囊系统、信息系统、执行系统和监督系统五大系统构成，力求保证领导决策信息广泛、咨询充分、执行有力、监督独立、反馈及时，从而实现决策的民主化和科学化。

7. 程序原则

严格遵循科学的决策程序，是科学决策区别于传统经验决策的一条重要原则。传统的经验决策缺乏严格的决策程序，往往导致决策的失误，科学决策要求按照科学的决策程序一步一步地进行。

8. “外脑”原则

科学决策强调在决策过程中充分发挥各种专家组成的智囊系统的“外脑”作用。智囊团是领导者在决策过程中不可缺少的依靠力量，是领导者进行科学决策的重要保证。领导者必须在思想上重视智囊团的作用，从组织上健全决策的智囊团。领导者与智囊团的关系是“多谋”与“善断”的关系，二者相辅相成而不是相互取代。一方面，领导者必须保证智囊团的独立研究，并充分地听取智囊团的意见；另一方面，领导者又不能让智囊团代替自己的决策。领导者与智囊团各负其责，相互补充，相互配合，共同保证决策的科学性。

第三节　领导决策的程序和方法

领导决策程序是决策规范化的关键，它可以帮助领导者使决策变得有序，而不至于产生混乱。

一、领导决策的程序

所谓决策程序，就是把整个决策过程划分成若干前后衔接的基本步骤，把决策行为阶段化、规范化，形成一整套严谨的科学步骤，避免因决策过程无序而产生混乱，造成决策效能的降低与决策成本的增加。各类科学决策所大致遵循的、具有相对普遍性的一般程序，主要包括6个环节。如图6－1所示。

图6－1　领导决策的程序

1. 发现问题

所有决策工作都是从发现问题开始的。所谓问题，就是指事物的实际状况与应有状况之间的差距。问题是决策的逻辑起点。能否及时发现真实的问题是领导者能否进行正确决策的首要前提。领导者应努力培养自己的问题意识，学会寻找、界定和筛选问题的方法。

2. 确立目标

问题发现后，为缩小应有状态与实际状态之间的差距而制定的总体设想，就是决策目标的确立。目标是一个组织希望通过决策和该决策的实施所达到的目的和衡量目的的指标。决策目标的制订必须符合以下准则：目标是有的放矢和明确的，目标必须准确、清晰、具体，含糊不清、模棱两可的目标只会使人无所适从。目标要有期限性、可行性、可测量性、层次性、系统性。

3. 拟订方案

决策目标确定后，就要从多方面寻求实现目标的有效途径。提出若干行动方案以备选择是决策不可缺少的环节。对同一个决策目标人们可以从不同角度、立场出发，采用不同的方法、技术和途径来拟制各种各样的行动方案。在拟订方案阶段，领导者要发扬民主作风，广开言路，充分鼓励他们从各方面寻求通往目标的途径，拟订出多种可供选择的方案。备选方案的制订是出于择优的需要，因此这些方案之间必须是排他的，即拟制的方案之间不能雷同，要有原则的区别。

4. 分析评估与方案选优

所谓方案分析评估，即采用一定的方法，对已经拟订的可行方案进行效益、危害及风险等方面的分析评估，以进一步确认各方案的利弊及其可行性。方案选优，就是进行“拍板”，即从各种可供选择的方案中权衡利弊，选取其一，或综合成一。

方案的分析评估和方案选优是决策全过程的关键。方案评估是方案选优的前提，方案选优是方案评估的结果。备选方案拟制出来后，决策者还要委托各种专家和咨询机构对备选方案进行全面的分析、评估，在对各种方案进行比较后，选择一个理想的方案。

5. 慎重实施

决策的目的是实现预定目标，而决策的实施则是通往预定目标的必由之路。任何决策的实施都需一定成本的投入，都需要投入大量的人力与物力，为此，决策实施必须慎重，不能搞“遍地开花”、“全面上马”，在普遍实施之前，应对重大决策进行局部试验试点，如果确实可行再进行推广。

6. 追踪决策与反馈调节

原有决策方案实施后，主客观情况发生了重大变化，对原有的决策目标或方案进行修正就显得非常必要。现代决策的复杂性和决策者个人认识能力的局限性，使得已经做出的决断不符合客观实际情况的事情经常发生。这就要求决策者在进入决策实施的阶段之后，必须注意追踪和反馈调节。

追踪决策，就是对决策方案付诸实施后的情况进行严密地监控。反馈调节的实质是一种控制反馈。为了能够及时了解决策实施的真实情况，领导者应该建立一种灵活有效的信息反馈机制。

二、领导决策的方法

掌握一定的决策方法是进行科学决策的前提。针对不同的问题，领导者要灵活运用不同的方法去解决不同的问题。在社会实践过程中，人们积累了诸多的决策方法。这些方法对提高领导者的决策艺术和决策水平具有许多有益的参考和借鉴作用，以下介绍几种比较典型的决策方法。

（一）头脑风暴法

头脑风暴（Brain Storming）又称专家会议决策法，最早用来形容精神病人头脑错乱毫无逻辑的胡言乱语。1939 年，美国学者奥斯本把该词引入创造学，应用于广告设计，希望通过思维共振达到智力放大的效果，目的是产生新的创意。现在一般是指依靠一定数量专家的创造性思维对决策对象未来的发展趋势及其状况做出判断的方法。头脑风暴法力图通过专家之间的信息交流和相互启发，引发思维共振，取得更多新创意。

头脑风暴法的基本规则是：第一，在会上可以随心所欲不受限制地自由发言。第二，强调独立思考、创新思维和集思广益。第三，非批评原则。即对他人的任何见解不做反驳和否定的判断。第四，追求数量原则。欢迎与会者广开言路，多提意见或建议。第五，平等原则。与会人员不分地位尊卑，有同等的发言权。第六，禁止会上私下交谈。其中非批评原则是最重要的原则。头脑风暴法容易产生新创意，对预测具有很高的价值。它的缺点是受心理因素如从众心理等影响较大。

（二）哥顿法

哥顿法是美国人哥顿于 1964 年发明的。哥顿法强调要暂时抛开所要处理的问题，通过讨论一些其他的问题，从类比中得到启发，得到解决原来问题的一些思路和方法。它主要是通过会议形式，根据主持人的引导，让与会者进行讨论，但会议的根本目的是什么，真正需要研究的问题是什么，实际上只有主持人自己知道，其他与会者都不知晓。这样做的目的是为了避免思维定式的约束，使大家能跳出框框思考，充分发挥群体智慧以达到方案创新的目的。具体做法是：会议主持人在开始把讨论的问题作笼统的介绍，让与会者海阔天空地讨论解决问题的方案。当会议进行到适当的时机，决策者再把具体问题公布，使讨论进一步深化。哥顿法有两个基本观点：一是“变陌生为熟悉”，即运用熟悉的方法处理陌生的问题；二是“变熟悉为陌生”，即运用陌生的方法处理熟悉的问题。从实践来看，后一种方式已逐渐成为哥顿法的主流。

（三）德尔菲法

德尔菲原是古希腊传说中神谕灵验、可预卜未来的阿波罗神殿的所在地。后人借用德尔菲来比喻高超的预测和决策能力。20 世纪 50 年代，美国兰德公司与道格拉斯公司合作，研究发明了一种如何通过有控制的反馈更为可靠地收集专家意见的方法，即“德尔菲法”（Delphi Technique）。

德尔菲法是一种对传统专家的面对面会议方式的改进和发展。德尔菲法采用匿名通信和反复征询意见的形式，通过书面的方式向专家们提出所要预测的问题，得到专家不同意见的答复后，将意见整理归纳，然后匿名反馈给专家，再次征询意见和反馈。被征询的专家在互不知晓、彼此隔离的情况下不断交换意见，经过多次循环，最终得到一个比较一致的预测结果。其具体步骤是：① 就决策的内容，提出若干条明确的问题，规定统一的评估方法；② 根据决策的问题，选择一定数量的有关方面的专家，将上述问题邮寄给他们征求意见。对专家的姓名要保密，各专家互相之间不沟通；③ 将专家反馈的意见收集汇总和统计起来，由工作人员对每个问题进行统计处理，找出答案的分布情况；④ 将统计结果比较集中的问题再反馈给各位专家，每个专家根据统计结果，考虑其他专家的意见，对自己的下一轮建议进行修改；⑤ 把专家修改后的意见收集上来再进行统计处理，再反馈给专家。如此反复多次，专家们的意见将会比较集中和比较趋于一致。这时就可以把最后一轮调查所得的结果作为专家小组的意见，作为决策者的决策方案。

由上可见，德尔菲法具有如下鲜明特点：匿名性，多轮反馈沟通修正，预测结果的统计特征。

（四）鱼缸法

运用这个方法时，所有决策人员围成一个圆圈，然后通过某个中心人物同其他成员之间的互动沟通来进行决策。因其形似鱼缸，故得名“鱼缸法”。这里所说的中心人物是指某个特定时间发布信息的人。他既可以是确定的，也可以是不确定的。他坐在圈子的中间，而且只有他才可以讲话。他可以提出自己对所讨论问题的看法，或者附议别人已讲出的某项建议，并且提出问题的解决方案。这种做法不仅能够将所有会议参加者的注意力都集中在中心人物身上，而且还可避免插话干扰和不切题的讨论。

（五）竞赛式决策制定法

竞赛式决策制定法由美国匹兹堡大学沙迪提倡，20 世纪 80 年代在许多国家得到推广运用。这种方法是将决策中有关联、有影响的多种要素采取阶层结构的方式（故此法又称“阶层分析程序法”）加以排列把握，这些因素可能是相互对立或排斥的，它们各自对决策方向发生着不同角度的牵引。竞赛式决策法便把这些因素及其所指的决策方案排列出来，进行相互比较或“优劣竞赛”，运用数学方法选择出最优的一种决策方案。

（六）模拟决策法

模拟决策法本身带有实验性质，是指人们为取得对某种事物的准确认识，通过先建立一个与所研究对象的结构、功能相似的微型模型，然后运行该模型，并对各种不同条件下的事物发展的各种可能、趋势、结构和功能进行大胆的实验和探索，进行评析和优选，找出较为切实可行的方案，从而为领导决策提供依据的方法。采用模拟决策方法的原因是，一些复杂庞大的系统问题，往往找不到有效的分析方法，而实地测试与研究需要花费大量费用和时间，一旦出错将会造成重大损失。

随着现代科技的发展，尤其是计算机在模拟实验中的运用，模拟决策法在诸多的领域得到了广泛的应用，使模拟实验的精确性、准确度和可靠性越来越高，成为现代领导决策的重要方法。

（七）决策树法

“决策树”法是风险决策的一般性方法。决策者对决策备选方案大致能够估计出产生决策风险的概率，这些可能出现的概率值都不等于1，即任何备选方案都存在着风险。假如某种决策可能出现的结果概率值是65%，那么就意味着只有65%的成功概率，而失败风险的概率则是35%，即决策者至少要承担35%的风险。

“决策树”法把决策过程用树状图来表示。树状图一般由决策点（常用方块表示）、方案枝（常用细线表示，一个方案枝代表一个方案）、状态结点（常用圆点表示）、概率枝（常用细线表示，每条概率枝代表一种自然状态）和结果点（收益值或损失值）几个关键部分组成。决策树的分析步骤是：第一，绘制决策树图。决策树形不像自然界的树那样从下向上生长和展开，而是由上述几个部分从左向右展开，组成一个树状图；第二，计算收益期待值。计算各状态结点的收益值，将各分枝的收益值（或损失值）分别乘以各概率枝上的概率，最后将这些值相加，求出状态结点的期待收益值；第三，修枝。这是方案的比较选优过程，根据不同方案的期待收益值（或损失值）的大小进行方案优选。下面举例说明。

某手机生产厂家为改进生产技术计划引进一条手机生产线。现在有两种方案供决策者选择：假设甲方案从国外引进一套生产线，成功概率是75%，失败概率25%，成功就能节约费用300万元，失败则会损失550万元；乙方案为改进旧生产线，成功概率60%，失败概率40%，成功则节约费用500万元，失败则会损失400万元。

决策树中状态结点①的期待值：

$$300 \times 75\% + (-550) \times 25\% = 225 - 137.5 = 87.5 (\text{万元})$$

决策树中状态结点②的期待值：

$$500 \times 60\% + (-400) \times 40\% = 300 - 160 = 140(\text{万元})$$

把两种方案的期待值进行比较，可以看出，方案乙的期待值更高，所以应该选择方案乙。

（八）方案前提分析法

方案前提分析法不直接探讨决策备选方案本身，而是着重对方案的前提假设进行分析。其依据是：任何方案都有若干前提假设作为依据，方案是否正确关键在于这些前提假设是否能够成立。如果前提假设能够成立，则说明这个方案所选取的途径基本上是正确的。

三、领导决策的评估

1. 评估的一般指标

（1）决策的投入。包括资金的来源与支出，投入人员数量的多少以及工作时间的长短。

（2）决策的效益。决策的效益是决策实施后所获得的某种结果，效益标准应该是客观性标准，要高度重视决策实施所完成任务的充分性。

（3）决策的效率。决策效率通常以单位成本可能产生的最大成果或单位成果所需要的最小成本为评估的基本形式。

（4）决策的回应程度。指特定决策实施后满足相关的特定社会集团的需求的程度。

2. 评估的主要内容

评估的主要内容包括：目标评估、程序评估、可行性评估、政策评估、法律评估和效益评估等。

（1）目标评估。主要是对决策目标的客观性、明确性、可行性等方面进行评价。

（2）可行性评估。是对决策方案实施的可能性进行评价。看决策方案是否符合客观形势发展、是否符合现实条件等。

（3）程序评估。主要是对决策过程是否按照决策程序要求实施评价。

（4）法律评估。是对决策方案是否符合国家的法律、法规进行评价。

（5）政策评估。是对决策方案是否符合政府的政策、地方的规定进行评价。

（6）效益评估。即综合分析备选方案能创造多大价值，产生多大效益进行评价。

3. 评估的一般步骤

评估的一般步骤包括：评估的准备，评估的实施，总结和撰写评估报告等。

第四节　当前领导决策存在的主要问题及对策

一、当前领导决策存在的主要问题

当前领导决策工作尚不能很好地适应不断涌现的新的、大量复杂的决策需求，决策所涉及的各个环节和各个方面都不同程度存在一些问题，这些问题主要表现在。[①]

1. 需求分析不足，信息渠道单一，偏重部门利益

决策信息渠道单一，即对鲜活的社会生活和广大群众的需求了解相当欠缺，对存在的一些问题，特别是潜在的、带有趋势性的问题反映不够敏感、及时和准确。对一些重大的、前瞻性、战略发展性的问题，意识不够强、研究不够深，一些决策所依赖的调查研究活动，不够深入，走过场、例行公事的现象突出。由于一些部门大多疲于应付各种具体事务，没有时间和精力进行深入的调查研究，导致一些决策往往是拍脑门、闭门造车，有的则带有明显的趋易避难的色彩。

2. 研究力量分散，咨询质量不佳

体制内决策研究力量分散，从结构、水平、精力诸方面看，都难以适应形势发展的需要。而民间咨询机构多立足于市场，为企业发展服务，加上经费方面的限制，发挥的效果有限。

实际工作者为决策提供参考受到理论概括能力以及渠道限制，往往不能将基层好的经验和做法及时提炼和总结上来为决策提供参考。

3. 方案评估内部化，决策缺少听证

当前，相当一部分决策方案，在出台之前评估是在部门内部进行的，缺乏来自独立的第三方的评估，很难保证决策方案符合不同阶层的利益。

决策过程大多缺少听证程序。决策议事规则不够健全，也影响着决策过程中民主的发挥。

4. 监督无力，决策修改时效性差

权力机构监督较少，媒体监督力度较弱，公民监督反馈渠道不畅，导致决策修改时效性差。往往是到了事情已经非解决不可的地步，或者是相关单位已无法协调的时候，才能了解到真实的信息，才开始着手纠正错误，错过了解决问题的最佳时机。

5. 决策方法短缺

一是缺乏解决新问题的方法；二是缺乏解决各类问题的不同方法；三是缺乏定量分析方法，往往是凭经验、凭主观判断、凭抽象的议论去解决决策中的新问题。

6. 决策行为过程中的非理性因素影响

这些非理性因素包括：在用人决策上，明知此人无才无德，但出于某种外在因素的考虑，硬是委以重任；在项目方案的选择上，明知此方案不当，出于外在压力或利益诱惑，而执意拍板；在日常事务的处理上，不是出于理性的思考，明知不可为而为之。

7. 决策主体责任不清，缺乏决策失误追究制度

由于缺乏对决策失误所应承担的相关责任的有关规定，决策者本人对自己应当对决策所承担的责任缺乏明确意识。如果决策失误难以追究责任，决策者的决策责任心和使命感将受到影响。

---

① 北京市委研究室课题组．决策科学化问题研究．2005 年 6 月

二、加强决策科学化的对策建议

1. 加强决策需求分析

要正确分析和判断决策需求，及时有效了解、准确把握、精心筛选有用的信息，对关系到经济社会发展全局的战略性、重大性问题，经济社会发展中面临的突出问题，群众关心的热点、难点和疑点问题有高度的敏感性。“欲问山中事，常问打柴人”，只有深入实际，调查研究，大量占有第一手材料，才能做到“无稽之言勿听，弗询之谋勿用”，才能做出合乎民情、顺乎民意的决策。

2. 提高决策方案的合理性、科学性和可行性

决策过程中必须坚持多种方案的优选制度，从多个渠道征求有关决策方案。可采取委托研究或面向社会公开招投标的方式征求有关方案，使多种方案取长补短，使不同的意见在决策过程中得到反映，确保考虑问题更全面，做出的决策更完善，达到优化决策的目的。

3. 建立健全决策民主机制

要建立健全民主决策机制，鼓励、引导和支持畅所欲言，杜绝定夺“一把手”、拍板“一言堂”、审批“一支笔”现象，充分发挥领导班子集体智慧在决策中的作用。

科学决策离不开社会各方面力量的积极参与，在决策前广纳民言是必经之路。这就要求我们做到，一要广泛征求各方代表的意见；二要发挥专家咨询的作用；三要推行听证制度。

4. 抓好决策效果的评估

要研究建立相对独立的政策评估系统。根据一定的标准，对政策效果进行科学和客观的评估，对决策方案执行后的相关影响进行追踪性研究，及时发现问题，总结经验，修正政策。

5. 完善决策责任追究制度

通过制定有关的法律和制度，建立行之有效的决策责任制度，以法规的形式明确决策失误者所承担的责任。特别要注意绝不可以集体决策名义逃避责任，要坚决维护决策监督机制的严肃性和权威性，切实把决策权力的大小与应当承担的责任统一起来。

【案例】

决策失误的代价

《经济参考报》2001 年 11 月 3 日以《耗资上亿建机场，一年进出百十人》为题报道，九江、蚌埠机场年旅客吞吐量仅为 100 多人，芜湖机场为 3 800 人，投资上亿元的机场，居然是这样的状况。然而，机场建设一直居高不下，决策失误的机场比比皆是，专家们对盲目投资建机场造成的浪费极为痛心。

《经济日报》2003 年 9 月 5 日以题为《A 机场停得了飞机来不了客》报道，到 2003 年 7 月，总投资 3.2 亿元建成的安徽 A 市机场开航整 5 年了，但机场在一片喝彩声中开航后，便埋下了"祸根"。这一年，A 市财政终因扛不住每年数百万元的巨额负担，而被迫急令机场停航。A 市有关领导在反思机场建设时说，建设这样规模的基础设施，必须考虑三要素：一是要有财力建；二是建成后当地有财力支持其运营；三是有客源或有潜在的客货源。三要素有一点不具备，就不能上马。

2004 年 3 月 11 日《北京娱乐信报》报道，出席"两会"的一些人大代表和政协委员认为，目前全国各地竞相上马轿车整车项目，掀起了一场风起云涌的"造车运动"，这是盲目投资、低水平重复建设的一个典型，国家应该采取措施，坚决予以遏制。据国家统计局的统计表明，轿车整车厂家中，去年年产量超过 10 万辆的只有 8 家。全国 120 多家整车生产企业，三分之一产量不足千辆，甚至不少企业产量为零。

国内汽车业在轿车领域的竞争已经十分激烈，盲目上马可能导致血本无归，这样一个事实本来不应当看不到。但前景不妙却阻挡不住决策者的决心，这可能在较大程度上也与当前的经济工作决策机制有关。

正因为如此，对重大投资项目开展绩效审计，在重大项目的决策上实行问责制度并使之制度化非常有必要。只有如此，才能有效遏止盲目决策、乱花纳税人钱的行为。不但要在发生伤亡事故、下属渎职、腐败等问题上追究相关领导的责任，也要在诸如投资项目的决策等经济工作领域实行问责制度。只有让决策者个人为自己的行为付出代价，才能真正使其对自身行为负责，才能尽可能减少地方及百姓利益因盲目决策而受到的损失。

领导者掌握的权力使其每一决策所造成的后果都会是巨大的，因而也必须有对领导者来说，关乎自身巨大的个人利益的奖惩作为对本人行为负责的"抵押"。从这个意义上说，让决策者为决策失误付出代价是完全必要的。

思考题：

1. 辨析领导"拍板定案"。
2. 如何做才能使决策科学化?
3. 试运用"决策树"法，对自己亲身经历的一项决策进行分析。
4. 试分析当前领导决策中存在的问题及解决的方法。
5. 结合以上案例，分析一些重大决策失误的主要原因及其教训是什么?

阅读参考书目：

1. 孙立樵，冯致笺．现代领导学教程．北京：中共中央党校出版社，2002.
2. 李成言．领导学基础．北京：中央广播电视大学出版社，2003.

3. 刘建军．领导学原理——科学与艺术（第二版）．上海：复旦大学出版社，2003.
4. 理查德·哈格斯，等．领导学（第4版）．北京：清华大学出版社，2004.
5. 北京市委研究室课题组．决策科学化问题研究．2005.
6. 邱霈恩．新世纪领导学．北京：经济科学出版社，2001.

第七章 领导协调

教学要点

- 领导协调
- 领导协调的原则
- 领导协调的方法
- 领导协调的误区

第一节 领导协调概述

一、什么是领导协调

所谓领导协调，就是领导主体为了实现领导目标，而对领导活动中出现的矛盾和问题所做的调整过程。具体地说，就是指领导主体采取各种措施和方法，使其所领导的组织同外部环境以及组织内部上下级之间、部门之间、人与人之间、人与组织之间等各种力量之间的平衡，达到和谐一致，相互配合，高效率地实现领导目标的行为。

领导协调包括四个方面的含义：其一，领导协调离不开领导者的个人素质；其二，领导协调的基本途径是通过沟通去完成的，离开了沟通，领导协调就无从谈起；其三，领导协调的表现形式是模式化与非模式化、程序化与非程序化的统一，体现出了领导艺术的灵活特性；其四，领导协调的主要内容是正确处理和解决领导工作中的各种复杂矛盾。总之，领导协调是领导者个人素质中必须具备的软方法、软技术，它不是完全按照一种模式能完成的，尤其是对于突发事件以及突发危机事件的协调领导，更能凸显一位领导者的领导水平。因此，领导协调在领导活动中占有极其突出而重要的地位，只有掌握了领导协调技巧与方法，才能当好“大合唱”的指挥者。

领导协调与领导沟通有密切的关系。沟通是协调的基础，没有沟通，协调就无从谈起，有效沟通是协调成功的前提。为更好的理解领导协调，我们很有必要弄清楚什么是领导沟通。领导沟通是领导主体在领导活动过程中，为实现领导目标而上下左右互通信息、交换情况，以求得思想认识上统一和行动上相互呼应配合。领导沟通对于整个领导活动发挥着“轴承”的作用，它是领导过程中具有特殊人际功能和组织功能的重要环节。领导沟通关注的是建立领导主客双方的合作关系，通过领导主客双方的互动达到理解的过程。但是由于个体的差异以及诸多因素的影响，领导沟通有时并不一定很顺利，甚至会产生矛盾并发展成为冲突。人与人之间、人与组织之间的矛盾和冲突是不可避免的，为了使之朝有利的方向发展，领导者必须采取协调的手段。领导协调的基本途径是通过沟通去完成的，沟通的目的是协调双方的自我利益和共同利益。

二、领导协调的类型

领导协调的种类很多，从领导主体的身份、协调的对象、协调的范围综合考虑，我们将其分为三种类型。如图 7－1 所示。

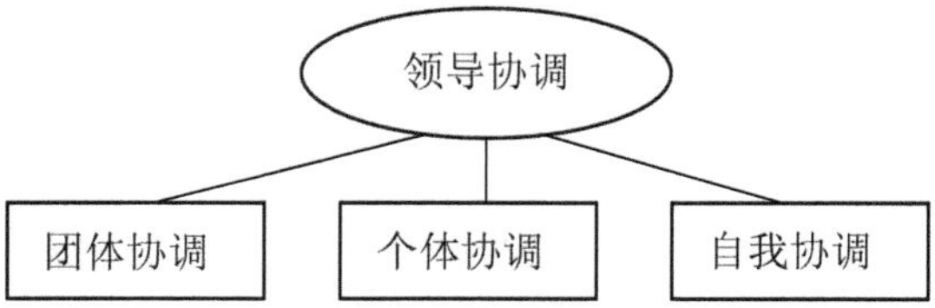

图 7－1　领导协调的类型

（一）团体协调

团体协调指的是作为集体而存在的领导活动主体之间关系的协调工作。在领导活动过程中，由于组织分工的结果，形成许多不同的功能团体，这些团体通常把本部门的工作看得更重要，都想扩充其职权，争取更多的利益，增加更多的人员。在这种情况下，不同的部门、单位之间很容易发生冲突和矛盾。面对这种冲突和矛盾，作为领导主体必须进行妥善的处理和协调，从而使部门、单位之间的责任更加明确合理，使整个组织正常高效率地运转。

（二）个体协调

个体协调指的是作为个体而存在的领导活动主体之间的关系协调。在领导活动中，个人之间的矛盾和冲突是客观存在的，也是经常发生的。人们在利益、看法、目标、手段等问题上不可能绝对一致，这就会发生矛盾甚至冲突。面对种种矛盾和冲突，领导者要通过一定的方法和手段，使其缓和与消除，促进各个成员之间的协调一致，相互配合，高效率地完成工作任务。

（三）自我协调

自我协调指的是作为个体而存在的领导活动主体本身的协调。在领导活动过程中，由于受到各种因素的影响，领导者本身会产生不良的情绪或危险的心理状态，这种状态下，领导者与各种组织、单位和个人之间容易发生冲突和矛盾。面对领导者自身的不良或危险的心理状态，领导者要通过一定的方法和手段，调整自己的心理状态，保持良好的精神面貌投入领导活动之中，高效率地完成工作任务。

三、领导协调的地位与作用

（一）协调是领导者的重要职责

在领导活动中，矛盾和冲突是不可避免的。领导者的许多时间与精力都要用于这些矛盾和冲突的协调。领导者像大合唱的“指挥者”一样，通过协调，争取上级支持、同级配合、下级理解，使本组织中所有单位的活动同步化、和谐化，以便达到共同的目标。它影响到一个组织中的各个部门、全体人员以及全部活动。缺乏协调，就会造成彼此间关系紧张，就会在人力、财力、物力和时间上造成极大浪费。因此，领导者必须当好“指挥”，搞好协调。

（二）协调是提高工作绩效的重要保证

不同的成员对同一事物有不同的看法，如果各成员之间不能坦诚地交换意见，在非原则问题上纠缠不休，势必影响团结和工作。而实施有效协调，在寻求共同点的基础上进行沟通协商，取得共识，能够有效地防止不团结因素的发生，为做好工作奠定思想基础。同时，有效协调可以推动领导系统各部门各环节明确职责、分工清楚、目标量化、统一运作，形成较强的整体工作合力；有效协调还可以及时地沟通情况、交流信息，有效地避免因误解而造成的内耗，及时地化怨恨为谅解，化干戈为玉帛，化矛盾为合力。

（三）协调是实现共同目标的重要前提

实现整体目标需要思想统一，而有效协调不仅能够统一思想，形成最大范围的思维共振，还可以使不和谐因素控制在最低限度，使人的精神潜能和主观能动性最大限度地发挥出来。通过积极有效的协调，在了解和掌握上情和下情以及与决策目标相关的各种实际情况的基础上，科学的决策；通过积极有效的协调，可以防止有关部门和人员的推诿扯皮、把工作停留在会议和文件上，从而顺利地实施决策，并使相关部门和人员疏通梗阻，解决随时可能出现的新情况、新问题。

（四）协调是维护组织平衡的重要手段

由于种种原因，工作中会出现不平衡现象：有的质量佳，有的质量差；有的进度快，有的进度慢；有的顺利，有的曲折。为了避免工作过程中的矛盾，防止“单项突进”或滞后缓慢，领导者就要进行协调，即对工作中出现的各种问题予以积极的平衡。领导协调有效地化解不和谐因素，可以使领导系统保持相对平衡。对某些部门或个人工作过于突出而引起全局的失衡，领导者应通过有效的协调，发现和支持先进，克服和纠正问题，因势利导，使全局工作在新的基础上达到新的平衡。对由于个体差异和客观条件限制造成工作效率低下、进度缓慢以及滞后失衡，领导者应该通过积极的协调，协助解决困难，创造条件，使之赶超先进，维系整体平衡。

第二节　领导协调原则

领导协调的目的在于使自己领导范围内的各项工作有机地配合起来，以便获得整体最佳效益。因此领导协调应该是主动的、积极的，而不是被动的、回避矛盾的。为了达到协调目的，在协调过程中，必须遵循四个原则。如图 7 –2 所示。

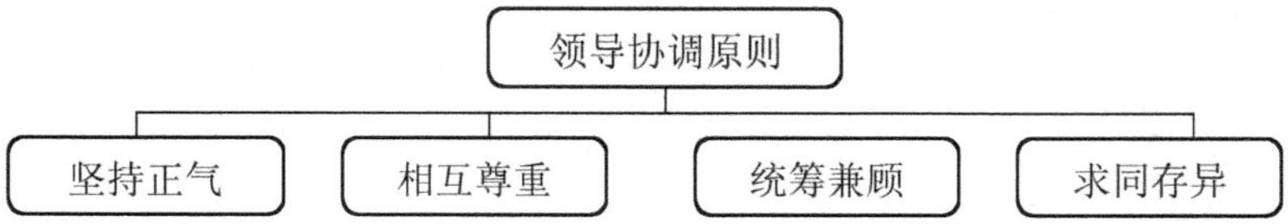

图 7 –2　领导协调的原则

一、坚持正气原则

坚持正气原则，最根本的就是坚持组织整体利益高于一切，这是领导协调的最根本的原则。在协调过程中，要一切从有利于组织整体利益的高度出发，秉公办事，不徇私情，防止和避免个体或者小团体的利益代替组织的整体利益。这就必须敢于扶正祛邪，对那些违法乱纪、损害集体利益、破坏组织规章、造成整体利益损害的行为进行严肃处理。如果领导者不敢碰硬，不讲正气，不讲原则，对不良现象不敢管，对不正之风不敢及时处理，遇到矛盾绕道走，碰到麻烦躲避开，就会造成恶人当道、好人受气、有志者无法施展才能的不正常局面。因此，领导者的协调应该是强有力的，要敢于处理那些影响工作大局的重大问题，从而不断开创新局面。

二、相互尊重原则

上下级在领导系统中处于不同的地位，只是分工的不同，而无高低贵贱之分，人格地位是完全平等的。因此，领导者在协调上下级关系时，不能把上下级关系看成是单纯的领导和被领导的关系。领导者对待组织成员应该一视同仁，平等协商，从人格上尊重下级；领导者在工作上要发扬民主作风，遇事多商量，鼓励下级发表自己的见解，尤其要乐于听下级讲真话，要特别尊重下级的不同意见和少数人的看法，绝不能个人说了算，搞“家长制”作风。下级对待上级也一样，要既服从上级的决定，也尊重上级的人格，在有不同意见甚至上级领导的决定是错误的时候，要积极反映自己的看法，尊重领导权威地位和人格尊严，绝不可因为自己的正确或者领导的失误，损害领导的权威和人格。

三、统筹兼顾原则

领导者在协调过程中面对着诸多方面的关系，有自己与上级的关系、与同级的关系、与下级的关系，还有自己所领导的下级各部门、各个成员之间的关系。对这诸多关系，都要协调好。因此，领导者必须做到统筹兼顾，不能只顾哪一个方面，忽视或否定其他方面，无论只顾哪一个方面都不利于工作的协调、健康发展。任何领导者都要善于处理全局和局部关系的问题。居于全局地位，要注意照顾局部，协调好各个局部的相互关系，充分调动各个局部的积极性；居于局部地位，也要全局在胸，把部分与整体、眼前利益与长远利益有机地结合起来，使局部的需要服从全局的需要，并正确处理左邻右舍的关系，搞好综合平衡，统筹兼顾，适当安排各项工作。既要防止过分集中，也要反对本位主义和分散主义。

四、求同存异原则

在工作中，部门之间、人与人之间发生冲突和矛盾是不可避免的。作为领导者，在处理与同级之间的冲突和矛盾时，必须做到心胸宽广，不要斤斤计较本部门或个人的得失，要大事讲原则，小事讲风格，只要工作的大目标是一致的，就要坚持求大同，存小异，互谅互让，真诚合作。在处理下级之间的冲突和矛盾时，只要不是大的是非原则问题，领导者可以采取模糊处理的办法，不必追根究底，更没有必要去罗列什么错误、责任在哪一方，这反而会助长对立，激化冲突。对于解决冲突和矛盾过程中了解到的一些思想状况和实际要求，领导者要心中有数，必要时在日后的工作中加以关照或给予补偿。

第三节　领导协调方法

一、团体协调方法

在领导活动过程中，由于组织分工不同，形成许多功能不同的单位，它们有时为了谋求小团体利益、争夺有限资源等等引发不同部门或单位之间的矛盾与冲突，直接给整个组织系统工作带来不良影响，损害组织的正常、高效率的运转。团体协调包括与政府（政策）的协调、与上级机关（或领导人）的协调、与社会环境的协调、与外单位的协调四种。

（一）充分沟通，夯实协调基础

做好充分沟通，必须从四个方面努力。其一，目标沟通。目标的沟通，有利于促使部门利益与共同目标相互联系起来，进而增强各自对组织目标的关切感，减少部门与个人之间不必要的冲突。其二，思想沟通。各部门领导应避免单纯以本部门的利益得失考虑问题，而应当从各部门利益的互相联系上即全局上考虑问题，包括设身处地地替其他部门着想，达成彼此的共识，以防止思想认识上的片面性。其三，感情沟通。没有任何感情交流的部门领导之间，工作上很难融洽。所以感情上的联络和加深，对部门领导来说是很重要的。其四，信息沟通。一般而言，凡缺乏沟通的部门，信息传递必然不畅，极易造成部门之间的不了解、不理解和不协调，甚至造成某些冲突，既影响工作，又影响团结；凡主动沟通的部门，必然信息流畅，往往容易赢得对方好感，取得信任，形成部门之间的良好关系。

（二）通力合作，创造协调良好状态

各部门在强调自己工作的意义时，同时应当肯定其他部门的地位和作用。工作的配

合与支持不能仅是单向的企求，而应成为双向的共识。各部门领导之间互相理解和支持，是圆满完成组织工作任务的前提。一个各部门之间相互支持的组织，才是有活力的组织，才是有效率的组织。要通力合作，创造良好的组织环境。

（三）合理竞争，形成协调正常氛围

各部门、各单位之间存在着地位差别、功能差别，在协作过程中必然存在竞争。竞争有合理竞争和不良竞争两种。合理竞争要求部门之间为实现团体的整体目标，形成一种正向的竞争关系，最大限度地发挥各自的积极性和创造性，促进整体目标的实现。在合理竞争中，既要反对封锁信息，相互拆台，制造矛盾；也要反对满足现状，不求进取，得过且过。特别应反对那种不择手段、尔虞我诈的倾轧和竞争，因为它在给某个具体单位带来利益的同时，破坏了整体组织目标的实现。

（四）寻找途径，实现协调目标最优化

各部门之间出现不协调时，如果涉及范围小，可以采取“协商解决法”。协调时双方把问题摆在桌面上，开诚布公，阐明各自的意见，把矛盾因素明朗化，以协商解决途径。如果部门之间经过协商仍无法解决矛盾时，可以使用冲突涉及仲裁解决法，即由第三者出面调解，进行仲裁，使矛盾得到缓和，问题得到解决。但是，仲裁者必须具有一定的权威性，最好是冲突双方都信任的、能够接受的，或者是社会和法律认可的，这样才能达到协调的最佳效果。

二、个体协调方法

个体协调，在这里主要是指领导者所进行的人际关系协调。大致包括三个方面的内容：与上级关系的协调、与同级关系的协调和与下级关系的协调。在领导工作中，经常会遇到这些人际关系出现矛盾和冲突需要领导者进行协调和解决。领导者能否取得理想的协调效果并真正地解决问题，影响的因素很多，其中方法是一个重要的方面。在此我们主要从方法的角度，分别给予阐述。

（一）与上级关系的协调

与上级关系是个体协调中最重要的关系。协调好与上级关系，对于获得上级的“信任”和“支持”，对于领导活动的顺利开展十分重要。然而，上下级关系又可以说是不对等的。上级处于“主动”位置，下级处于“被动”位置。在某程度上领导者可以自由“选择”自己的下属，但却在很大程度上不能自由“选择”自己的上级。由此可见，处理与上级的关系的“主动权”一般操之在上级，协调与上级关系也就存在着更多的难度。那么怎样才能协调好与上级的关系？从方法论的角度应该做到以下几条。

1. 尊重而不盲从

上级是代表上级领导组织来行使领导职权的，下级尊重上级，是协调好与上级关系的首要准则。尊重上级要做到三点：一是尊重上级领导的人格，维护上级的威信，在任何时间、场合都不应该出现伤害上级领导的人格的做法。二是尊重上级领导的作用。上级领导处于宏观和全局地位，掌握相关政策和信息，考虑问题一般来说要全面周到些。

下级为了争取上级领导的重视和支持，就应加强请示汇报，避免一意孤行，脱离组织目标。三是尊重上级领导的风格。每个上级都有自己独特的工作方式和工作风格，这是在长期的组织管理活动中形成的，往往难以改变。有些上级的风格个性鲜明，有的下级不一定容易接受，但是这不属于原则性的是非问题，下级应该给予体谅和尊重。但在实际工作中，有些人认为只要是领导的决定和意见都是正确的，不加思考地执行，甚至明显的有失误或者不完善的，也都盲目追随，这是领导崇拜，而不是真正的尊重。

2. 热情而不分亲疏

对待上级当然必须热情，但是这种热情应该是"等距"的。所谓"等距"，就是同上级交往中保持"一样支持、一样服从、一样对待"的工作态度，不对某些上级过于亲密，而对某些上级又过于疏远。具体包括四个方面：一是工作上一样支持。凡是上级都是领导，作为下级，要对上级领导一视同仁，不应该因人而异，视感情亲疏投放力量。二是组织上一样服从。下级服从上级，这是组织原则。上级是指领导群体而言，包括所有成员，而不是只指某一个体或几个人。三是态度上一样对待。不能对负主要责任的上级、对主管自己的上级、对认为于自己"有用"的上级在态度上表现得十分热情；而对副职、对非主管上级、对认为于自己"无用"的上级表现得比较冷淡。四是程序上一样规范。对上级的指示，无论是哪个个体，都必须严格按规定的程序做好贯彻执行工作；找上级汇报，请求支持和解决问题，也要严格依程序办事，不能依领导成员的不同而办事程序有别。

3. 灵活而不庸俗

下级在同上级交往之前，应该先摸清其"底"，了解其工作职责、工作方法和工作习惯等基本特点，然后有针对性地与上级交往。一是根据上级的职权范围，寻求有效支持。下级要明白上级能做什么，可以提供哪些支持和帮助，并因此向上级提出支持的请求。随意请求上级管他不该管的事，有时候容易制造上级领导成员之间的矛盾，从而影响下级工作的开展。二是根据上级的能力范围，寻求最大支持。针对上级领导精通的业务是什么？感兴趣的工作方法是什么？分别采取不同的汇报方式和寻求支持的方式，从而寻求上级尽可能多的支持和帮助。三是根据上级的个性特点，寻求高效方法。每个人都有不同的工作习惯和工作作风，上级领导也不例外。作为下级必须努力去适应上级的工作特点，充分利用上级优势，这样才能提高工作效率。这里讲的灵活应用协调方法，是为了组织目标的最大化，提高工作效率，而不是为了个人的利益，采取庸俗的方式奉承领导。

4. 谦让而不失原则

在与上级的意见发生分歧时，作为下级要主动领会上级在宏观上、整体上的指导思想和战略意图，找出自己在微观上、局部上的思维误差，并在此基础上尽可能达到与领导意图的一致。由于方式、方法或者信息误差等产生的非是非性的问题和矛盾，下级应积极承当责任，主动谦让。对上级的某些错误的决策，下级要善于积极反映，帮助上级纠正错误。对上级不当的处事方式，一方面要能承受委屈，另一方面要了解领导采取某种方式的原因，避免新的矛盾和冲突。也就是说，在遇到与上级领导不一致的时候，既要认真听取上级的指示，积极协调自己的观点和立场；又要以适当的方式向上级反映，使上级领导愉快地接受下级对他的批评或者提出的建议。

（二）协调同级关系

同级关系，是指在领导活动过程中，同一层次领导者之间存在的一种横向关系。同级关系具有直接、经常、密切、频繁的特点，同级之间是天然的合作者，又是潜在的竞争者。因而在一些问题上产生分歧和矛盾的机会也就比较多，如果处理不当，就容易产生隔阂，造成内耗，给组织目标带来不利的影响。如果处理得当，同级之间融洽和谐，配合默契，就会增加向心力和凝聚力，推动组织目标的顺利实现。

协调同级关系，应该做好以下三个方面的工作。

1. 强化信任，避免猜疑

同级之间关系的基础是信任。信任是建立在共同的组织目标、共同的利益需求和共同诚实守信基础之上。信任是一种巨大的精神力量，可以凝聚人心，形成组织合力。猜疑是一种离心力，它将破坏组织的团结，形成人人提防、人人自危的心理环境。

2. 相互支持，杜绝拆台

由于分工不同，每个领导者所处的地位和承当的责任不同，而这些任务和责任又是整个组织体系的组成部分。只有互相尊重、互相支持，组织系统才能正常运转。而任何一部分受损，都会影响整体组织系统的功能。为此，组织目标的实现，不仅需要领导者个人的努力，而且还需要同级领导的相互支持。

要做到这一点，必须重视如下三点：其一，对待分工，不争权力，不推责任；其二，对待分歧，及时沟通，协商解决；其三，对待名利，推功揽过，顾全大局。

3. 讲究方法，灵活相处

一是广交朋友，多多益善。为了组织发展，需要更多的人际资源，因此，要利用一切机会，多交朋友。二是了解对方，满足需求。同级交往中，要主动了解对方的需要，尽自己的努力满足这种需要。因为需要的满足，会使对方对你有更多的信任和依赖，也就会交更多的朋友。三是创造机制，谋求共赢。同级之间矛盾与冲突是难免的，这就需要创造一种机制，使同级之间在互相交往中得到满足。只有创造一个双赢的机制，同级之间的协调才有效。

（三）协调下级关系

所谓协调下级之间的关系，就是领导者通过及时调整，使下级各单位和人员在工作上相互支持，和谐配合，以顺利地达到既定的工作目标。协调与下级的关系，是领导者经常性的工作，其频率比协调上级、同级关系高得多。对于领导者来说，协调下级之间关系的目的在于使领导范围的各项工作有机地配合起来，以获得整体最佳效益。能否协调好与下级的关系，在很大程度上影响着领导者的工作效率。

协调下级关系，自己处于主动的地位，因此，与下级协调必须做到：

1. 坚持原则，率先垂范

坚持组织原则，起到表率作用，这是协调好与下级关系的最根本的一条。凡是要求下级做的事情，自己首先做好；凡要求下级不做的事，自己首先不做。下级和员工最不满意的，就是那种讲起大道理来头头是道、做起事情来却不对号的上级领导。特别是在一些关系员工利益的重大问题上，一些领导总是号召下级讲风格，要忍让，但是，自己却从不讲风格，从不忍让。作为领导，率先垂范，己正再正人是十分重要的。

2. 主动及时，未雨绸缪

领导者要有高度的责任心，在自己所领导的范围内，要主动发现不协调的人和事，及时周到地去协调各方。如果有问题而不能及时协调，就会使简单的问题复杂化、少数的问题多样化，增加解决难度。领导协调，贵在及时，不仅要在问题出现时及时解决，使矛盾解决在萌芽状态，还要未雨绸缪，做好预防工作。在作出一项重要决策前，预测可能产生的矛盾和问题，做好协调工作。

3. 关心下属，一视同仁

上下级是组织概念，上下级之间的关系是工作关系。领导者对下级必须做到一视同仁，保持同等距离，不能对下级搞亲亲疏疏那一套，不能拉拢一部分人排挤一部分人，不能搞小圈子，否则虽然一时可以控制局面，却会为将来的混乱埋下祸根。领导者要善于团结一切力量，调动所有人的积极性。领导者不但要对下级保持同等距离，而且还应注意疏密有度，距离不可太远，也不可太近，有的人将此总结为“亲而不密，疏而不远”两句话。距离过远，缺乏凝聚力，领导容易失控；距离过近，上下级界限几乎消失，领导者的权威、尊严和影响力就会淡化，甚至还会扭曲正常的组织关系和原则，把关系庸俗化。

4. 坦诚相待，构建和谐

“爱你的下属吧，他会百倍地爱这个集体的”，这是许多领导者总结的经验。上级在内心深处一定要把下属放在重要位置，真诚对待下属。要做到这一点就必须学会换位思考，站在下属的位置，了解他的艰难困苦，与下级情感沟通。有无感情，感情深浅，对人的积极性的调动有十分明显的影响。领导者如果不是满腔热情，不善于站在下级的立场和角度思考问题，就很难真正了解下级，也就难以调动下级的积极性。上级与下级进行沟通和交流，构建一个和谐的工作环境是发挥下级工作积极性的重要条件。

5. 注意方法，讲究艺术

① 突出目标导向。上级要教育下级摆正大目标与小目标的关系，出现目标冲突，要善于调整目标，以小目标服从大目标。② 加强职能定位。根据岗位职务确定职、责、权、利的相互关系。在领导工作中，不同的岗位有不同的职能要求，在领导班子中不同岗位的人有不同的责任。因此，领导在协调下级之间关系时，必须明确下级各部门和人员的岗位职责范围和工作任务，然后再明确各自与有关单位的协调责任。否则，领导的协调就没有是非标准。③ 坚持信息沟通。由于人具有好奇心，不知道的东西容易引起猜测，从而产生误解等。下级之间关系的不协调，常常是信息沟通不充分造成的。因

此，要及时沟通信息，加强信息反馈。

三、自我协调方法

领导者的作用就是要协调各个分部的关系，使大家为了组织目标而统一步调。如果负责协调的领导者本身出现了问题，那么，要做好其他方面的协调工作是不可能的。作为领导者，难免遇到困难和问题，工作中也有许多的困挠和挫折，这就要求积极适时地自我协调。自我协调包括不良情绪的协调与消沉情绪的协调。

（一）不良情绪协调的方法

1. 挖掘自我潜能，克服不良情绪

作为领导者，就是面对困难、解决困难，从而实现领导目标。在遇到不顺利的情况、遭到不公正的对待、事业遇到困难时，不要抱怨，不要消沉，不要悲伤，而应以乐观、宽容的心态看待。这里特别注意两点：一是在工作中，目标值不要太高，提出的口号不要过头。这样的情况下，领导者可以减少因压力带来的不良情绪。同时领导者可适当采取回避、缓解、转移、冷化的办法，将矛盾和问题暂时搁置，待条件成熟时再解决。二是在困难中，要相信自己，善于挖掘自己的潜能。每个人的智慧往往是在重大考验面前发挥出来的，有种说法叫“急中生智”，就是指人的潜能在紧急情况中往往爆发出来。因而，我们有时候会发现在工作中似乎已想尽了办法，却不知道人的潜能是巨大的，只要执着追求，锲而不舍，总能找到解决问题的办法。

2. 事情从好坏两面看，多为对方着想

在工作中遇到困难和问题时，要善于寻找光明面，挖掘积极的因素；要有乐观向上的心态，勇于面对现实，以平常心对待已发生的事情。在方法上要注意两点，一是要善于从正反两方面观察问题，在困难和问题严峻时，也许就隐藏着解决问题的契机；二是领导者遇事多站在对方的立场、对方的角度进行思考，仔细考虑对方的想法、理由、处境和难处。领导者要有多为他人着想的心态，这样就会给予对方理解、谅解和同情，也许就在这理解和同情中，找到了解决问题的办法，排解了不良情绪。

（二）消沉情绪协调的方法

领导者消沉情绪的产生往往是固执地拒绝别人的经验，囿于狭窄的信息渠道，最终发现自己对变化的世界感到深深的无奈心理的反映。而有效摆脱和调整消沉情绪，应该掌握以下方法。

1. 培养积极健康的心理

培养积极健康的心理，有助于人们心情愉快，对客观事物保持浓厚的兴趣，以减轻心理疲劳，保持足够的心理活力，从而激发其奋发向上的情绪，克服消沉情绪。培养积极健康的心理，要注意以下几点：一是培养开放心理。培养开放心理具有对新事物的充分敏感，乐于建立良好的人际关系，欣赏并接受别人的感情；二是培养成就心理。培养成就心理有助于人们立志、树立正确的人生目标；三是培养热情的心理。领导者只有对自己的工作充满兴趣和热爱，才会具备战胜困难的勇气，也才具有探究工作规律的耐心。也只有这样，领导者在工作中才不会感到到枯燥乏味，在享受工作的同时，始终保持朝气蓬勃的精神状态。

2. 提高适应环境的能力

领导者所处社会环境是极其复杂而又多变的。社会环境表现出来的现象有的正确地反映本质，有的歪曲地反映本质；既有促进领导者成功的因素，也有导致领导者失败的因素，它们交替出现，呈现动态的特征。这就决定了领导者走向成功的道路必然是充满曲折和艰辛的，不可能一帆风顺。当领导者遇到期望值与客观现实的矛盾时，正确的做法应是适当对期望值加以调整，充分利用环境因素，而不能一意孤行。期望值太高，在现实中缺乏实现的可能性，会挫败领导者的锐气。如果期望频频落空，必将令人陷入被动、苦恼和失望。环境因素多变，抓不住有利机遇，常常被不利环境困挠，就往往处于被动地位。因此，领导者要不断提高自己适应环境的能力，切不可怨天尤人。

3. 疏通必要的宣泄渠道

心理调适的方式很多，其中宣泄也是主要的方式之一。宣泄是领导者通过倾诉、发牢骚等，把自己心中某些令人不快或烦恼的东西都讲出来，并使这些思想得到澄清，身心得到纯净，往往能够起到减轻压力的作用。这就需要有一定的渠道，如朋友、同事、家人等。另外通过目标替代、情境转移、环境调节等手段也可以转移不良情绪，达到自我调整。

第四节　领导协调的误区与克服

领导协调误区是指领导者在实施协调过程中产生的误差，使协调不能有效地化解矛盾，达不到协调功效。

一、领导协调误区的主要表现

（一）直接介入，充当“裁判”

领导者在协调下级矛盾特别是参与现场协调时，容易直接介入矛盾双方，具体表态。领导者如果只是简单地充当“裁判员”的角色，或者为矛盾双方说“公道话”，简单地判断“谁对谁错”，造成“对者”看不到自己的短处和错误，“错者”由于自己正确的方面没有被认同，口服心不服。

（二）定位不准，角色错位

在不同的协调环境中，领导者所处的地位和所起的作用各不相同，但有些领导者往往意识不到或者摆不正自己的位置。如在对外协调中，往往是平行关系的横向协调，这就应该遵循平等协商的原则，而有的领导者不是以协调人的身份而是仍以领导者自居，在协调中充当主导角色，指挥一切。

（三）感情用事，理性迷失

下级之间的矛盾一般都是为维护本单位的局部利益而发生的，并由此可能产生感情纠葛和个人恩怨。领导者作为协调人就必须做到公正、公平，不带任何感情色彩。但是协调过程中，领导者由于与部下有某些私人交往和特殊关系，往往做出有利于某一方而有损于公正的调解，或者带有浓厚的感情色彩开展协调工作，其结果不仅很难达到协调的效果，还会使问题扩大，矛盾加深。

二、克服领导协调误区的方法

（一）求同存异，善于沟通和平衡

领导者开展协调时，可以根据对象的不同性质，运用恰当的协调手段和方法。对由于情绪抵触和误解成见造成的不协调，领导者重点在于沟通双方的思想和认识；对由于利益而引起的不协调，领导者要准确分析利益矛盾的根源，坚持公正、公平，平衡利益关系；对由于认识偏差、信息不畅通产生的问题，领导者要善于寻求和发展共同点，搞好信息沟通。所有的沟通和平衡都是相对的，要化解矛盾，还必须求同存异，在共同利益下承认差异、保留差异。

（二）善当“局外人”，力求角色“超脱”

协调工作中最忌领导者的直接介入，成为某一方的代言人。克服领导者直接介入的最好办法是领导者要自觉担当“局外人”角色，在协调过程中力求“超脱”。作为领导者要善于站在一个更高的角度，引导矛盾双方全面了解整个工作的过程，熟悉宏观环境，促使各方在认识的基础上自我调解，自己解决问题。领导者作为“局外人”，不能回避矛盾，遇事不表态、不处理，或者不分是非，不讲原则。“超脱”也不是冷眼旁观，而是要创造一个矛盾双方自我认识、自我改正的环境，使各方各负其责、各善其事、各尽其能。

（三）刚柔相济，双柄共用

在困难与复杂情况下，领导者要坚持原则、坚强刚毅、果断坚定，同时要辅以柔和，进行思想疏导，竭力协商调解之能事，动之以情，晓之以理，明之以义，做到刚柔相济。领导者在实际协调工作中要做到刚与柔的高度统一，关键是要善于审时度势，把握时机，适时应变。善于根据不同的协调环境和具体的协调问题，宜刚则刚，宜柔则柔。对明显不合理的问题，不做无原则的退让；对情况紧急，不容拖延的，要采取强制性手段；对已经明朗但还在互相扯皮的问题，要重申原则，果断地应用自己的权力。领导者的协调艺术，就是要使二者灵活统一，从而保证领导者的权威和职责。

【案例】

积极协调松花江污染危机

2005 年 11 月 13 日，中国石油吉林石化分公司双苯厂发生爆炸事故，共造成 5 人死亡、1 人失踪、60 多人受伤。爆炸还造成约 100 吨苯类物质流入松花江，使江水严重污染，涉及黑龙江、吉林两个省份和俄罗斯的哈巴罗夫斯克、犹太自治州等城市。在松花江沿岸，需要饮用松花江水的人口有数百万人，主要集中在哈尔滨市和吉林省的松源市，这些城市的沿岸数百万居民的生活将面临严重影响。

为了让松花江沿岸数百万居民的生活所受的影响降到最低，中国国务院有关部门和黑龙江、吉林两省政府以及俄罗斯相关城市的政府加强沟通，各司其职，分工合作，相互支持，形成整体合力，深入扎实地做好监测防治工作。

国务院对爆炸事故引起的松花江污染事件极为重视。国务院相继成立了国务院工作组、国务院水污染处置监测防治组、国务院调查组三个组，统一协调、组织、指导做好有关善后工作。国务院监测防治组由国家环保总局牵头，水利部、建设部、农业部、中科院、吉林省和黑龙江省人民政府的负责人组成，主要职能是搞好环境监测和污染防控，确保城乡人畜饮水安全，在水质监测、水文监测的基础上，分析预测污水团的走势，为各项工作提供决策参考。国务院调查组由国家安全生产监督管理总局牵头，安监总局、监察部、国资委、环保总局、中华全国总工会、吉林省人民政府和黑龙江省人民政府的负责同志组成，主要职能是调查事故发生的原因，防止类似事故的发生。同时国务院还成立了环保总局专家组、水利部专家组、建设部专家组等各部门专家组，相关城市也相继成立应急工作组等机构，各种机构相互沟通、相互支持、相互配合。

国务院各部门采取紧急措施，积极处置。国家环保总局立即启动应急预案，迅速实施应急指挥与协调，协助吉林、黑龙江两省政府落实事故的处理和水质的监测等应急措施，派专家赶赴事故现场协助地方政府开展污染防控工作，实行每小时动态监测，严密监控松花江水环境质量变化情况。同时，会同当地水利、化工等专家迅速对环境污染影响范围及程度进行评估，为当地政府防控决策提出建议。水利部高度重视，要求有关地区水利部门紧急行动起来，并出台加大上游水库下泄流量、加强对松花江水体的实时动态监测、派出工作组协助地方做好有关工作、向俄罗斯通报松花江水体污染事件等四项紧急措施，竭尽全力减少松花江水体污染对沿江城乡供水的影响。建设部也派出专家，到水污染流域现场协助当地政府共同应对此次环境突发事件，力争将污染损失降到最低。

黑龙江省、吉林省政府对中吉化的爆炸事故非常重视，两省政府在爆炸事故发生当天，积极部署了防控工作。吉林省政府有关部门及时封堵了事故污染物排放口，加大丰满水电站下泻流量，加快污染稀释速度；通知直接从松花江取水的企事业单位和居民停止生活取水，并对工业用水采取预防措施；环保部门通过增加监测点位和监测频率，加强了对松花江水质的监测，并且于2005年11月18日向黑龙江省政府通报了有关情况。黑龙江省政府接到吉林省的通报后，也立即启动了应急预案，成立了以省长为组长的应急处置领导小组，向沿江的市县政府做了通报，并且对黑龙江省的应急处置工作进行了全面的部署，特别是哈尔滨市的应急工作进行统一部署，环保部门也加大了监测的力度，增加了监测点位和监测频次，实行一个小时监测一次。

根据黑龙江省环保局监测报告，中石油吉化公司双苯厂爆炸后可能造成松花江水体污染，为了确保生产、生活用水安全，哈尔滨市政府决定于2005年11月23日零时起，关闭松花江哈尔滨段取水口，停止向市区供水。为确保哈尔滨全市生产生活正常运行和社会稳定，哈尔滨市政府全面调动人力、物力、财力扩大哈尔滨市民饮用水供应，加强市场监管平抑物价，从沈阳和大庆、绥化、佳木斯、牡丹江等地组织瓶装水进入哈尔滨市场；哈尔滨市政府在每个市区设置3至5个供水点，平价供应桶装水和矿泉水，平抑市场水价；拨款100万元用于救助社会弱势群体；组织公安、物价、工商和质检等部门进行市场检查，及时查处哄抬物价和制售假冒伪劣商品的不法行为，保证食品安全；哈尔滨市机关干部和各单位捐款三百余万元，全部用于为群众免费供水和购买生活资料；在停水期间，道里区党员与贫困户、残疾人结对，为他们提供“一对一、户对户”的帮助，道里区残疾人服务保障中心开通了送水热线，用党员自筹的3 000多元资金，为全区的残疾人免费提供生活用水。一座近四百万人口的大城市，平稳安定、井然有序地度过了90小时的非常时期，没有出现一起与水有关的中毒事件，没有发生一起治安和刑事案件。

松花江水受污染后，全国其他兄弟城市也伸出援助之手，相互支持，共渡难关。由于污染区域缺少分析试验的专业人员，山东紧急抽调5名技术人员支援松花江污染监测；太原市紧急援助哈尔滨市700吨活性炭；宁夏回族自治区提供了200吨净用水活性炭；沈阳紧急调运近千吨饮用水支援哈尔滨市；大庆油田集中最优秀的技术人员、最过硬的施工队伍、最精良的物资装备援助哈尔滨市；天津市百吨白鲢、鲤鱼、鲫鱼等鲜活水产品运往哈尔滨，确保哈尔滨市民吃上放心的水产品。

为了降低松花江污染给俄罗斯带来的影响，国家环保总局局长代表中国政府及时把松花江污染的情况和监测情况通报给了俄罗斯方面，并且双方建立热线联系。一个月来，中方保证每天及时全面地向俄方介绍松花江污染带推进情况。中方工作组在12月9日至12日访问了莫斯科、哈巴罗夫斯克和犹太自治州，商讨在水质监测方面进一步开展合作。俄罗斯远东地区水文气象和环境监测局局长、边疆区政府副主席在12月25日、26日在哈巴罗夫斯克接受记者采访时说，两国在处理松花江污染方面做到了信息及时沟通。中方及时向俄罗斯提供有关污染带推进情况的翔实信息、将近1 000吨活性炭、一批水质检测仪器，同时派专家组到俄罗斯对设备进行调试，并对俄方技术人员进行培训，对俄有关城市有效应对污染带发挥了关键作用。

中国政府处理松花江水污染事件的措施得到国际社会的肯定。联合国副秘书长、联合国环境规划署执行主任在联合国环境规划署常驻代表委员会会议上说，中国政府处理松花江水污染事件的措施有力、实效明显。

思考题：

1. 联系实际，谈谈你对领导协调的地位与作用的理解。

2. 试列举领导协调与领导沟通的异同点。
3. 联系实际，试析出现领导协调误区的原因。
4. 试举出一个成功或失败的领导协调的例子，并用领导协调的知识分析原因。

阅读参考书目：

1. 王炳贵．领导科学新论．济南：济南出版社，2000.
2. 宋树发．领导多维协调艺术．北京：中国时代经济出版社，2001.
3. 刘建军．领导学原理——科学与艺术．上海：复旦大学出版社，2001.
4. 邱霈恩．领导学．北京：中国人民大学出版社，2004.
5. ［美］理查德·L·达夫特著，杨斌译．领导学原理与实践．北京：机械工业出版社，2005.

第八章 领导激励

教学要点

- 领导激励
- 领导激励的概念
- 领导激励的原则
- 领导激励的方法
- 思想政治工作的激励作用

第一节　领导激励的含义与作用

一、激励概述

激励（motivation）即激发和鼓励。激励本身是一个心理学术语，指的是激发人的内在动机，鼓励人朝着所期望的目标采取行动的过程。这种激发和鼓励主要是在某种客观外在因素的刺激下，使人产生一股强大的内在驱动力，从而迸发出强烈的工作热情，努力去实现工作目标。

激发人的动机的心理过程，就是人的需要、动机、行为、目标相互联系、相互作用的过程。人的动机首先源于人的需要，需要是人们对所需对象的欲求。马克思和恩格斯在《德意志意识形态》一文中指出："一切人类生存的第一个前提，也就是一切历史的第一个前提，这个前提就是：人们为了能够'创造历史'，必须能够生活。但是为了生活，首先就需要吃喝住穿以及其他一些东西。"① 由此可见，人的需要是人类自身存在的必然。人们有各种生理的、心理的和社会的需求，而需求本身并不能保证人类自身的维持和发展，维持和发展人类自身的必要条件是需要的满足。因此，在形式上，需要是人们对于外部环境的生理和心理的求取趋向，而在内容上则表现为人们对于外部环境的能动反映。在一个组织内，正是由于某种需要的驱使，使得组织成员产生工作动机，并通过自身的行动努力去完成组织的某一任务，从而达到组织目标。当达到这一目标后，

---

① 马克思恩格斯选集．第1卷，人民出版社1995年版，第78～79页．

组织成员会自觉或不自觉地衡量自己的得失，衡量自己为了达到这一目标所付出的努力是否值得，即自己的需要或期望是否得到满足。这种满足一般是以相应的工作报酬或晋升机会为标准来衡量的。如果组织成员衡量的结果是自己的努力得到了相应的报酬，或者是得到了相应的晋升机会，那么他的满意度就会提高，这样就会强化他的工作动机，使他产生更高的需要和期望，因而促使他今后更加积极努力地工作。

由此可见，激励的过程实际上是以一个人的需要为起点，同时又是终点的循环往返的过程。激励的过程可以作如下简单的描述：人的需要引起人的动机，动机导致一定的行为，行为又指向一定的目标。人的任何有目的的行为都是在动机的支配下进行的，动机的强度不同，活动的效果也不同。而人的动机又根源于一定的需要，是以需要为基础的。它们之间的关系可用图 8－1 表示。

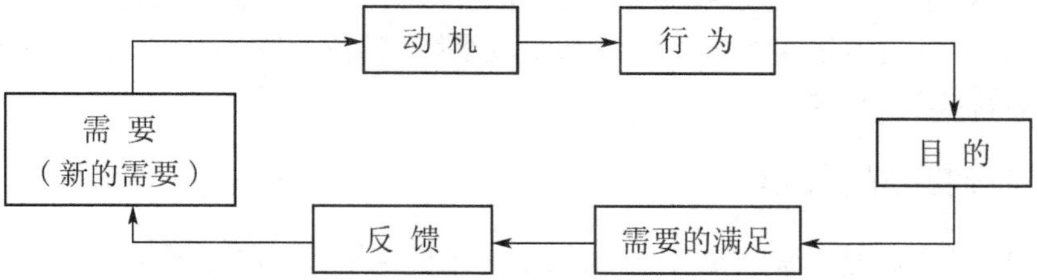

图 8－1　需要、动机与活动的关系

由此我们再来做一次具体分析：激励是围绕行为而展开的，人的行为是由动机引起的，动机又是由人的需要而产生的。心理学研究表明，人的某种需要会引起紧张和不安的心理状态，即产生心理张力，这就是动机，动机推动人们去从事某种活动，以达到需要的满足。当某种目标得以实现，人的心理紧张消除，一个过程结束。这时人会进行反馈，衡量自己的需要是否得到满足。如果得到满足，人又自然会产生新的需要。当新的需要产生时，新一轮的过程又重新开始了。

二、领导激励的含义

领导激励是指领导者根据被领导者的需要，运用各种有效的方法，激发被领导者的工作动机，调动他们的工作积极性和创造性，使他们能够充分地发挥工作热情，开发工作潜能，实现领导目标。我们可以从以下几个方面来理解领导激励的内涵。

第一，领导激励的出发点是满足被领导者的各种需要。即通过系统地设计适当的激励形式和工作环境，来满足组织成员的外在性和内在性需要，从而激发其行为。如前所述，人的动机根源于一定的需要，是以需要为基础的。而激发人的动机的心理过程，就是人的需要、动机、行为、目标相互联系、相互作用、彼此制约的过程。

第二，科学的激励需要奖惩并举。激励不仅指奖励，还包含着惩罚。既要对组织成员表现出来的符合组织期望的行为进行奖励，又要对其不符合组织期望的行为进行惩罚。奖励得当，能进一步调动人的积极性，使其保持和发扬这种行为，起到激励作用；

惩罚得当，不仅能消除人的不良行为，而且能化消极因素为积极因素，同样能起到激励的作用。

第三，激励贯穿于组织成员工作的全过程。激励是一个过程，从人的行为规律来看，行为的每一个阶段，都存在着如何激励的问题。它包括对组织成员个人需要的了解、个性的把握、信息的沟通、行为过程的控制和行为结果的评价。因此，激励是现代领导者的重要职责，贯穿于领导过程的始终。从这个意义上来说，领导的过程，也就是激励的过程。

第四，领导激励的直接目的是激发组织成员的工作热情，开发组织成员的潜在能力，提高工作效率，最终目的是要实现领导目标。在实现组织预期目标的同时，也能让组织成员实现其个人目标，即达到组织目标和组织成员个人目标的客观统一。在领导活动中，领导者要想充分地调动组织成员的积极性和自觉性，就应该根据每个组织成员不同的需要特点，灵活地运用激励的方法来激发组织成员的工作动机，使组织成员的个人目标与组织目标结合起来。

三、领导激励的作用

现代管理理论认为，激励是领导功能的一个重要方面，重视领导激励，实际上就是“以人为本”的现代管理思想在领导学上的运用。人本管理是在深刻认识人在社会活动中的价值、作用的基础上，突出人在管理活动中的根本地位，坚持以人为中心的管理。其基本内涵是：把人的因素当作管理的首要因素和本质因素，其出发点和着眼点是人，强调把“人”作为管理活动的核心和组织最重要的资源，重视人的作用，尊重组织成员的需要，注重组织成员的个人发展，把组织的目标与组织成员的个人目标结合起来，通过充分发挥组织成员的主动性、积极性和创造性，推进组织目标的实现。因此，现代人力资源管理的最大特点就是以人为本的战略性激励。这就要求我们的领导者要从根本上转变观念，从“重物”转变为“重人”。

（一）领导激励是调动人的积极性的重要方法，是实现领导目标的重要保证

在领导活动诸要素中，在一定的物质技术条件下，人是决定性的因素。为了更好地调动人的积极性，充分发挥人的主观能动性，领导者必须使用激励的方法。作为一个有效的领导者，应善于对自己领导下的组织成员进行激励，使他们充满信心地、自觉地、愉快地完成组织的任务，实现组织目标。管理学家列了一个著名的公式：绩效 $=f$（能力×激励）。[①] 这个公式说明了人们在能力相同或相近的情况下，其工作绩效的高低取决于激励的功能。如果一个人虽然工作能力很强，但积极性没有被充分调动起来，工作劲头不大，工作成效就不一定好；而一个工作者受到充分激励后，其心理处于兴奋状态，就会由被动变为主动，由消极转为积极。美国哈佛大学的心理学家威廉·詹姆士在《行为管理学》一书中，在对组织成员的激励研究中发现，按时计酬的组织成员仅能发

① 许庆瑞．管理学．高等教育出版社，2002 年版，第 173 页．

挥其能力的 20% ～ 30%，而受到充分激励的组织成员其能力可发挥至 80% ～ 90%。这就是说，同样一个人在通过充分激励后所发挥的作用相当于激励前的 3 ～ 4 倍。

（二）领导激励的导向作用能创造出良性的竞争环境，增强组织的凝聚力

美国心理学家马斯洛在其《人的动机理论》一书中，提出了需求层次理论。根据马斯洛的需求层次理论，人的需要和动机是分层次的，并且呈阶梯式逐级上升，由低层次向高层次发展，最高层次的需要是自我实现的需要。领导者的任务，就是通过有效的激励，提升人的价值观，实现人的价值的最大化。因此，领导者通过肯定某种动机和行为，提倡某种精神和风格，表彰某些先进和模范来告诉组织成员组织需要什么，社会需要什么，以此来指导组织成员怎样取得成功。激励的本质就是鼓励竞争，通过竞争使组织成员将注意力放在自我实现、争创先进的工作中去。科学的激励制度包含有一种竞争精神，它的运行能够创造出一种良性的竞争环境，进而形成良性的竞争机制。在具有竞争性的环境中，组织成员就会受到环境的压力，这种压力会转变为组织成员努力工作的动力。这样，通过领导者的激励导向作用，可以营造出良好的竞争环境。

（三）通过激励可以进一步激发组织成员的创造性，从而提高工作的绩效

从 20 世纪 80 年代以来，随着新公共管理运动的兴起，很多国家特别是西方国家纷纷掀起了政府改革的浪潮。领导激励在一些企业中的成功运用，使政府在进行自身改革时看到了借鉴的必要。在西方国家“重塑政府”的运动中，绩效管理被引入政府管理领域，而提高政府绩效的重要改革措施就包括建立以工作成果为基础的激励制度。通过领导激励激发组织成员的创造性，可以使政府部门变得更有效率，增加政府管理的灵活性和适应性，这也是政府管理的一个发展趋势。

在我国逐步完善社会主义市场经济条件下，领导激励变得尤为重要。在计划经济时代，组织成员与领导者的关系、组织成员与某一组织的关系往往是固定的。人才流动、绩效管理对领导者和被领导者都是陌生的词。可是，在市场经济条件下，人才流动、双向选择已成为一种趋势，领导者与被领导者之间的契约关系，使得领导者要想留住人才积极工作，单靠简单的行政命令是不行的，这就要求领导者必须充分重视激励在领导工作中的作用。

第二节　领导激励的原则

没有对任何人和任何环境都适用的激励方法，在领导过程中，激励必须因时、因人、因地而异。但这并不是说领导激励就没有一定的规律可循，领导者要正确而有效地运用激励手段，把组织成员蕴藏的巨大潜能充分发挥出来，必须遵循一定的原则。

一、利益性原则

领导激励的出发点是满足被领导者的各种需要，因此，领导者要从根本上调动组织成员的积极性，就应该关心组织成员的切身利益，在鼓励他们为组织努力工作的同时，

也应当支持他们实现自己的利益要求。

这里说的利益，既包括物质上的利益，也包括精神上的利益。领导者要调动组织成员的积极性，既要关心他们的物质利益，也要关心他们的精神需求。从我国的实际看，目前人们的物质生活水平普遍还不高，因此，物质激励在组织成员激励中还占有主要地位，是构成激励的主要内容。作为领导者，若能对组织成员合理的需要积极创造条件采取措施予以满足，并善于把组织成员的个人利益和组织整体利益统筹考虑，把组织成员的个人目标和组织目标统一起来，就能更好地发挥物质激励的积极作用。物质利益是人们行为的基本动力，但不是唯一的动力。现实生活中，人们的需要是多方面的，既有物质方面的，也有精神方面的。因此，领导激励还必须注意物质激励与精神激励相结合。

二、适度性原则

所谓适度性原则就是指领导激励要适当，要坚持实事求是、恰如其分。激励包括奖励和惩罚。奖励是对人的行为的正强化，惩罚是对人的行为的负强化。从现实生活来看，适度性原则不管是正强化还是负强化，领导者都要很好地把握适度，才能起到激励的作用。

适度性原则要求领导激励做到奖罚合理。奖励、表扬要尊重事实，如果表彰先进不尊重事实，片面夸大，凭空“拔高”，甚至无中生有，张冠李戴，“先进”站不住，在群众中就没有威信。批评、惩罚也应该从事实出发，对事不对人，更不能借机打击报复，也不能文过饰非，不了了之。领导对于被批评的事一定要认真调查研究，不能道听途说，捕风捉影。一时拿不准的问题，可以暂时不批评，等搞清情况后再说。不是原则问题，一般不宜公开批评，尽可能通过谈心的办法，使对方心服口服，改正缺点错误。

适度性原则还要注意领导激励时应尽量采用正强化，以表扬、奖励为主，尤其是公开表扬，这是一种能使人获得自我实现满足感的最有效的激励方法。要少采用负强化，尽量不要只是简单惩罚，而是要采取措施消除消极因素。奖励和惩罚都属于激励，最终目的都是为了调动人的积极性。因此，奖惩是否适度，要看是否调动了组织成员的积极性。

三、公平性原则

一个人工作积极性的高低，不仅取决于他所得到的报酬和评价是否与他所做的贡献成正比，而且取决于与组织内部其他成员相比是否感到公平合理。组织成员感到的任何不公的待遇都会影响他的工作效率和工作情绪，并且影响激励效果。

激励本身和激励的社会功能都是对人们行为的一种判断和评价。当一个人感到他所获得的奖励与他投入努力所作出的贡献相当，或所受到的惩罚与他的不良行为造成的损害相当时，就会产生公平感，从而产生积极作用或约束作用。因此，领导者在运用激励手段时，必须坚持公平、公正的原则，对全体组织成员一视同仁，各尽所能，各得其所，这样的激励才有长久的效果。

四、针对性原则

所谓针对性原则，就是指领导在激励过程中，要摸准组织成员的心理特点，抓住组织成员关心的问题，有的放矢地做工作，提高领导激励的有效性。

领导者了解和掌握到了每个组织成员的能力和特点，知悉和把握到了每个组织成员的心理状态，就能知人善任，更有针对性地指导和激励他们。对不同性格、不同工作性质、不同能力特点、不同文化水平、不同觉悟程度、不同年龄、不同经历的人，应采取不同的激励方法，区分情况区别对待，才能加强针对性，提高激励的效果。比如，对于智力型组织成员的激励，应肯定他们的思考能力，对他们的分析表示出兴趣；而对于喜欢埋头苦干的工兵型组织成员的激励，应支持他们的工作，赞扬他们的耐性和效率。

加强激励的针对性，领导者必须真正关心组织成员的需要。激励的起点是满足组织成员的需要，但组织成员的需要存在着个体差异性和动态性。只有满足组织成员的最迫切需要，其激励效果才好。因此，领导必须加强与组织成员的有效沟通，深入地进行调查研究，不断了解组织成员的需要层次和需要结构的变化，有针对性地采取激励措施，才能收到实效。在领导激励上不存在普遍适用的解决办法，领导者在激励中必须针对组织成员的不同需要，采取不同的激励措施。一些组织出现奖金越发越多，而组织成员出勤率却越来越低的现象，正是领导者违背针对性的激励原则而酿成的苦果。

五、时效性原则

时效性原则是指领导激励必须及时，不能拖延。激励在不同的时间进行，其作用和效果是不同的。人们在做出努力取得成就后，都有渴望得到社会承认的心理。因此，一般来说，激励越及时，越能促进人们积极性的发挥，使积极的行为得到强化。领导者应把握好激励的最佳时机，如果延误，激励的作用就会大打折扣，一旦时过境迁，激励就会显得多余，失去作用。实践证明，应该肯定和表扬的行为得不到及时的鼓励，会使人气馁而丧失积极性；错误的行为得不到及时的纠正和惩罚，就会使错误行为更加泛滥，造成难以收拾的局面。

领导者在把握激励时机的时候还要注意一点，那就是在负强化时要注意防止操之过急。一般情况下，正强化在行为一发生就给予表扬和支持，负强化则应在事情真相弄清后及时进行。对错误的行为，应先及时制止，通过采取措施来否定或消除这种行为，使其不再延续或扩散，批评或惩罚就应根据不同的情形及时处理。最佳时期是在事情真相弄清楚了，领导者的头脑也冷静下来了，消极的影响制止了，组织成员也正在等待对此事的处理，这时进行批评或处罚，显然效果最好。

第三节　领导激励的方法

一、领导激励的方法

领导激励的方法是发挥激励作用的具体途径，作为一个领导者，能否正确运用和不断开拓新的激励方法，是提高工作效率的一个关键。领导激励的方法是多种多样的，具体地讲，主要有以下几种方式。

（一）物质激励法

每个人都有自己的物质需求和经济利益，物质激励法就是通过满足人们对物质利益的需求，来激励人们的行为，调动人们积极性的方法。物质激励是最传统的激励方式之一，我国古代就有“重赏之下，必有勇夫”之说。物质利益是人们生存和发展的基础，是基本的利益，因此，在现代社会，物质激励法仍是管理中最重要的、最常见的激励方法。在我国，目前对绝大多数人来说，物质需要还是第一位的需要，人们对物质利益的关心是一个客观存在，这种情况就决定了物质激励是必要的。此外，实施物质激励的实际意义，还不仅仅在经济利益本身，它是对劳动者贡献的肯定，同样也意味着某种评价和荣誉。

领导者在运用物质激励时，要注意以下几点：一是要以多种方式满足人们的物质需要。不同的人对物质利益的要求是不同的。由于人们在年龄、性别、文化背景、经济状况、社会地位、个性特征等方面存在着差别，在物质需要上也会有明显的差异，因此，要因人而异地采取灵活多样的物质激励方式。二是物质奖励的程度要与人们的贡献相当。大功大奖，小功小奖，无功不奖。如果搞平均主义、轮流坐庄，物质激励就会失去应有的效果，反而影响积极性。三是要有量化的物质激励标准，把物质激励与相应制度结合起来，坚持按标准进行奖励。领导者应建立一套制度，来保证物质激励效应的实现。这一套物质奖惩标准的制度应该在事前就已制定好，并公之于众，而不能在事后临时决定奖励，主观随意性只会破坏奖励的效果。四是物质奖励必须实事求是、客观公正。如果领导者对组织成员厚此薄彼，不能一碗水端平，该奖励的不奖励，不该奖励的却奖励了，就会造成人为的不公平，物质激励非但没有效果，而且还容易引起内部矛盾。

（二）情感激励法

人非草木，孰能无情。情感为人类所独具，在人类的生活中起着巨大的作用。人的任何认识和行动，都是在一定的情感推动下完成的。积极的情感可以焕发出惊人的力量去克服困难，消极的情感则会大大妨碍工作的进行。所谓情感激励，就是加强与组织成员的感情沟通，尊重组织成员，使组织成员始终保持良好的情绪以激发组织成员的工作热情。

领导者是做人的工作的，而人是有感情的，因此领导者必须用自己的感情打动组织成员，从感情上赢得组织成员的信赖和尊重。领导者要通过对组织成员的关心爱护、尊重信任、体谅赞许等情感交流形式，加强领导者与组织成员之间的沟通与协调，在集体内部创造良好的工作环境，建立起亲密、融洽、和谐的气氛。这样，组织成员就愿意接近领导者，能积极主动地配合领导者工作的开展。

（三）荣誉激励法

荣誉激励是一种较高层次的激励方式。荣誉激励法，是指领导者对做出贡献的组织成员通过表扬、公告、授予荣誉称号、宣传其事迹等方式，使组织成员的业绩得到组织的承认和高度评价，满足其自尊和成就感等心理需要的一种方法。荣誉激励属于典型的内在激励，在人的精神生活中占有重要地位。人人都有自我肯定、受到尊重、争取荣誉的需要。在一个组织中，大多数人都会关心自己在集体中的影响和威信，关心别人对自己的评价。荣誉激励意味着一个人在某一方面追求成功和自我价值的实现。美国 IBM 公司有一个“百分之百俱乐部”，当公司组织成员完成他的年度任务时，他就被批准为“百分之百俱乐部”的成员，他和他的家人被邀请参加隆重的集会。结果，公司的组织成员都将获得“百分之百俱乐部”会员资格作为第一目标。这一激励措施满足了组织成员的荣誉需求，取得了良好的激励效果。

领导者既要重视个人荣誉激励，也要重视集体荣誉激励。荣誉激励既可以使获得荣誉的先进者在精神需要上得到满足，又可以为其他人树立学习的榜样，产生更大的激励效应，这比简单的说服教育更具有说服力和号召力。它能给人以鼓舞、教育、鞭策，激起人们模仿和追赶的愿望。这样有利于形成有益于组织发展的文化和价值观念，提升组织成员的精神境界，调动他们持久的工作热情。我们常说，“榜样的力量是无穷的”，就是这个道理。

（四）信任激励法

信任是对人的价值的一种肯定，所谓信任激励法，就是领导者对下属给予充分的信任，给他们提供显露才干、展示能力的机会，使下属在心理上产生认同感和欣慰感，从而激发下属的自信心和责任感的激励方法。

信任实质上是对人的尊重，既尊重组织成员的人格、自尊心，又尊重他们的才干和能力。领导者给予组织成员充分的信任，可以营造融洽的上下级关系，使组织成员从中得到勇气和启迪。尤其是当领导者给予的信任与组织成员个人的意向、兴趣、性格等相吻合时，更能使组织成员焕发出强烈的自尊感和事业心。

领导者在运用信任激励时，首先，要能知人善任。高明的领导者都应对自己的下属了如指掌，而且要注意下属的潜在能力，根据每个人的能力和志向适当地安排工作。其次，要坚持“将能君不御”的原则。相信下属，授予一定的权力，安排好要完成的任务，放手让下属独立解决。最后，要支持下属的工作。对下属提出的合理化建议，要给予积极支持，并创造必要的条件，帮助他们展开工作。要重视下属的首创精神，保护他们的积极性。当下属在开拓创新中由于经验不足而出现差错和失误时，领导者要采取宽容的态度，不泼冷水，鼓励他们总结经验，继续努力。领导者的期望和信任能激起下属的主观能动性和奋勇拼搏的决心。我国古代有“报知遇之恩”、“士为知己者死”之说，就是这个道理。

（五）逆反激励法

逆反激励法指的是利用人的逆反心理，“正话反说”，以达到激励的目的。这种方法并不是直接正面鼓励人们去实现某项目标，而是向他们提示或暗示与此目标相反的另一结果，而这一结果则是其无法接受的，从而使他们义无反顾地接受挑战，完成任务。最典型的就是所谓“激将法”，即人们所说的“请将不如激将”。激将法是高明的领导擅长使用的一种方法。领导者根据任务的需要及部下的性格、心理状况等，采取欲擒故纵、欲重故轻等方法，激发起部下强烈的责任感、自尊感、荣誉感，使他们主动参与，提出完成某项任务的要求和保证，竭尽全力去完成任务。

使用激将法时，领导者一定要准确把握当时的局势，采取轻重适当的言辞。言辞太轻，激不起情绪来；言辞太重，又可能打击下属的自信心，使下属感到压抑。这都不能起到激将的作用。此外，反向激励虽然会起很大作用，但却不能滥用。对于好胜心不强或者行事鲁莽的人使用激将法，要么不起作用，要么反而可能走向极端。在一般情况下，应以正面激励为主，逆反激励法只是在特殊情况下采用的方法。

（六）危机激励法

危机激励法是一种负激励，指的是领导者通过适当地施加压力，使人产生危机感，从而转变自己的态度、观点和行为，激发出自身所具有的潜能，把压力变成在逆境中崛起的动力的激励方法。

危机激励可以分为两大类，一类是针对个人面临的危机进行激励；另一类是针对组织面临的逆境进行激励。对个人进行的危机激励是针对个人的消极态度和行为，从关心人的立场出发，给人指明继续某种态度或行为可能会产生的不良后果以及危害，使人产生危机感，从而寻求改变、焕发精神、积极进取。对个人进行危机激励要注意两点：一是要善于寻找危机点，敢于摊牌亮底，大胆剖析问题，揭露矛盾；二是要正确启发下属的忧患意识，帮助他们找出存在问题的思想根源，增强他们的事业心和责任感。而对一个集体来说，当强烈的危机降临时，求生欲和荣辱感会把人们紧紧凝聚在一起，竭尽所能地进行最后斗争，从而创造奇迹，转危为安。运用危机激励应把握两点：一是危急关头，领导者要审时度势，果敢提出谋略，赢得人心；二是领导者要营造万众一心，共渡难关的气氛，使团队始终保持高昂的士气和旺盛的斗志。

二、领导激励的误区

激励是有效领导的关键之一，但不少领导者在对激励的认识上和执行中还存在着一些误区，比较常见的有以下几种。

（一）误区一：忽视负激励的作用

有一些领导者简单地认为激励就是奖励，因此在设计激励机制时，往往是片面地考虑正面的奖励措施，而轻视或不考虑约束和惩罚措施。实际上领导激励包括正激励和负激励，而负激励的作用也是不容忽视的。

负激励管理的实质是威胁激励，是指在一个充满竞争或压力的工作环境中，对组织成员的一切物质和非物质的收益、甚至就业机会本身进行威胁，使其为了摆脱威胁获得生存而努力工作，从而达到激发组织成员有效工作的目的。负激励管理作为一种管理方法，完全不同于正激励，它的目标只是为了保证管理常规目标的实现，它的基本作用对象是人的各种消极、被动、抵触的态度和行为，它不存在对人在心理和物质上的任何满足，反而是对人的需求的一种克制。负激励不存在直接成本，它在管理活动中直接起着约束性作用。负激励可以解决因人的需求扩张或人的需求消极反常难以满足而产生的激励失灵问题，以确保组织目标的实现。长期以来，我们不少领导者把负激励只看成是惩罚手段，负激励方法实施手段单一，从而导致了在领导实践中负激励无法得以科学有效地应用和实施，激励效果不尽如人意。事实上，一些常用的负激励措施，如风险薪酬制度、职位降级制度、末位淘汰制度，只要激励目标明确，尺度把握合理，和正激励相结合，都能起到很好的激励作用。合理地运用负激励，还有利于促进正激励效果的实现，同时有利于弥补正向激励不断加大组织成本的弊端。所以，对领导者而言，运用负激励和正激励互为补充，相辅相成，相得益彰。

（二）误区二：片面追求物质激励

物质激励是领导激励中最常见的一种方法，在我国人们生活水平普遍不高的情况下，物质激励的确能发挥重要的作用。但是，如果片面追求物质奖励，过于偏重经济手段，而忽视精神奖励，就容易步入领导激励的误区。因为单纯的物质刺激难以持续提高组织成员的积极性，导致激励的短效应。一个优秀的领导者，不能过分偏重物质激励手段，而忽视运用精神激励手段。激励本身是通过满足下属的相应需要为前提的，而物质需要只是人的一种低层次的需要，因此片面的物质激励很可能不会产生持久的效果。人的高层次的需要，如归属感和爱的需要、受尊重的需要、自我实现的需要，都与精神激励相关。要满足这些需要，单纯依靠物质激励手段是难以达到预期效果的，必须结合情感激励、信任激励、荣誉激励等精神激励手段才能真正起作用。因此，领导者应该自觉地、有效地运用精神激励手段结合物质激励手段来达到既定的领导目标，把领导活动提高到一个更高的层次。

（三）误区三：激励的关键在于外部驱动

领导激励对于被激励者来说，是一种外部驱动力。但如果领导激励仅仅只是发挥这种外部驱动力的作用，那么，随着外部驱动力强弱的不同，激励的效果也会发生相应变化。这样，领导激励的效果就不能长久。因此，领导激励的关键并不在于外部驱动，而是被激励者要把领导激励所产生的外部驱动力内化，即将领导者的外部激励转化为被激励者的自我激励。具体地说，领导者应准确把握被激励者的思想动态，对其正确的、积极的态度和行为予以肯定，并通过物质的或精神的奖励进行激发、鼓励；而对其错误的、消极的态度和行为予以否定，并通过惩罚、批评等手段进行纠正、转化，使被激励者在思想上受到震撼，从内心深处爆发出强大的内部驱动力。一旦外部驱动力内化为内部驱动力，领导激励内化为自我激励，那么激励的强度会更大，时间会更久，效果会更好。

由此可见，领导激励不仅仅是激发组织成员积极工作去实现领导目标，完成某一特定的任务，更重要的是激励组织成员不断提高自身素质，改变工作态度，创造更大的价值，以此推动工作的开展。领导激励如果把关键点放在外部驱动力上，领导者推一下，下属就动一下，领导者不推，下属就不动。这对于组织成员素质的提高，作用是微乎其微的。而如果把关键点放在下属将外部驱动力内化为自我激励时，领导激励的结果是组织成员态度的转变、认识的深化，从而主动热情工作，组织成员素质也得到全面提高。因此，领导激励的逻辑应该是：领导者对组织成员进行激励——调动组织成员的积极性——组织成员将外部驱动力内化为自我激励——组织成员素质得到提高——完成工作任务，推动事业发展。

领导激励的误区还远远不止这些，关键在于领导者应摆脱单一、片面的思维方式，针对不同的情况，因人而异，因事而异，辩证地选择激励对象和激励方式，使领导激励成为行之有效的管理方法。

第四节　思想政治工作的激励作用

一、思想政治工作的含义和作用

（一）思想政治工作的含义和地位

思想政治工作是以解决人们的思想、立场、观点问题，提高人们认识世界和改造世界的能力，动员人们自觉地为实现当前的和长远的组织目标而奋斗的社会实践活动。在不同的历史条件下，思想政治工作具有不同的内容和特点。当前思想政治工作的主要特点有：鲜明的党性、强烈的实践性、普遍的群众性和广泛的综合性等。

（二）思想政治工作的激励作用

思想政治工作与领导激励既有联系又有区别。一方面，思想政治工作就是通过解决人们的思想问题，激发和调动人们的积极性、主动性和创造性，这也是一种领导激励形式。思想政治工作和领导激励的工作对象都是人，工作的方式都是施以思想影响。每个人都有思想活动，领导者必须解决人的思想问题，才能调动人的积极性，把工作做好。另一方面，领导激励注重激励的动机、过程和效果，而思想政治工作注重解决人们在社会实践中产生的各种思想问题，而且还要引导人们坚持正确的世界观、人生观和价值观，具有鲜明的时代特征。

人是一切活动中最活跃的因素，一切工作都离不开人的活动。而思想政治工作恰恰就是做人的工作，是提高人的思想政治素质的工作，是激发人的积极性和创造性的工作，这是做好一切工作的基础和前提。实践证明，人的思想觉悟不是自发产生的，而是要靠行之有效的思想政治工作教育引导和激励出来的。没有思想政治工作的激励，而只有其他激励，这种激励不可能是持久的。

要充分发挥思想政治工作的激励作用，应坚持以下原则。

第一，理论和实践相结合的原则。没有科学理论的指导，就不会有先进的思想政治工作；而如果不和实践相结合，思想政治工作也就会失去生命力。

人的认识离不开实践，实践活动是人的心理发展的基础。人们某种思想的产生、某种精神的形成其本质都是实践活动的结果。实践是思想教育的载体，是思想认识的源泉和动力，是思想政治工作能够发挥优势的根本目的和途径。思想教育包含着丰富的内容，是具体的和实在的，不是虚无缥缈的，这就要求思想政治工作者加强思想政治工作的实践性，注意理论联系实际，善于把思想教育同当前人们的实践结合起来，同人们的思想实际结合起来，以科学的理论去解释、回答实践中遇到的各种问题。实践是在不断变化发展的，随着客观环境的发展，人们的思想也发生相应的变化，思想政治工作者要不断研究新情况，善于更新观念，不断开创思想政治工作的新局面。

第二，坚持服务中心工作的原则。在思想政治工作中，要坚持服务中心工作的原则，不能为教育而教育。如果思想政治工作不结合中心工作一起去做，它的“保证”、“引导”、“服务”的作用也就无从体现。

第三，坚持“以人为本”的原则。一切为了群众，一切相信群众，一切依靠群众应该是做好思想政治工作的出发点和落脚点。因此在做思想政治工作时，要坚持“以人为本”的原则，体现关怀人、尊重人的意旨。这就要求思想政治工作者深入群众，了解他们的内心情感，掌握不同时期出现的新情况、新问题，积极探索做好思想工作的新方法、新路子。要坚持思想政治工作与解决实际困难和问题相结合，在解决问题的过程中开展思想教育。

第四，坚持教育与管理相结合的原则。思想政治工作必须注意教育与管理相结合。这里所说的管理就是通过制定和实施有关的规章制度、纪律守则来约束和评价人们的行为，并给予相应的激励和惩罚，发挥管理的权威性，促使人们养成良好的行为习惯。事实证明，如果重教育轻管理，教育就难于落实到行为习惯的养成上，思想政治工作的质量和效果得不到保障和巩固；如果重管理轻教育，管理工作就没有坚实的思想基础。

高尚的思想道德的培养，良好的社会风尚的形成，既要靠耐心细致的思想教育，又要靠系统规范的科学管理。要建立健全有关的法律法规和制度，依法加强对社会、工作、生活等各方面的管理，把我们倡导的思想道德原则融于科学有效的各项管理之中，使自律与他律、内在约束与外在约束结合起来，形成良好的社会环境。在这样一种优良的环境中进行思想政治工作，必然会产生事半功倍的效果。

第五，言传与身教相结合的原则。在思想政治工作中要坚持言传与身教相结合、身教重于言传的原则。强调二者的结合，是理论与实践相结合在教育者身上的必然体现。这种结合是建立教育者的威信，取得被教育者信任和爱戴的重要条件。

思想政治工作既离不开言教，也离不开身教，但身教重于言教。因为思想政治工作者的模范行为，率先垂范，本身就是一种具有说服力和感染力的思想政治工作。所谓“其身正，不令而行；其身不正，虽令不从”。凡是要求别人做到的，自己首先做到；

要求别人不做的，自己首先不做。如果思想政治工作者自身德行不好，就难以服众。身教重于言教，以身作则是无声的命令，是最好的思想政治工作。思想政治工作者绝不能做“语言上的巨人，行动上的矮子”。这就要求思想政治工作者必须在实践中不断加强自身的改造，真正做到以身作则，言行一致。

二、思想政治工作的方针和方法

（一）思想政治工作的方针

思想政治工作的方针是疏导。所谓疏导，顾名思义，就是疏通和引导。疏通，就是广开言路，集思广益；引导，就是循循善诱，说服教育，把群众的思想引导到正确的方向。疏通和引导是辩证的统一，两者相互渗透，相互依赖。疏通当中有引导，引导当中有疏通，要在疏通中引导，在引导中疏通。疏通是引导的前提，引导是疏通的目的。在思想政治工作中必须坚持疏导的方针，这是因为：

1. 实行疏导方针符合人们的思想发展规律

任何人的行为都是受思想支配的。支配人们行为的思想，是人们所处的客观世界作用于大脑的结果。而人们的某种思想一经形成，就具有相对的独立性，并且以此来支配自己的行为。这就是人们思想和行为活动的基本规律。思想政治工作是解决人的思想认识问题，并使其思想得以转化和升华的活动。人的认识有正确和错误之分，只有创造条件让大家畅所欲言，将各种看法讲出来，才能鉴别其正误，从而解决其思想问题。思想问题靠外力的强制是不能解决的，越是强制就越容易产生负效应，越易于产生思想问题。因此，必须采用疏导的方针加以解决。

2. 实行疏导方针应建立在相信群众、尊重群众的基础上

人民群众具有通过自我改造和教育，不断提高思想觉悟的特点。一般来说，群众都是有上进心、自尊心、荣辱感和是非感的。领导者必须相信群众，尊重群众，才能充分调动他们的积极性，发挥他们的智慧和才能。如果领导者在思想政治工作中善于找到使思想转化的内在动机，就能够引导人们逐步接受正确的是非观和荣辱观，使人们自觉提高自己的觉悟水平，避免和纠正自己的错误。

3. 实行疏导方针可以解决人们的思想认识问题

思想政治工作主要是解决人的思想认识的问题，而凡属于思想认识的问题，只能用讨论的方法、批评的方法、说服教育的方法去解决，而不能用强制的、压服的方法去解决。因为压制思想自由、强迫命令，最多只能使人口服，而不能心服。思想政治教育是解决人们的内心问题，即认识问题、情感问题。坚持疏导方针，首先尊重了人们的思想自由，保障人们的民主权利，在此基础上调动人们的政治热情，积极开展思想交流和沟通，这是解决人们思想认识问题的唯一途径。

（二）思想政治工作的方法

思想政治工作的科学方法，是指符合人们思想和行为活动规律及思想教育规律的方法。这些科学方法，随着实践的发展而不断地丰富新的内容，下面介绍几种常用的方法。

1. 说服教育法

说服教育法，就是根据组织员工中存在的思想认识问题，通过摆事实、讲道理达到教育人的目的，这是思想政治工作的主要方法之一。说服教育法要以理服人，说理是进行思想教育的重要手段，是打开人们心灵的钥匙。谈心、讲课、作报告，都需要说理。从某种意义上讲，思想政治工作就是说服教育工作或劝说工作。要做到以理服人，就要把自己所讲道理的含义讲准、内容讲清、实质讲透。

运用说服教育方法要注意从实际出发，要用事实和道理说服人。要针对人们确实存在的思想认识问题的实质、关键，摆事实，讲道理。只有问题抓得准，才能把道理说到点子上。事实要确切，道理要深刻。如果事实不确切，道理不深刻，就无法说服人，甚至产生相反的效果。

2. 情感教育法

思想政治工作，不仅要做到以理服人，而且要做到以情感人。要使思想政治工作取得良好效果，必须做到情真理切、情理交融。如果情和理不结合，即使道理讲得再对，也难以打动人心。因此，领导者同群众建立深厚的感情，取得他们的信任，是做好思想工作的基础。一要经常深入基层，密切与组织员工的关系，与他们同呼吸、共命运，建立良好的关系。二要关心组织员工的疾苦，帮助他们克服实际困难。领导者与组织员工的情感联系，很重要的一点，来自于共同的利益。如果领导关心下属的利益，将领导者的利益与组织员工的利益组成共同体，那么，被领导者就会与领导者同舟共济，情感相通。因此，领导者只有在思想教育的同时，关心人们的利益，与被领导者情感交融，从而产生思想上的相通、感情上的共鸣，思想教育就能达到应有的效果。

3. 寓教于乐法

寓教于乐法，是指借助文化娱乐活动等形式，把思想政治教育贯穿于直观的、生动的、具体的、具有强烈感染力的文体活动之中的教育方法。寓教于乐法适应人们求知、求乐、求美的愿望，以吸引力大、实效性强的文体活动为载体，能有效增强思想政治工作的知识性、感染力和文化含量。

将思想政治工作同开展健康愉快、丰富多彩的文化娱乐和体育活动结合起来，寓思想政治工作于丰富多彩、生动活泼的活动之中，是避免枯燥、单调、空洞说教的一种有效方法。采取寓教于乐的方式，把思想政治教育贯穿于各种贴近生活的群众性文体活动中，容易拨动群众的心弦，使人们在娱乐中不知不觉地受到思想教育。

4. 典型示范法

典型示范法就是运用典型人物的思想、行为和事迹教育人们，提高人们的思想认识水平和道德行为的教育方法。其特点是把抽象的说理变成生动具体的典型人物和事例进行教育。历史证明，树立先进、典型示范是思想政治工作行之有效的工作方法。在新的历史时期，要根据变化的实际，发扬思想政治工作的优良传统，进行新的创新。

在一个群体中，总会有先进、后进之分。先进典型的先进思想、优秀品质和模范事迹，具有强大的说服力、感染力、吸引力。而且他们就在组织人员身边，真实、具体。

思想政治工作者就是要在人群之中发现好的、先进的典型，树立榜样，为大家指明努力的方向。

思想政治工作的方法是很多的，这些方法应该根据实际情况综合使用，才能获得事半功倍的效果。随着形势的发展和社会的变化，思想政治工作也面临新的问题和新的挑战。在新的历史时期，面对思想政治工作的新变化，各级领导都要不断探索思想政治工作的新方法和新途径，更加有针对性地开展工作，努力做到与时俱进。

【案例】

玛丽的愿望与失望

美国著名的企业家玛丽·凯一直以来都推崇感情激励，她用自己的一些经历解释这样做的原因。

（一）失望的旅行

在玛丽早期从事推销员工作时，她和其他57位同事被告知，进行一次为期10天的艰苦的推销旅行之后，将获得到总裁家中做客的奖赏。虽然这项工作漫长而难熬，但能够近距离地接触总裁，而且是到总裁家中做客，这种难得的奖励还是鼓舞着玛丽和她的同事坚持着完成了这次看似不可能的任务。然而，当玛丽他们真正来到总裁家中的时候，却只被允许到总裁家中的花园走走，总裁根本就没有露面，更不用说和他进行深入的交流了。玛丽和她的同事感到非常失望，以致在回去的路上，大家都感到异常沮丧。

（二）受伤的排队

有一次，玛丽参加了一次推销讲习，她非常想和做演讲的那位知名的经理握手。于是，玛丽也站到了等待这位经理大人“接见”的长队中。经过三个小时的漫长等待，玛丽好不容易挪到了这位经理大人面前，然而，他却连正眼都没看玛丽一下，而是将目光从他面前的玛丽肩膀上扫过，去看队伍还有多长，他还要等多久才能离场。这使得玛丽觉得受到了极大的伤害，甚至感到侮辱，她排3小时长队换来的只是一束游离的目光！

玛丽从这样两次不愉快的经历中深刻体会到受到尊重的重要，有时候它甚至远远超过物质的奖赏。因此，当玛丽后来也能像上述那位经理那样登台演讲，传授她的经营和管理经验时，当她也开始不能不面对长长的队伍，等待着上百人的问候和敬意时，即使再累，只要她想起自己曾经的经历，玛丽都会打起精神，直视握手者的眼睛，并尽可能地说一些亲切的话，以此表示自己在给予对方全部的注意力。

思考题：

1. 结合上述案例对领导激励的作用、原则和方法进行评析。

2. 找一个本教材上没有列举的领导激励的方法，并举例说明。
3. 你认为领导者本人最需要的激励是什么？
4. 试对领导激励的方法和思想政治工作的方法进行分析比较。

阅读参考书目：

1. 孙立樵，冯致笺．现代领导学教程．北京：中共中央党校出版社，2002.
2. 王乐夫．领导学：理论、实践与方法．广州：中山大学出版社，2002.
3. 丁杰．领导科学．武汉：华中科技大学出版社，2003.
4. 刘建军．领导学原理．上海：复旦大学出版社，2001.
5. 张蔚萍．思想政治工作学教程．北京：中共党史出版社，2004.
6. ［美］约翰·科特著．新领导——迅速提高领导力的方法．北京：现代出版社，2004.

第九章 领导监督

教学要点

- 领导监督的类型和特征
- 领导监督的原则和方法
- 领导监督的机制
- 行政领导监督的改革

第一节 领导监督概述

一、领导监督的含义

要了解领导监督，首先要清楚监督的含义。“监”就是监视、观察，“督”就是责成、督促。监督就是监视、察看并督导。唐兰《殷虚文字记》中说：“监字本象一人立于盆侧，有自监其容之意”①。后有时指自上而下的察看，如《说文》曰，“监，临下也。”后引申为“监视”、“监督”等。“监督”一词，在中国古代，其意有二：其一是监察督促，最早见于《后汉书·荀彧传》：“古之遣将，上设监督之重，下建副二之任，所以尊严国命，谋而鲜过者也。”其意思是说，古时候派兵出外打仗，一般在最高统帅之侧设几名官员，负责监察督促将军按皇帝的命令用兵。其二是指旧时的官名，如清代设十三仓监督、崇文门左右翼监督，清末学堂里亦设监督等。

英语中，监督（Supervision）一词，是由 Super 和 Vision 两部分组成。Super 本意指“最高、在上”，Vision 指“看”，即察视、观看。二者连用，就是指为了了解情况，从上方察看的意思。这与中文的意思一致。从中文和英文的最初意义可以看出，监督主要是从上面、旁边察看以督促之意。监督是一种社会管理活动，是人类的一种有目的、有意识的行为与活动。

领导监督是国家和社会各类监督中的一个相对独立的系统，具有自己特定的领域和功能。领导监督具有广义和狭义之分。广义的领导监督，就是指领导者通过一定的领导

---

① 唐兰．殷虚文字记．中华书局版．第10页．

组织和领导手段实现领导者与被领导者、领导者与组织、组织与组织之间的相互监察与督促，以保证领导职能的正确贯彻执行，最终实现领导目标的一种职能活动。其目的是为了使领导机关及其人员的领导活动合法、合理，防止滥用职权，从而保证领导机关正常地履行职责，提高领导绩效。狭义的领导监督是指组织系统内部领导者对下属（上级对下级）以及组织内部专设的机构对领导机关及其人员的监督活动。

本章所谈的领导监督，指的是广义的领导监督。它是指各种监督主体对领导机关及其组织人员行使权力、履行职责的情况所进行的监察与督导活动。

二、领导监督的类型

领导监督涉及面广，内容复杂，根据不同角度和标准，可以划分为如下几类。

（一）按照时间顺序，分为事前监督、事中监督和事后监督

事前监督，是指在领导活动实施之前，对其活动方案、计划、措施、决策目标等所进行的监督。一般包括两个方面：一是上级领导机关对下级领导机关或领导人员的决策所进行的监督。通常表现为下级领导机关或领导人员做出的决策，须经上级领导审批同意后才能付诸实施；二是下级或群众对上级领导机关及领导人员的事前监督。通常表现为上级领导机关或领导人员，在做出重大决定前或出台涉及群众切身利益的政策方案前，广开渠道，认真听取群众意见。

事中监督，是指在领导活动过程中所进行的监督，也称日常监督。其目的在于随时发现在决策实施过程中出现的问题，及时采取措施纠正偏差，防止问题或损失的扩大，弥补由于偏差、偏离现象造成的不良影响，保证决策目标和计划的顺利实现。

事后监督，是指在领导活动过程完成之后所进行的监督。其目的在于检查和验证决策实施过程中的各项活动是否合理合法，是否达到了预期的结果，实施过程中尚有哪些方面需要改进和完善等，以总结经验、完善制度、杜绝漏洞、改进工作，为以后的领导活动提供可资借鉴的经验与教训。

（二）按照领导监督涉及的范围，分为一般监督和专门监督

一般监督，是指对领导者活动的各个方面所进行的一种较为系统、全面的监督。它涉及监督对象活动的各个方面，如上级领导对下级所有活动所进行的监督等。

专门监督，是指对领导活动的某一特定方面所进行的监督。专门监督涉及监督对象活动的某一方面，并由专门的监督机关或专业人员实施监督。如对领导者的经济财务活动所进行的审计监督、离任审计、廉政鉴定制度等。

（三）按照领导监督的组织形式，分为国家监督、社会监督和政党监督

国家监督，是指以国家的名义，利用国家权力对领导者所实行的监督。国家监督的主体是国家各级立法机关、国家各级司法机关和国家各级行政机关。它依据国家宪法、法律、法规和有关政策、条例对各级人民政府、各地区、各部门、各单位的领导机关、领导人员及其领导活动进行监察和督导。

社会监督，是指以社会组织的名义对领导活动所实施的监督行为。它是通过各种社

会团体和组织、舆论机关等对领导者及其领导活动的各个方面所进行的监督。社会监督的基本方式是，各种社会组织以各自的名义对监督对象的领导活动进行批评、建议、检举、控告、申诉等。

政党监督，是指政党组织对领导者及其活动所进行的监督。

其他还有许多监督形式，如按照领导监督的侧重点不同，可划分为对领导活动的合法性、合理性和有效性进行监督等；按照监督的历史发展过程来划分，可划分为人治型监督、法治型监督等。

（四）按照领导监督系统之间的相互关系，分为外部监督和内部监督

外部监督，是指来自领导系统之外的监察与督导，即监督来自组织系统外部没有直接隶属关系的监督主体的监督。

内部监督，是指在同一组织系统内部所进行的监督。它主要是在组织系统范围内，由系统内部的人员，包括上下级、同事之间所进行的监督。

三、领导监督的特征

1. 强制性和外在性

领导监督能够顺利进行，是以强制性为前提的，没有强制，则无法开展监督。领导监督的强制性既表现为制约着上级组织和上级领导者的领导行为，也表现为制约着下级组织和被领导者的执行行为。

由于组织的自利性和人的局限性，监督主要是异体监督。自身对自身的监督常常是非常困难的，效果也是非常差的。监督的主体和客体不能够两位一体，不能够让领导监督的主体依附于或受制于领导监督的客体，以防两者在一定的时空条件下互换或倒置。也就是说，领导监督必须具有相对的外在性。

2. 社会性和群众性

领导监督无论是在政府还是在企业，都具有社会性。也就是说，领导的活动是处于社会之中的，在一定程度上要接受社会评价与监督控制，其领导效能最终还要接受社会的考验。监督领导的行为是人民群众的一项基本政治权利，广大人民群众的监督是有效地规范领导行为的保证。

3. 公开性和评价性

在领导活动中实行公开监督，是领导目标有效实现的要求。一方面，只有公开，各级领导者方可真正置于人民群众的监督之下，受到自下而上的广泛而有效的监督。而且也只有这样，才能真正体现出领导监督的群众性；另一方面，监督的结果必须对领导者及其行为起到评价作用。监督要真正起作用，就是领导监督的评价性体现。

第二节　领导监督的原则、方法与程序

一、领导监督的原则

领导监督的原则，是指领导者行使监督职能的基本要求和准则，规定和制约着领导监督的目的、性质、特点及其进程。从当今领导活动的特点来看，领导监督应遵循以下原则。

1. 依法监督原则

依法监督是指依据国家宪法、法律和法规施行领导监督。它要求以相关法律作为领导监督的最高准则，一切监督行为都必须在法律的范围内进行。它既要求监督主体的监督行为、过程、程序、方式、结果等合法，又要求监督主体以法律法规作为判定和仲裁监督行为的准绳。只有把最具稳定性、长效性和普遍适用性的法律、法规作为评定标准，才能使领导监督过程、结果避免错位监督和短期行为。

2. 平等监督原则

平等监督是指监督主体在客观行为上和监督客体的地位平等一致。在现实生活中，人们普遍感到难以对领导干部实行监督，领导干部的职务越高，监督的难度就越大。领导干部有违法违纪行为，其处理的结果也往往与一般的干部及人民群众有所不同，这是很不正常的。领导监督，必须强调平等监督的原则，任何人不得享有特权或不受监督。

3. 层级监督原则

层级监督是指在领导监督检查中按纵向分为若干层次，每一个下级层次都对上一层次负责。从法律意义上说，层级监督是一种自我纠错制度，而领导监督是一种自我纠错的监督机制，层级制的结构决定了在行政机关系统中，凡是有下一级被领导的行政机关，作为上一级的具有领导权行政机关就具有监督主体资格。

二、领导监督的方法

领导监督的方法很多，不同的监督目的、监督内容和监督要求，有不同的监督程序和方法。从一般的领导活动来考虑，有思想监督的方法、组织监督的方法和制度监督的方法。具体地说，又有下列几种具体方法来开展领导监督工作。

1. 统计分析监督法

统计分析监督法是指运用统计报表从数量方面对领导计划进行监督的方法。这是一种常见的全面监督方法。

2. 专门问题调查法

许多监督行为都是在出现了问题之后才进行的监督，这就是事后监督或事中监督。这种监督多数是为解决问题所采取的一系列调查行为，这就是专门问题调查监督。

3. 现场监督法

现场监督法是指领导者或主管人员通过直接调查或现场办公等形式，亲自到现场进行监察和督导的监督方法。

三、领导监督的程序

监督的程序是指进行监督的工作顺序。监督活动是一种综合的动态过程，具有其特有的运行程序。对领导的监督涉及广泛的社会领域，监督主体又呈现多样性，因而监督的程序也不尽一致。但一般来说，监督的程序主要包括以下基本步骤。

1. 制订监督计划

监督计划是对未来监督活动做出的规定和安排，包括以下具体内容。

第一，根据领导决策的目标和决策方案的实施过程，确定监督的任务和标准，包括监督的范围和对象、监督的内容和标准、监督的结果和目的，等等。

第二，根据监督的任务确定监督的组织机构及相应的职责权限范围。

第三，根据监督的任务确定监督的方式。即通过什么途径，采取什么形式来实施监督。

2. 实施监督检查

监督计划一经制定就要付诸实践，各监督机关、监督人员要有效地协调起来，扎扎实实地搞好调查，掌握翔实的第一手资料和证据。同时，要广泛收集来自各方面的情报信息，特别是收集各种偏离决策目标和违法、失职的情报信息，并按照所确定的监督标准，进行客观的比较、评价、确定偏差偏离，以提供纠正的客观依据。

3. 采取措施纠偏

通过监督检查，发现领导活动的偏差和失误，及时采取措施、纠正偏差，使之避免或减少损失。这是监督过程中的一个关键环节，也是监督机构的主要任务。

4. 监督结果反馈

对领导进行监督的最后一个环节就是要将监督的结果反馈给相关单位和监督客体，促进监督工作的持续改进，为不断完善和健全监督机制提供依据和经验。

第三节　领导监督机制

一、领导监督机制概述

领导监督机制，是保障领导监督正常运行的重要工具。科学化的领导监督，必须按照系统论的原理，建立完善的监督制度，设置精干高效的监督机构，并根据情况变化不断调整和改进。

（一）领导监督机制的含义

领导监督机制，就是指领导监督的结构、功能及其相互关系。我们可以把监督机制分为三种类型：一是有约束、无动力型；二是有动力、无约束型；三是有动力、有约束型。最后一种就是人们通常所说的健全的、有效的监督机制。

（二）领导监督机制的内容

1. 监督机构

监督机构是实行监督的组织机构。监督机构包括监督中心、办公机构、参谋机构、信访机构和职能机构（即监督专业机构、行政监督机构、法律监督机构和审计监督机构等）等五大部分的内容。

2. 监督制度

监督制度是指领导监督过程中必须遵循的法律、法规和条例以及相关的运行体制。具体包括行使监督权所依据的法律、法规和条例，以及关于奖惩、申诉、举报等监察工作运行的基本要素。

3. 监督形式

完善、有效的领导监督机制，是通过一系列具体的监督形式来实现的。从我国实际来看，主要有三大类：一是执政党的监督。包括党的代表大会的监督，党的专门监督机关（纪委）的监督，党的各级组织及其各个部门之间的相互监督，党员的直接监督等四种基本方式。二是政府内部的监督。包括政府专门监督机关（行政监察机关）的监督，各级政府及其部门之间的相互监督，公务员相互之间的直接监督等三种基本形式。三是外部监督。包括人民代表大会及其常委会的监督，司法监督（主要是指检察院和法院的监督），人民政协、民主党派和社会团体的监督，社会舆论（主要是新闻媒介）的监督，人民群众的直接监督（主要是指通过信访举报、直接民意测验、民主评议和直接选举等）等五种基本形式。

4. 监督行为

监督行为是监督活动的实际执行过程，具体包括：① 调查，就是对监督对象进行调查；② 审议，就是对调查结果进行审议；③ 处理，就是根据调查结果，对监督客体进行处分。

二、领导监督机制的作用

1. 有利于领导体制的完善

领导监督体制是领导体制的一个重要组成部分。监督机制本身的不健全或功能的缺失，将直接或间接地影响到领导体制的运转和领导效能的提高。所以，建立和健全监督机制，实施有效的监督，是领导体制不断完善的重要内容。

2. 有利于纠正领导行为的偏差

监督活动不只是消极地查错纠弊，而且可以及时教育、阻止或中断领导者的违法乱纪、失职渎职行为，使领导者的行为偏差及其影响降到最低。

3. 有利于提高领导者的素质

监督活动是一种外在的约束和激励机制，也是一种动力机制。如果开展及时、有效的监督，就一定可以推动领导者不断提高自己的水平和能力。

三、领导监督机制的完善

我国现行领导监督机制总的来说是比较系统和全面的。各种监督形式都在政治生活和社会生活中发挥了积极的作用。然而，腐败现象的滋长和腐败分子的猖狂说明，现行监督体系和机制还不够健全和完善。因此，我们的任务，不是重构一个监督体系，而是对现行监督体系加以改进和完善，更好地发挥它的作用和功能，即在健全监督机制上下工夫。健全的监督机制表现为：① 将内部监督与外部监督、自上而下的监督与自下而上的监督、专门机构监督与社会监督相结合，形成一个覆盖权力运行全过程及其各环节的全方位的领导监督网络，并发挥整体效能，防止出现监督空白地带；② 监督主体具有相应的权力，监督主体和监督对象都有进行监督和接受监督的意识；③ 监督机构具有相对的独立性，能独立负责地行使职权。具体要做到以下几点。

1. 强化监督意识

所谓监督意识，是对监督活动的深刻理解和高度的自觉性、责任感，是勇于监督他人和主动接受他人监督相结合的意识。强化监督意识，需要解决以下问题：① 执政党的领导干部要自觉、主动地接受民主党派的监督。共产党与民主党派的互相监督，是以民主党派接受共产党的领导为前提，是在根本利益一致的基础上进行的，不具有对抗的性质。所谓互相监督，最重要的是保证民主党派对执政的共产党的监督，即参政党对执政党的监督；② 执政党的领导干部要自觉、主动地接受普通党员和党内外群众的监督；③ 克服人际关系庸俗化的影响，在执政党内形成人人负责、敢于监督的风气。

2. 扩大监督主体的权力

对权力的监督要以一定的权力作基础，否则，这种监督就会流于形式。监督权要通过一定的方式和程序来实施。

（1）强化人民代表大会的监督作用。人大及其常务委员会的监督是国家最高层次、最具权威的监督形式。要扩大各级人民代表大会及其常务委员会的职权，特别是强化各级人大常委会对“一府两院”的监督，需要制定相应的法律、法规，明确规定监督的形式、规则和手段，保证质询权、调查权、弹劾罢免权的落实。

（2）保证民主党派参加监督。应根据《中共中央关于坚持和完善中国共产党领导的多党合作和政治协商制度的意见》的要求，通过适当的形式和途径让民主党派、无党派人士知情晓政，为他们更多地参政、议政、评政创造必要的条件，把政治协商和民主监督更好地结合起来。这方面的形式和途径主要有：通过民主协商会、谈心会、座谈会、书面建议等方式，与民主党派协商讨论，吸取民主党派对廉政建设的正确意见；按照法律程序，吸收符合条件的民主党派和无党派人士担任各级监察部门的领导职务；吸收他们参加经济案件和其他有关案件的查处工作；民主党派对党和国家机关工作人员不廉洁行为的举报，执法执纪部门应认真查处。

（3）实行党的代表大会常任制。党的八大曾采取一项重要的改革措施，即实行全国的、省一级的和县一级的代表大会常任制。八大修改党章报告指出，代表大会常任制的最大好处，是使代表大会可以成为党的充分有效的最高决策机关和最高监督机关，它的效果，是几年开会一次和每次重新选举代表的原有制度所难达到的。实行常任制后，党的最重要的决定都可以经过代表大会讨论。党的中央、省、县委员会，每年必须向它报告工作，听取它的批评，答复它的询问。实践表明，每五年举行一次的党的各级代表大会，由于时间和空间限制，很难发挥它作为党的最高决策机关和最高监督机关的作用。经选举产生的代表，唯一任务就是开一次会议，这也不利于发挥他们的民主监督作用。恢复八大实行过的代表大会常任制，是发扬党内民主、扩大监督主体权力的必要措施。同时，经济的发展，党内政治生活的正常化，也为实行常任制创造了条件。为使党的代表大会常任制切实发挥作用，需要制定有关条例，进一步明确代表产生的选举办法，规定代表的权利、义务，完善各级代表大会的议事规则。对于大会的召开和主持、讨论和表决、代表的询问和有关部门的答复，对不称职的领导干部的撤换、罢免、降职等以及选举办法，都要有详尽的程序和规定。

（4）让普通党员有权了解本单位党员领导干部的思想和工作情况。在党内监督中，自下而上的监督、普通党员对领导干部的监督是重点，也是难点。目前，普通党员的知情参政权太少，对本单位工作和领导干部的思想、工作情况无从了解，根本谈不上监督，有人因此产生很大的失落感，感叹“当党员不如当李鼎铭先生”。改变这种状况的一个措施，就是健全党的组织生活制度。按照党章规定，每个党员，不论职务高低，都必须参加党的组织生活，接受党内群众的监督。除此之外，党员领导干部还要参加党委、党组的民主生活会。组织生活会是普通党员了解领导干部思想、工作的最基本、最经常的场合，也是实行党内监督的重要途径。

（5）健全举报制度。举报是人民群众的一个重要监督权。通过举报揭露贪腐行为，既不是搞群众运动，又充分体现了党的群众路线，实质上是社会主义民主与法制的有效结合。举报的突出优点是能够揭露专门监督机构不易直接发现的线索，冲破关系网的包庇和既得利益者设置的障碍。然而，由于举报是一种有尖锐锋芒的反腐败行动，举报对象中有不少是身居要职的干部，他们凭借权力，可以对举报人进行打击报复。据1989年5月12日中央人民广播电台广播，我国建立举报制度以来，全国遭受打击的举报人数达8 322人。这说明健全举报制度非常重要。健全的举报制度应该包括：①领导处理信访举报问题责任制，保证件件有着落、案案有结果；②在举报受理、保管、移送、查处、反馈等各个环节建立严格的保密制度，对泄密者，根据情节轻重严肃处理；③保护举报人，防止举报人在名誉、工作、职务、福利待遇等方面遭受打击报复。特别是当举报人人身安全受到威胁时，检察机关必须给予有效的保护措施；④对打击报复举报人的，必须从严处理，触犯刑律的要追究刑事责任；⑤奖励举报有功人员。

3. 保证监督机构的相对独立性

这是监督机构发挥监督作用的前提条件，也是实现有效监督的一般规律。所谓相对独立性，是指监督机构应能独立负责地行使监督的权力；在执行监督任务时，具有相当的权威，只向自己授权的组织负责，而不受其他因素的干扰或影响。显然，如果监督机构的活动由被监督者所左右，那么监督就只能流于形式，这就涉及党内监督的专门机构——纪检机关的领导体制问题。在苏联当年列宁设想的监督体系中，党的各级监察机构与党的各级委员会平行，保持自己的独立性，拥有充分的监督权。然而，由于种种原因，列宁式的监督体制并没有延续下来。中国在“文化大革命”后重新设立纪检机构时，总结历史的经验教训，实行纪委的双重领导体制，出发点无疑是正确的：一方面维护党的集中统一领导，防止监督机构的权力大而无当，使监督机构本身也受到监督；另一方面由较为权威的上级监督机构领导和支持下级监督机构，借以排除干扰，解决矛盾，保证监督机构相对独立地行使职权。可是，现行的双重领导体制，实质上以地方党委领导为主，纪委成为党委的一个工作部门，党章规定的双重领导的意义和目的并未完全体现。纪委对同级党委的监督成为被领导者对领导者的监督，这种监督必然在一定程度上受到党委意志的制约。纪委所担负的责任与其拥有的权力相脱节，加上纪委干部的待遇由党委掌握，因此一些纪委往往不能正常履行职责。有的因环节过多而延误“战机”；有的有案不查不报，甚至还为党委某些成员的问题说情辩护。我们认为，改进的措施应是在坚持双重领导体制的前提下，以上级纪委领导为主，保证纪委相对独立地行使职权。为此我们提出如下建议。

（1）考虑制定关于加强纪检系统领导的规定或条例，明确上级纪委和同级党委在对纪委领导方面各自拥有的职责和权力，特别是明确肯定上级纪委在对下级纪委干部任免、报告工作、业务领导、生活待遇等方面的权力和有关工作程序，使上级纪委对下级纪委的领导具体化、制度化。

（2）考虑实行派驻制度。如中纪委除向中央一级党和国家机关派驻党的纪律检查组外，也向省、市、自治区派遣纪检组。省市自治区纪委除向省级党政机关派驻纪检组外，也向地级党委派遣纪检组。派出纪检组的隶属关系在上级纪委，一年一换，回原单位述职。对于县以下基层单位和企事业单位实行纪检巡视员制度，由上级纪委组织实施。

（3）考虑在党章规定范围内适当扩大纪委的权限，特别是直接影响监督效果的立案权、处分权等。

以上建设措施，可以使纪检部门独立负责地开展工作，从而减少各种人为因素的干扰。

此外，在保证监督机构具有相对独立性的同时，还要加强对监督机构自身的监督工作。可以打这样一个比喻：监督机构在党和国家的肌体中，好比人体血液中的白血球，人体要靠白血球同病菌作斗争，党和国家要靠监督机构同各种侵蚀肌体的病菌作斗争。如果监督机构不能秉公执法执纪，甚至自身也贪赃枉法，营私舞弊，那就好比人体中的白血球也变成了病菌，在这种情况下，根本谈不上保证肌体的健康。所以，要高度重视对监督机构自身的监督工作。要坚持“监督者也要接受监督”的原则，使监督机构把行使监督的权利与履行接受监督的义务统一起来。还要制定特别的法规和制度，制约和规范监督机构的工作，一经发现监督机构自身的违纪、违法问题，必须从严处理，以儆效尤。还要加强各监督机构之间的监督制约，并发挥人民群众对监督机构的监督作用。

第四节　行政领导监督改革

“领导监督”涉及的领域广泛，监督的主体和客体具有诸多特性，监督的力度和效果也不尽相同。依据领导监督的含义、特征和方法，对领导的监督在很大程度上是指对掌握公共权力的行政领导的监督。只有加强和改进对行政领导的监督，才能有效地限制公共权力的寻租空间，保障权力行使的客观性和公共性，维护行政机关的权威性。随着我国社会主义市场经济体制的完善和政治体制改革的深化，行政领导监督也向民主化、法制化方向发展，对行政领导的监督也呈现出全方位、多角度的特征，促进了中国特色行政体制的健全和发展。但是，我国的行政领导监督在主体、客体、程序、手段和方法上，仍存在一些问题，限制了公共行政民主化的发展，制约了依法行政的进程，影响了广大人民群众的利益，这需要在审视现状、剖析问题的基础上，对行政领导监督进行建设和完善。

一、当前我国行政领导监督存在的主要问题

（一）监督主体

1. 国家权力机关监督不力

国家权力机关对行政领导的监督具有最高权威性和强制性。然而，在现实中，由于权力机关的地位和作用还未落到实处，并且没有具体的实施细则，使有些监督难以发挥应有的作用。此外，有些权力机关的部分工作人员监督意识薄弱。这样，有些权力机关对行政领导的监督，往往仍停留在事后汇报、一般巡视、开会期间质询等方式上，在许多方面很难深入和经常化，各种监督方式往往流于形式，缺少监督的深度和力度。

2. 司法监督缺乏独立性

现实的司法实践中，司法监督常常受到行政权力的干扰。特别是一些地方涉及行政部门领导干部的案件，在处理上经常受到来自各方的阻力和干扰，严重妨碍了正常的工作程序和司法程序，使司法监督要么在“权大于法，还是法大于权”的博弈中徘徊，要么屈从于行政权力的压力，在一定程度上失去监督的客观性、公正性。

3. 舆论监督缺位

宪法规定的有关公民和社会舆论行使监督权的权利和原则缺少与之配套的具体的措施和方法，并且缺乏相关的具体法律法规的保障，使这种监督形式缺乏权威性和时效性。而且这种监督作用的好坏、大小，往往取决于领导者的开明程度和一时的兴之所至。社会舆论的监督作用发挥不够，新闻媒体亟须进行立法。对公民的监督保护不力，往往使公众对行政领导的监督行为成本过大。

4. 专门监督缺少动力

在各个部门，一般都设置有相应的监督机构，但这些监督机构由于种种原因，其作

用发挥得很不理想，有时甚至仅仅是摆设。主要表现为监督效率低，主动出击、积极监督少，事后查访消极监督多，并直接受监督客体的制约等。行政机关中的“有令不行，有禁不止”和“上有政策、下有对策”的现象比较普遍。造成这方面问题的主要原因是监督工作缺乏制度化和规范化；人员素质偏低，政策水平有限；监察部门的权限划分不合理，权力过小。因此，对行政领导的监督缺乏权威性和有效性。

（二）监督客体

1. 监督意识薄弱，监督观念淡薄

许多领导者依法行政的意识和自觉接受各方面监督的观念比较淡薄，认为对他们的监督是对他们的不信任，是干扰他们的工作，是与他们过不去，监督会影响效率，影响领导的形象等。因此，有的领导者拒绝监督，反对监督，弱化监督，认为监督可有可无，脱离于监督之外。这是使领导监督长期处于不力状态的一个重要原因。甚至有的领导干部还为被监督查处的对象庇护、说情、开脱，对监督检查人员进行打击报复，对舆论的监督横加指责、刁难，使领导监督难以奏效。

2. 监督过程的动态性和复杂性

当前，我国正处于社会转型期，各种新问题、新矛盾层出不穷。领导监督的客体在思想行为各方面已经发生或正在发生着极大的变化，这在客观上加大了领导监督的难度。在新旧体制的转换过程中，监督客体的思想观念和行为方式发生了较大变化，原有的监督标准、监督方法或失去了作用，或面临新的改变。面对出现的新情况、新问题，领导监督主体还未能找到切实可行的新方法，这样就可能导致领导监督工作的不适应。

3. 对行政首长的监督乏力

我国的行政机关实行“首长负责制”，其他公共组织也同样实行“一把手”负责制。“一把手”掌握着很大的权力，但是监督管理却没有跟上。这样，十分容易导致权力的滥用和腐败现象，使这些本该受到严格监督的领导者往往得不到有效监督。因此，对“一把手”的监督是重中之重，也是难中之难的事。

（三）监督的方法手段

1. 监督方法落后

随着社会的发展和经济全球化、信息化的到来，原来的许多行之有效的监督方法失去了存在的依据和作用，必须在更新观念的同时，更新监督方法。但是，不少部门仍然运用陈旧落后的方法进行监督，使得监督难以收到效果。有的行政单位和部门不是不能应用新的方法，而是害怕运用新的方法，导致了监督的落空。

2. 法制化程度低

领导监督法律法规是有效实施监督活动的依据和保障。在立法方面，迄今为止，我国还没有出台统一的《监督法》，立法的缺位导致了监督无法可依，违法难究。近年来虽然出台了不少监督制度，如财产申报制度、离任审计制度等，但由于缺乏系统性，缺乏其他制度的匹配与保障，其效果仍十分有限。

3. 监督方式单一

由于领导活动的复杂性，领导监督的方式必然是多种多样的。但在领导监督实践活动中，我们常常只运用单一的监督形式，因此监督的效果较差。在领导监督过程中，重自我监督、轻他人监督，重内部监督、轻外部监督等，这样就难以发挥整体效应。

二、行政领导监督的改革与建设

要实现有效的行政领导监督，必须既立足于解决当前存在的问题和难点，又要考虑到长效管理和超前规范；既要继承和发扬传统的、有效的监督方式，又要注意与时俱进、突出重点。我们要积极探索行政领导监督的新机制、新制度、新方式，促进社会主义现代化事业的发展。目前，亟须做好以下几方面的工作。

（一）建立统一的行政领导监督协调机制

1. 加强监督立法

通过制定有关监督法律、法规，要从法律上具体规范和明确各监督主体的地位、职责、权限，以及监督活动的范围、方式和程序等，建立监督主体之间以及监督主体与客体之间的责任、利益、权利、义务相统一协调的关系，形成一个全方位、多层次、强有力的行政监督体系网络。

2. 建立综合协调机构

为了更好地加强各监督主体的整合，各监督部门之间应建立联系制度，对各监督主体进行综合指导和协调。这种协调可包括两个方面：一是对监督主体的目标进行协调。在领导监督实践中，各监督主体尽管都有各自的具体工作目标，但具体目标要始终围绕总目标，要与之相协调；二是对监督主体的监督过程进行协调。由于领导监督主体的多元性，因此，应特别重视对其过程的协调，使在监督过程或在有些案件受理、调查、移送、处理等方面能互通情况、协调关系、互相配合，形成有机整体，从而使整个行政监督系统更加有序地运行，发挥整体协调效能。

3. 完善行政领导监督信息网络

现代信息社会中，行政领导监督的有效性依赖于情报信息的准确、及时、全面和客观，而监督主体之间如果缺乏统一的情报信息网，则会出现信息利用率低、信息不能共享等状况，从而影响行政监督效能。因此，要形成有利于发挥行政监督整体功能的协调机制，必须在行政监督体系中建立完备的信息网络，以强化统一和协调作用。具体包括以下几个方面：一是建立各自的违规记录的档案库，在需要时，可以互相调阅；二是建立重大案件互相通报的制度，以进一步提供有益的线索，并协同配合；三是建立监督事件查处过程的信息交流制度，以便提高监督效益；四是建立疑难案件的通报制度，在领导监督实践中，监督部门如果碰到疑难案件，或者遇到了难以克服的障碍，无法取得突破性进展，则应当向其他监督机构通报，以便调动更广泛的力量来解决难题，提高领导监督效能。

（二）健全以权力约束权力的制约机制

综观各种违法违纪现象，核心问题是权力得不到监督和制约。历史和现实都已证明，不受制约和监督的权力必然导致腐败。而制约权力最有力、最有效的手段也是权力。就当前的监督工作现状而言，健全以权力约束权力的行政监督制约机制，应着重从以下两个方面入手。

1. 强化权力机关的监督

我国宪法规定，人民代表大会是我国的权力机关，人大及其常委会行使对国家行政机关及其工作人员的监督职能。人大的监督是在本行政区域内代表国家和人民行使的最高形式的监督，它是以人民作后盾、以国家强制力作保证的国家权力监督。因此，强化人大监督机制是制约领导权力、防止权力腐败的重要途径，是发展社会主义民主政治、推行依法治国方略、将公共权力的运作纳入民主与法治轨道的必然要求，也是完善领导监督机制的重要保障。

2. 强化行政监察机关的权威性

我国行政监察部门是政府机关内部行使监督权的专门机关。但在现行的双重领导体制下，行政监察部门缺乏应有的独立性和权威性，这在一定程度上影响了监督权的有效发挥。因此，健全以权力约束权力的领导监督制约机制，必须增强行政监察部门的权威性。

（三）完善行政领导监督法律体制

完善行政领导监督的法律体制，从总体上讲，要在行政领导监督立法、守法、执法三个环节齐抓共管。从我国目前行政领导监督法律法规不完善、监督缺乏可操作性的现状来看，健全法律体制，当务之急应从以下两个方面着手。

1. 加快立法进程

在完善立法上，应抓紧研究制定一系列专门的法律、法规，如《监督法》、《行政监督程序法》、《反贪污贿赂法》、《公职人员财产申报法》、《新闻法》、《公民举报法》、《政务公开法》等。尤其是需要加快制定一部《监督法》，对监督主体的职责和权限、监督的对象和范围、监督的方式和手段、监督者与被监督者的义务和权利等，做出明确规定。

2. 修订现有的领导监督法律、法规和制度

当前，我国已加入了世界贸易组织，社会主义市场经济体制正逐步走向完善，在领导监督方面出现了大量的新情况、新问题，对已经颁布的有关领导监督与廉政建设方面的法律、法规、制度必须进行修订和完善，使之更具有操作性、可行性和有效性。

（四）强化群众监督和舆论监督

在我国行政领导监督体系中，人民群众的监督是外部监督的一种主要形式，是一种最普遍、最直接、最有效的监督。要进一步完善群众监督机制，首先是强化群众监督的法律保障。通过制定专门法律，确立群众监督的法律地位；明确群众监督的权限、形式和程序，以及监督的责任和奖惩。尤其是要抓紧建立群众监督的法律保障机制，依法保

护群众举报、申诉和控告等监督行为，使其尽快纳入法制化、制度化的轨道。其次是应从以下几个方面进一步完善群众监督的有效途径：一是继续加强信访举报工作；二是扩大群众在领导者选任上的知情权、参与权和监督权。

舆论监督，就是通过新闻媒介对领导活动进行追踪调查、曝光的监督方式。舆论监督以其信息传递上的公开、迅速、广泛等特点，对领导者的行为起着独特的监督制约作用。当前为进一步完善舆论监督体制：一是加强新闻立法；二是完善舆论监督的信息反馈和责任追究机制；三是实现舆论监督与其他监督的有机结合。

【案例】

如何监督 2 000 余名省部级官员

2005 年底，中央纪委、中央组织部巡视工作办公室和巡视组经中共中央、国务院批准正式成立，45 名巡视工作人员全部到位，并已在贵州、湖南等地开展巡视工作，其任务是对省级领导班子及其成员进行监督。按计划，巡视组将在 4 年时间里，把 31 个省区市巡视一遍。

此举被视为是“对省部级高官的一种威慑手段”，而巡视组亦被看做“钦差大臣”。然而中纪委研究室办公室主任李永忠批评了“钦差大臣”的说法，他说，“钦差大臣带去的是皇帝的意志，而中纪委、中组部派出的巡视组，带去的是党和国家的意志。”

国家行政学院杜钢建教授说，全国省部级干部有 2 000 多人，其中在一线工作的 1 000 多人，过去 3 年中，省部级干部平均每年“落马”16 ～ 17 人，比例在 1% ～ 2% 之间。

对省部级干部的监管是一个令中央决策层头疼的问题。在杜钢建看来，如何监管与现行体制不无关系，“很多对下级官员行之有效的监督体制到省一级就失效了，省内的人大、纪检都无法对省部级干部形成有效的监督。”这是一个很大的监督真空地带。

如何将监督的触角伸入这一“真空”，一直是一个问题。清华大学社会学教授李强认为，由于没有有效的机制来制约地区和部门的权力，地方一把手往往将决策权、执行权和监督权集于一身，地区的权力演变成了某些个人的权力，而绝对的权力又是构成腐败的根源。

从理论上说，中国对领导干部的监督机制是健全的，但实践中却经常遇到问题。地方党的纪检部门、人大、政协都可以监督领导干部的所作所为，但事实上，这样的监督往往显得无力。

“同体监督难以取得明显效果”，中纪委研究室李永忠说，“对于许多地方高级官员的腐败现象，地方纪委和司法机关往往“不敢、不愿、不能插手”。而由中纪委直接进行的监督，则往往缺乏主动性且不能保证及时性，大都只能进行“事后监督”。中国社会科学院社会学所研究员、中纪委特约研究员邵道生告诉本刊记者，中纪委两年多以前就开始盯上程维高了，而查清楚他的问题却是不久前的事。

事实上，中纪委1996年便开始组织部级干部到地方巡视，“变上访为下访”，以听到地方的声音，但因巡视人员均由各部委临时抽调人员组成，巡视工作成为“走马观花”在所难免。而此次专门的巡视工作办公室和巡视组的成立，在李永忠看来，可以避免临时性和无连续性，保证巡视工作的专门性和经常性。

但这终究还是一个临时的措施，长期的监管体制只能和整个政治、司法体制协调一致。李永忠也认为这是一个“过渡办法”。他认为在某种程度上，这是一种投入大、产出较小的办法，根本还在于纪检体制的完善，“而纪检体制的完善，必须以发展党内民主为基础”。

在李永忠看来，制约党内民主和影响党内监督的根本问题，是各地党委“议行合一”的领导体制。他说，不改变这种体制，“党内民主实难发展，党内监督实难进行，党内权力实难平衡”。

思考题：

1. 对“一把手”的监督为什么难?
2. 简述我国领导监督机制的内容和作用。
3. 有一种说法，“领导监督就是监督领导”，你同意么?
4. 联系实际谈谈如何改革领导监督。

阅读参考书目：

1. 张向群．领导监督学．北京：经济科学出版社，1990.
2. 存　标．现代领导学原理．上海：上海科学普及出版社，1992.
3. ［美］老诺曼·弗里根，小哈里·杰克逊．肖忠华译．领导的科学与艺术：培养有效领导必需的技巧与个人品质．上海：上海人民出版社，2000.
4. ［美］肯·谢尔顿编．王伯言译．领导是什么：美国各界精英对21世纪领导的卓见．上海：上海人民出版社，2000.
5. ［美］安德鲁·杜伯林著．贺平等译．领导艺术．沈阳：辽宁教育出版社，1999.

第十章 领导方法

教学要点

- 领导方法的定义与作用
- 领导方法的特点与重要性
- 领导者的思想方法和思维方式
- 领导者的基本方法
- 领导方法创新

第一节 领导方法的定义与作用

众所周知，领导的目的就是组织人们为实现领导系统的目标而共同行动。为达到这一目的，就必须遵循一定的领导方法。毛泽东曾把任务比喻为过河，把桥或船比喻为方法，然后指出："不解决桥或船的问题，过河就是一句空话。不解决方法问题，任务也只是瞎说一顿。"① 领导方法是领导活动中最生动的领域之一，研究、总结和开发各种各样的领导方法，一直是领导科学界的热点，任何领导科学的理论成果都必须以领导方法为中介才能转化为领导实践，才能显示出理论的价值。

一、领导方法的内涵

方法是指人们为达到某种目的而采取的行为方式和手段，俗称门道、路子。领导者为了完成所担负的任务、实现其职能，就要采取一定的行为方式和实施办法。领导方法，就是领导者为达到一定领导目标，按照领导活动的规律采取的领导手段。沃沦·本尼斯把领导定义为创造并实现梦想。可见，领导体现了领导者的创造力、聚合力，它是最富有挑战性的社会活动。正是与领导活动的这一特性相适应，领导方法便成为展现领导智慧的最生动、最具活力的领域。可以说，领导方法是领导学体系中最为生动的重要组成部分之一，是领导者发挥其影响力和主观能动性的最为广阔和重要的领域。

黄强把领导方法视为一门系统科学，认为领导方法是"人们的一般认识方法和工

---

① 毛泽东选集（第2版）第1卷，北京：人民出版社，1991年版，第139页.

作方法在领导工作中的具体运用，是领导者如何认识、把握自己所领导的系统及其环境，并组织该系统为达到某一目标而采取的一系列方法、手段的总和"[①]。王雪峰则用现实中最直观的认识来给领导方法下定义，认为领导方法是在从事领导活动时，"使用的各种可以用'正确与否'来判断的、可以规范化的操作手段"[②]。万良春则进一步将领导方法分为广义和狭义，认为"广义概念包括传统和基本的领导方法、领导艺术和领导谋略三个层次；而狭义概念则是专指传统和基本的领导方法"[③]。朱文竹从领导要素整合的角度，认为"所谓领导方法系指领导者合理地、有效地处理领导活动中各种要素时所采取的行为和手段的总和[④]"。彭向刚从心理学的角度出发，将领导方法定义为"就是领导者为达到某种群体目标而进行的认识活动和实践活动的方式和手段"[⑤]。潘正文着重强调从整体来看领导方法，认为领导方法"就是领导者在实际领导工作中所采取的方法，就是把领导意图付诸于实施，变为群众实践活动的方式和手段"[⑥]。从这个角度来看，领导方法是领导者特有的活动。这种活动，既是领导者的思想活动，是领导者在头脑中对一系列领导原则和方法的形成和确定；又是领导者的实践活动，是领导者在实际领导工作中对这些原则和方法的运用。

上述对领导方法所下的定义，可谓万变不离其宗，都强调在领导活动过程中，实现领导意图、达到领导目标所运用的手段和方法。但是，这样说并不意味着它只是领导者的孤立活动。其实，没有被领导者，没有群众，就不会有什么领导，更谈不上什么领导方法。因此，领导方法是领导者运用于领导手段而体现于群众活动中的方式，是联系领导和群众的桥梁和纽带。领导者正是通过恰当的方法和手段，组织、指挥、领导群众的实践活动，把作为领导意图的精神力量转化成群众实践的物质力量。

二、领导方法的特性

领导方法是领导者为了确定和达到组织目标所采用的方略、程序、规则、手段和技术。因此，领导方法既要反映客观规律，具有层次性，又要适应特定的目的、时间、空间和条件，具有动态性和选择性。总的来说，领导方法具有如下特性。

（一）客观性

领导方法是长期在领导实践活动中逐步由领导者自觉形成的，它是领导过程的客观规律性在领导者头脑中的反映。虽然领导方法的表现形式是主观的，但其内容是客观的。更重要的是，每一个领导方法都必须与一定的领导过程和领导对象相结合，领导者

① 黄强．现代领导理论．福州：福建人民出版社，2001，244.

② 王雪峰．出色的领导者——领导方法、艺术、哲学与修养实务．北京：知识产权出版社，中国水利水电出版社，2003.

③ 万良春．新编领导科学教程（修订版）．北京：中共中央党校出版社，2003.

④ 朱文竹．现代领导学．北京：科学技术文献出版社，1991.

⑤ 彭向刚．领导科学．长春：吉林大学出版社，1991.

⑥ 潘正文．领导方法的哲学思考．北京：中共中央党校出版社，2001.

不能随意地凭空创造领导方法，也不能滥用领导方法。与此同时，正是领导方法的客观性，决定了领导方法的作用也是相对的。领导方法并不是万能的药方，不能包治百病。也就是说，领导方法的客观性要求领导者尊重客观的领导活动过程，根据实际需要与可能来选择与之相适应的领导方法。

（二）层次性

与客观的领导实践相联系，领导方法可以划分为三个层次：第一个层次是一般的、基本的领导方法，即普遍适用并贯穿于领导活动始终的方法。这也可以看作是一种确定具体领导方法的思维和原则；第二个层次是局部的、阶段性的领导方法。即适用于某一类的、某一阶段的或某一组织的领导活动的方法；第三个层次是特殊的领导方法，指个别情况下处理偶发事件的方法。领导方法具有的层次性特点，要求领导者根据不同的领导活动的需要，将不同层次的领导方法加以组合选择，实现领导效能的最大化。

（三）目的性

领导活动是为了实现既定的组织或群体的目标，作为其中介的领导方法，自然要为一定的领导目标服务，要达到一定的目的，这便体现为领导方法的目的性。领导方法的这一特性，表现为领导者使用某种领导方法的自觉性和导向性。领导者尤其要避免不知所以然地使用某种方法，生搬硬套。目的决定手段，手段是从属于、服务于目的。没有无手段的目的，同样，也没有无目的的手段。而且要注意的是，领导方法一般都是综合运用。因此，实现同一目标可以有多种方法，同一方法可以实现多种目标。

（四）条件性

领导方法的条件性是指领导方法的产生与使用要受一定条件的影响和制约，如领导者本身的特点、被领导者的状况、组织结构、客观物质条件、环境因素，等等。一个长期从事领导工作、经验丰富的领导者与一个刚走上领导岗位、经验不多的领导者，面对同一个对象，使用相同的领导方法，其效果不会是一样的。领导方法的条件性，表明有些方法所作用的对象相似时，它们之间可以通用，或稍加改造后可相互适用。领导方法的条件性，要求领导者要具体问题具体分析，灵活变通，综合运用；更要求领导者在使用某一方法时，要尽可能创造确保使该方法有效实施的条件。

（五）动态性

由于领导系统的不断发展变化，决定了领导方法应“随时而变，因俗而动”，不断适应变化了的新时空条件下的领导系统。就是在同一个领导系统发展过程中的不同阶段，也要及时采用不同的领导方法。这就是领导方法的动态性。正如前文所述，领导方法具有客观性，而客观事物是不断变化的，反映客观事物的领导方法自然也是经常变化发展的。领导方法的动态性使领导活动协调和谐。缺乏动态性的领导方法，必将使领导活动落后于客观形势的变化，变得生硬僵化。当然，领导方法的动态性并不排斥它在某些方面、环节和特定历史阶段的相对稳定性。

（六）时效性

一种领导方法，当人们使用它的时候，随着时间的增长，人们越来越熟练，效果也就越来越好。同时，随着时间的推移，这种方法可能会显得越来越陈旧，逐渐地使效果下降，于是，要被新的方法所取代。这也可以说是领导方法条件性和动态性相结合的一种体现。强调领导方法的时效性，在于强调领导者要注意不断地学习、研究新方法，注意随时、随地、因人、因事地选择合适的领导方法，使这种方法的效果最大化。

由此可见，领导方法的特征是相互联系的。它们的共同要求，就是领导者要与时俱进、不断创新。

三、领导方法的重要性

正确的领导方法，是领导者实现有效领导的重要条件。因此，学习和研究领导方法是做好领导工作的重要保证，它对于改进领导工作、实现组织目标、推进领导科学具有十分重要的意义。

（一）正确的领导方法是完成任务的根本保证

无论做什么工作，方法都很重要。没有方法或方法不当，就达不到目标，实现不了目的。因此，选择和采用恰当的方法就突出地摆在领导者面前。这里突出“选择”和“恰当”，强调的是在实际领导活动中，在大体相同的条件下，大体相同的工作中，由于方法不同，效果大不一样，甚至正负效应反差甚大。领导工作中的“事倍功半”或“事半功倍”，都与领导方法有关。

（二）正确的领导方法是开创新局面的重要手段

一方面，总结过去是领导者都必须做的事，因为过去所蕴含的成功经验与失败教训都是宝贵财富，把它们挖掘、提取出来，对于科学地开展领导活动具有重要意义。而要真正使这种挖掘、提取富于效益，真正正确地总结过去，就必须讲究科学的态度和方法。另一方面，高瞻远瞩地预测和规划未来是领导者的重要职能。要准确预见未来，做好“领航导向”、明确“彼岸”的工作，也需要有科学的领导方法。掌握科学的领导方法，是领导者研究新情况、解决新问题、开创新局面的重要手段。

（三）科学的领导方法是取得最佳领导效能的推进器

领导方法是否科学，直接关系到领导工作成效。如果在领导实践中，领导方法科学、得当，就能有力地推进领导者取得最佳的用人效能、决策办事效能、时间运用效能以及组织的整体贡献效能；反之，没有科学、恰当的领导方法，领导效能便缺少了坚实的基础。

（四）科学的领导方法是现代领导者的必备能力

现代领导工作范围广阔、因素众多、复杂多变，各种工作都有各自不同的领导方法。这就要求现代领导者必须掌握并熟练运用各种领导方法，懂得根据不同的环境和条件选择恰当的领导方法。可以说，领导方法科学化是现代领导者实现自我完善的需要。任何一个有上进心的领导者都希望能够实现自我完善。这种自我完善包括讲究方法，实现领导方法科学化。

第二节　领导者的思想方法和思维方式

要实行科学的领导，就必须有科学的领导方法，而科学的领导方法不是主观随意性的产物，而是对领导规律的掌握与运用为基础的。因此，领导者要掌握科学的领导方法，首先必须有正确的思想方法和科学的思维方式，这是领导方法发挥作用的根本。

一、领导者的思想方法

思想方法是最高层次的领导方法，是一切领导方法的核心，思想方法决定基本方法和具体方法。作为一名领导者，至少要坚持如下的思想方法。

（一）实事求是，一切从实际出发

辩证唯物主义认为世界的本质是物质的，物质世界是遵循辩证规律不断变化发展的。以这个世界观去观察自然与社会，去研究与解决问题，就要坚持一切从实际出发，实事求是，坚持发展的、全面的、联系的观点。这就是辩证唯物主义的方法论，也是正确反映整个客观世界普遍规律的科学的方法论。

（二）解放思想，与时俱进

领导者要坚持解放思想、与时俱进，这不仅是领导方法特征的要求，更是领导活动的客观要求。在知识经济全球化、信息化的今天，一名成功的领导者，其思想认识也要随着形势的发展与时俱进，努力使工作中的主观想法符合新的客观实际，决不能停滞不前。“与时俱进”源于我国古代思想家博大精深的时变思想。“时变”即因时而变，根据具体的客观情况而改变一定的思想和行为。尚变是儒家的一贯立场。《易传·系辞下》说：“穷则变，变则通，通则久”。即认为变化是世界得以永存的契机和原因。“时”是儒家经常使用的一个概念，是指客观事物的现时状态及其发展趋势。孟子认为，孔子之所以成为圣者，主要是他善于识时。既不像伯夷那样“治则进，乱则退”，也不像伊尹那样“治亦进，乱亦进”，而是“可以速而速，可以久而久，可以处而处，可以仕而仕”①。在孔子看来，没有一成不变的固定之规，客观时势才是思想行为变化的最终根据。韩非子也认为，社会历史是一个进化发展的过程，“进异则事异”，“事异则备变”②。管子也主张，“不慕古，不留今，与时变，与俗化”③。从我国古代各派思想家的时变思想中可以看出，他们认为任何事物都处在变化之中，一种认识，一种理论，一种行为，都要因时而变。只有在“时”中不断地变化和发展，才是唯一正确的致思取向。

作为一名领导者，要针对组织及领导活动中所遇到的新矛盾、新问题，深入研究关

---

① 《孟子·万章下》
② 《韩非子·五》
③ 《管子·正世》

系全局的一系列重大关系，努力把握客观规律，既胸怀全局、着眼长远，又立足现实、扎实工作。领导者要经常研究新情况、新问题，沿着实践、认识、再实践、再认识的规律逐步提高、完善，与时俱进、创造新经验，不断实现主观和客观的具体的、历史的统一。

二、领导者的思维方式

（一）辩证的思维方法

领导者树立科学的思维方法和良好的思维习惯至关重要。领导者看问题、办事情，要避免单纯的经验思维和主观主义，要坚持“两点论”，坚持辩证法。尤其是做一些大的决策，既要看到问题的适应性，又要看到问题不利的一面。同时还要考虑“非此即彼”、“非彼即此”，也有“即此即彼”、“非彼非此”的情况，这是一种辩证、发散、开放的思维方式。只有辩证地思考问题，才能全面、客观地解决问题，处理各种矛盾才能得心应手，才可以少走弯路，领导目标才可以实现。

（二）经验思维与理论思维

领导活动既少不了领导者的经验，也离不开科学理论的指导。因此，领导者要熟练运用经验思维与理论思维，处理好经验与理论的关系，做到使科学理论成为行动指南。这就要求领导者在工作实践中，既要重视理论，又不能唯理论；既要重视经验，重视从实际出发，又要使理论结合实践。如果理论与实际相脱节，甚至把理论当成教条，就会贻害无穷。相反，也不能只注重实践经验，而忽视了理论思考、知识学习和政策研究。领导者经常性的理论思维，有助于领导者的高瞻远瞩，更好地把握全局及其发展趋势。

（三）定量分析与定性分析

领导者在分析问题时，要坚持定量分析与定性分析相结合的原则。在处理问题的过程中，对于能够量化的问题进行量化，并运用科学的方法进行多方面的定量分析，从数量分析上寻找问题的规律和解决问题的最佳方式。同时，结合实际情况对问题做定性分析，确定处理问题的办法和具体方案。方案确定以后，还要注意“火候”，注意把握时机，积极推进，努力实现领导目标。强调领导者要具有定量分析与定性分析的思维习惯，主要是因为这两种分析方法具有互补性，各有优缺点，领导者要在领导活动、工作中做到辩证地思考问题，就必须充分使用定量分析与定性分析，使问题分析得更全面、更细致、更到位。

第三节　领导的基本方法

领导方法有着丰富的内容和多样化的形式，这是由实际领导工作、由改造世界实践活动的内容的丰富性和形式的多样性所决定的。因为领导方法本来就是对实际领导工作经验的概括和总结，就是从不同侧面对实际领导工作中的规律的揭示和反映，领导工作实践在范围上越广泛，在内容上越丰富，在形式上越新颖，领导方法也就必然会越丰富多样。本节仅选择若干为实践所证明的行之有效的领导方法加以介绍。

一、调查研究方法

调查研究是认识社会和自然的基本方法，也是领导者的基本功，是极其重要的领导方法。一个领导者，无论是作决策、发指示、下结论，还是做思想教育工作，如果不作调查研究，就会摸不清底细，掌握不了第一手资料，遇事只好“拍脑袋”，表态只好“拍胸膛”，弄砸了只好“拍大腿”。没有调查研究，领导者就不能正确地认识世界，更不能提出改造世界的方针、政策、办法、措施，就没有发言权。

调查研究包括两个基本阶段：第一是调查阶段。这是根据领导活动的目的需要而进行的深入实际、深入群众收集客观材料的阶段。在这一阶段，对所收集的材料，无论是直接的、间接的，下面的、上面的，明显的、隐蔽的，一般的、个别的，历史的、现状的，等等，其越广泛、越全面、越深入，就越有意义。第二个是研究阶段。这是在调查基础上，运用科学思维方法，对调查得来的丰富材料进行对比、选择、分析、综合、抽象、概括的阶段。在这一阶段，通过理性思维，达到对事物的本质的认识，从而找到解决问题的方法。当然，调查和研究只是两个相对独立的过程，二者的区分不是绝对的。因为调查时总不能不做任何研究；而在研究时也不能不做任何调查。因此，调查和研究是一个密不可分的统一活动过程。这一过程，用现代科学的语言来说，是一种获取信息和处理信息的过程。调查是获取信息的过程，研究是处理信息的过程。通过调查研究，掌握大量信息，然后对这些信息进行分析、选择、归纳、整理，抽取规律性的认识，并用以指导实践，就可以取得行动的成功。

二、授权方法

所谓授权，就是将权力交由下属分享，促使员工参与决策的制定，在尽可能低的层次上施行权力，从而增加组织中所有员工的权力和自主性。自20世纪70年代开始，西方领导学界对授权的讨论逐渐热烈起来。这种讨论与西方管理学界对日本管理经验的学习有关。一些研究者发现，在日本的管理中，领导者把权力分给那些需要用它来完成工作的人，这种权力分享增加了人们对其自身能力的自信心，增强了人们的效率意识。

要做一个成功的领导者，就必须懂得授权。如果一位领导者不能或不愿授权给他人，就等于是在机构中制造许多障碍，让有能力者无法跨越。障碍持续太久，会使人们不再努力，或转而投向另一个允许他们发展成才的地方。因此，领导者要掌握授权的领导方法。

三、时间管理方法

现代社会，是一个快节奏的社会。不懂得科学地利用时间和科学地提高效率，便不可能胜任领导工作。时间和效率，是检验现代领导者管理水平的重要尺度。实践证明，那些能合理分配时间、利用时间、节约时间的领导者，往往是成功的领导者。为了做到充分地利用时间，将时间的浪费减少到最低限度，领导者应注意做到以下几点：第一，要认清什么是最值得花时间去做的、最重要的工作，这对领导者来说是最现实的问题；第二，努力排除干扰，尽量保证完成时间计划内的工作；第三，要经常检查浪费时间的原因，采取切实的措施加以解决。总之，领导者经常抱怨时间不够是没有意义的，如果不真正注意科学地安排时间，越是抱怨，杂事越多，时间的利用越无计划，从时间的浪费而导致的效益损失也就越不可估量。反之，如果真正把时间问题当作一个重要问题来抓，做到科学地安排时间，并切实地坚持下去，逐渐地形成习惯之后，时间的利用率也就可以大大地提高了。

第四节　领导方法的创新

创新是一个民族进步的灵魂，是一个国家兴旺发达的不竭动力。改进领导方法的关键就在于创新。实践证明，领导方法能否创新，是决定领导绩效大小的重要因素，也是衡量领导工作成败、优劣的主要标准之一。

一、领导方法创新的要求

领导方法的创新，首先要不断解放思想、实事求是、与时俱进。世界上没有放之四海而皆准的领导方法，必须根据新的形势和变化，根据特定的环境和对象，不断地创新。我们突破前人，后人也必然会突破我们，正所谓“长江后浪推前浪”，这是社会前进的必然规律。领导者要自觉地从按部就班、墨守成规、抱残守缺、不合时宜的观念、做法、体制的束缚中解放出来。要努力适应客观条件和环境的变化，把握形势，打破条条框框，探寻解决问题的新思路、新途径、新办法，善于创造，勇于创新。惟其如此，才能确保领导效能的持续发挥。

其次，要积极探索研究、综合运用、注重实践。随着科学的进步和社会、经济、政治的发展，新的形势、新的理论、新的事物在不断地涌现。领导者要继承扬弃我国传统的领导方法，借鉴学习世界先进的领导经验，吸收掌握当代领导科学研究的新成果。领导方法的创新，是对多种理论和经验的综合应用与总结之后形成的科学方法，要做好领导工作，就要综合运用现代领导方法，综合运用多种学科甚至边缘学科的理论。创新尤其要注重实践性，一方面，领导方法的创新，是伴随着实践活动的发展而形成的，离不开具体实践。没有实践作为基础，领导方法只能是空中楼阁、海市蜃楼；另一方面，又要通过实践来检验创新的领导方法的正确性和有效性，明确使用的条件和时间。

再次，要克服“老办法不管用，新办法不会用”的现象，处理好继承与发展的关系，切合实际地灵活运用新、老办法。在社会急剧变革的今天，时代进步日新月异，现有的领导体制和领导方法、方式在许多方面已不适应发展的要求。在新形势、新任务面前，不少领导者存在着“老办法不管用，新办法不会用”的困惑也是难免的。这一方面反映了这些领导者对飞速发展的新形势缺乏深刻的认识；另一方面也反映了在实施领导活动的过程中对继承与发展的辩证关系缺乏正确的把握。强调领导方法的创新，必须从实际出发，处理好继承与发展的关系，既不能抛弃过去好的传统完全从头做起，那样就失去了继续前进的“平台”和“阵地”；也不能全盘继承、照搬照套，而是要根据形势发展的需要，努力创新。在“兼收并蓄”包括继承历史的、借鉴外来的一切优秀成果的基础上，结合本地、本单位、本人的实际，不断创造新的领导方法。

二、目标领导方法的应用

当今社会，随着科学技术的发展，组织成员的素质越来越高，自主性越来越强，不再满足于以往简单地完成领导者布置的任务、遵循领导者指定的步骤。在这种情况下，领导学产生了一系列新的理论，例如，强调领导者要转变领导风格，更多地采取参与式民主、协商式领导，充分发挥组织成员的积极性、主动性和创造性。这一要求，体现在领导方法的创新上，就是强调领导者要掌握并熟练运用目标领导方法，领导者要通过目标领导这一科学程序完成领导任务。

所谓目标领导，就是现代领导中抓落实的一种有效的方法。它对于充分调动每个组织和个人积极性，提高抓落实的效率，具有重大意义。目标领导方法具有如下几个主要特点：一是目的性。一定时期内所进行各种活动的目的都是通过目标形式表现出来的，它把执行者的积极性充分调动起来，实现共同的目标。这些目标在具体领导活动过程中，可以作为领导者与被领导者之间签订契约的主要内容，成为确定双方权利义务关系的条款。二是整体性。目标领导实行全面的综合性管理，通过确定目标，建立全面完整的目标体系，然后通过这个体系达到目的。换句话说，领导者要将组织的总目标进行分解，落实到每一位组织成员的工作中，而这些被分解的目标，又是最终实现领导任务的部分或环节。三是层次性。落实工作能否按期实现，在很大程度上取决于能否分清层次。领导决策确定以后，将总目标逐层分解展开，分别落实到有关组织和个人，使具体的责任者明确应该完成哪些任务，在什么时间内达到什么目标，以使各组织和个人着力抓好以责任制为核心的工作制度、管理制度，把落实过程的各个环节量化、具体化，使每项工作任务明确、责任明确、标准明确、检查考核手段明确，形成层层抓落实的工作局面。

三、系统分析方法的应用

所谓系统，是指由若干要素按一定结构方式结合成的具有特定功能的统一整体。任何事物都是作为系统而存在的。现代领导的每一个基本要素，都不是孤立的，它既在自己的系统之内，又与其他系统发生各种形式的联系。始终从领导活动的整体出发，根据领导活动具有的系统特征，从整体与部分、部分与部分、整体与环境的相互联系和相互作用中，按照事物的系统性把对象放在系统形式中加以综合地考察，以达到优化处理问题的科学方法就是系统方法。

系统分析方法要求领导者做到以下几点。

第一，关注领导环境。环境是实施领导的时空条件，对领导目标和任务的实现有重要的影响。系统方法强调领导者要适应和改造环境，包括内部环境和外部环境、工作环境和组织环境、物质环境和精神环境、政治环境和经济环境、自然环境和社会环境，等等。

第二，科学地总揽全局。当今世界经济全球化发展趋势加快，新的经济政治秩序正在酝酿。对一个领导者来说，世界眼光、战略眼光、未来眼光便成为领导者必须具备的眼光和胸怀。驾驭全局的方法就是抓主要矛盾和矛盾的主要方面，做到统筹兼顾、统揽全局，切忌眉毛胡子一把抓。抓住了重点、把握了关键，也就抓住了全局、抓住了根本。

第三，综合分析组成领导系统的要素、系统的结构、层次和功能。领导活动并不是只有领导者一个主体，而是由不同的要素组成的一个大的系统，任何一个要素丧失机能，都会影响到整个领导活动的正常运转。领导者要从系统的角度，综合分析各个要素的分配、系统的结构状况、各组成部分的功能，灵活地运用不同的领导方法，调动各要素、各层次的作用，使领导效能最大化。

四、战略领导方法的应用

战略是一种重大的、带全局性的或决定全局的谋划。现代社会活动的复杂特点及其对领导战略科学化的要求，使战略领导方法及其研究日益重要。战略具有方向性、整体性的特点，因而制约着领导功能的发挥，决定着领导总体活动的成败。战略的正确制定和实施，在全部领导工作中起着十分重要的作用。因此，作为现代领导者，必须掌握和运用战略领导方法。所谓“牵一发而动全身”、“一着不慎，满盘皆输”，讲的都是战略问题。战略领导方法包括如下基本内容：第一，战略领导方法的核心是对整体结构的把握和认识；第二，战略领导方法的前提是科学、准确地进行预测分析；第三，战略领导方法的重要环节是制定战略，即对一个长过程内关系全局的重大问题上的界定选择，分为战略目标和战略规划两部分。

领导者要通过战略规划帮助组织或部门重新构造它的种种假设以及重新界定其关系链和强调组织的自组织能力。在此基础上，领导者需要一个新的透镜和新的焦点去观察领导与战略规划，以新的方法来解读领导所处的环境。领导者要能够区分适应性工作和技术性工作，要把注意力主要集中到适应性工作上。作为一名有效运用战略领导方法的领导者来说，他要懂得如何激发热情，尤其是充分发挥和动员组织成员对于战略实施的激情和使命感，对组织未来的战略充满愿景和认同感。

作为一名领导者，在运用战略领导过程中，首先要做好战略运筹，即按照战略目标、战略规划和战略对策的要求，对各种战略要素进行调动、分派、重组，并编制具体实施计划，以形成一个结构合理、功能优化的战略实施系统。其次，要进行战略组织，即通过宣传、组织群众，调动、指挥各种力量，协调各种关系，处理各种矛盾，以各种方式和途径组织战略实施的现实力量，把战略目标、规划、对策变成广大群众的自觉行动。再次，要进行战略指导、检查和监督，即密切关注战略实施进程中的各种因素变化和内外矛盾状况，目的在于使战略实施过程中的各种因素和力量始终与战略目标和战略规划的要求相一致。最后，要适时进行战略调整，即在战略指导、检查和监督的基础上，随时根据战略环境的变化及战略实施中所出现问题进行调整，也包括战略对策的调整。

【案例】

杰克·韦尔奇及其领导方法

1980 年至 2001 年，杰克·韦尔奇担任通用电气公司的首席执行官，他在事业上取得了惊人的成功，有关他的事迹频频见诸报端，精明的领导者从他身上能学到不少东西。

20 世纪 80 年代末期，韦尔奇意识到，GE 需要员工的积极参与，只有公司的每一位成员都奉献出力量和智慧、群策群力才能治理好公司。为此，韦尔奇制订了“通力合作”方案，强调公司必须以人为本，激发员工参与公司经营的责任感，集中公司上下、内外的智慧去培植、收集并实施好点子的经营策略。韦尔奇认为，人才对公司经营起着非常重要的作用，在关键时刻，公司依靠人才来作出决定。他发自肺腑地说道，“有时候大家问我有关未来的问题，但我并不知道。我并不知道未来会带给我们什么。我们生活在一个非常不稳定的时期。但是我知道的是我们有一个非常好的商业模式，我们有很好的运营机制，我们有很好的人才。在危机到来的时候，这样的商业模式对我们非常有帮助。”

GE 公司的“通力合作”方案，鼓励员工就公司业务中存在的弊端，坦率地向上级主管提出自己的看法。这个计划真正地使员工的“饭碗”更加牢靠，将之与公司的整体利益紧密相连。员工帮助公司改进经营业绩，而公司利益的提升，反过来进一步保障员工工作的稳定性。“更有生产效率和竞争力的途径是释放员工的能量、智慧和自信。要想发挥员工的力量就要保护他们，让他们松开束缚，解除他们的管理枷锁、官僚主义束缚和前进道路上的功能障碍。”“通力合作”方案，主要包括两个方面的含义：一是雇员必须能够面对面地向管理层提出建议；二是管理层应该尽可能使雇员当场得到回复。其实施有 6 个步骤：① 选择讨论的话题；② 选择适当的、功能交叉的小组来解决问题；③ 选择一个“倡议者”，由其监控实施建议；④ 组织与会者召开会议，草拟出改善公司规程的建议，安排管理层与员工见面，作出决定；⑤ 将建议付诸实施；⑥ 将整个过程循环实施。

为鼓励员工参与、解决沟通的困难，GE 开始推行“工作外露”计划。所谓“工作外露”，就是把工作中有待解决的问题公开暴露出来。一个典型的“工作外露”计划持续 2 ～ 3 天。员工们把工作中待解决的问题列成清单，向上汇报。在这个计划实施期间，有大约20万名员工参加过“工作外露”会议。实施结果证实了一点：距离工作最近的人，最了解工作的失误。

韦尔奇的另一伟大创举就是听证会。在听证会中，员工把老板带到现场，告诉他们公司出了什么问题，并就解决问题提出想法和建议，并且允许一线工人对领导进行严格监督，批准在某些情况下允许对他们的上司提出异议，废弃那些不需要的管理条框。这个过程称为“制订”，通过通用电气公司强大的Crotonville培训中心（介于大学和再教育中心之间）进行组织。韦尔奇是Crotonville的发起人和促成人。听证会在公司内部培养了信任，并为20世纪90年代中期的无边界革新奠定了基础。

20世纪90年代中期，韦尔奇发现GE的质量体系已走到过时的边缘。于是倡导了六西格玛质量管理战略，并以前所未有的热情和精力来推行它。与此同时，他通过一系列“事业”来实现他所需要的文化变革。从客户满意的标准到“没有限制”，再到他所提倡的新十字军。韦尔奇从其同僚入手，保证有令必行。那些能服从命令和创造新价值的人会得到相应的奖赏——他改变了通用电气以往的官僚作风，将没有差别的丰厚的薪酬和津贴分配制度变为让一些好的“先富起来”。“无限制制度就是通用电气的生活方式”，韦尔奇说，“大家的确在采取从甲到乙的主意。如果你能采用一种主意并加以贯彻，你就会得到奖赏。”“中层经理们，”他告诫道，“必须明白自己是老师、激励者和解放者合而为一的综合角色，而不是管理者。”他本人就身体力行于这一角色，他总是风风火火地四处奔波，不停地从通用电气公司各个部门中寻觅强而有力的新思想，然后再将这些思想传播到其他部门。他是一个单人超级催化剂，他使“无边界管理”、“六个西格玛质量标准”等成为GE文化中固有的一部分。进而通过人人持有的“价值观卡”，使GE文化深入人心。

在韦尔奇执掌GE期间，GE业务收入的增长幅度，相当于创造了3～4个微软。20年前，GE的产品销售占75%～80%，服务占20%～25%，而今天二者的比例刚好对调。这正是GE公司和韦尔奇排在全球最受推崇、最受尊敬之列的原因。

思考题：

1. 结合本章所给案例，分析韦尔奇的成功之道。
2. 试举例谈谈你对领导方法的内涵及其特征是怎样理解的。
3. 结合你的经历或了解的相关资料，谈谈给你留下最深刻印象的领导方法。
4. 你认为知识经济时代对领导方法提出了哪些新的要求？
5. 谈谈怎样才能真正实现领导方法的创新？

阅读参考书目：

1. 冯应元，等. 现代领导与实践. 北京：新华出版社，1994.

2. 王永生．领导方略论．北京：人民出版社，1997.
3. 戴维新，王珉．现代领导科学新论．北京：中央民族大学出版社，2001.
4. 王乐夫．领导学：理论、实践与方法．广州：中山大学出版社，2002.
5. 奎贞．领导科学教程新编．北京：中国人民公安大学出版社，2005.
6. ［美］约翰·C·马克斯韦尔著，萧欣忠，林静仪译．领导力21法则．北京：新华出版社，2003.

第十一章 领导艺术

教学要点

- 领导艺术的含义
- 领导艺术的分类
- 领导艺术的作用
- 基本的领导艺术

第一节 领导艺术概述

一、领导艺术的含义

领导艺术，是指领导者在一定的理论、知识和经验积累的基础上，灵活运用各类领导方法以提高领导效能的一种领导技能、技巧。领导艺术是对领导方法的创造性和开拓性的利用，是领导方法的升华。同时，领导艺术结合了领导者独特的个人气质与性格特征，是主观素质与客观经验的有机结合。

领导工作有其规律性的一面，但更多的时候领导工作必须面对复杂多变的主、客观环境，其中具有很强的突发性、不确定性与偶然性，往往很难有及时的现成的经验可供借鉴，更不用说应用固定的套路和章法了。因此，领导者开展领导工作不仅需要注意采用科学的领导方法，同时也要注意因地制宜、因时制宜、因人而异，掌握科学的领导艺术，机动灵活、随机应变地实行领导。领导工作是一门科学，也是一门艺术，如果说领导方法是基本稳定的、具有广泛影响力和约束力的根本方法的话，那么领导艺术就是具体可变的艺术化方法，它属于领导方法论中创造性、随机性、权变性较强的部分，是领导者在对一些突发性的特殊事件的艺术化处理而获得的独特经历，是领导者个人经验、人格魅力与科学规律的有机结合。因此，领导者不仅要掌握好领导方法，同时要结合内外环境的变化将其转化为自己能够灵活运用的领导艺术，做到随时对变化着的人、事、物进行辨别和思考，并作出具体的、及时的判断和决策。

二、领导艺术的特征

虽然领导艺术同领导者的个人素质和主观判断关系很大，需要在领导者最短的时间内做到因势利导，但领导艺术的运用绝非“瞎指挥”，并不是由领导者主观臆造的，而是符合客观事务的发展规律、遵循一定科学原理的活动过程。领导本身就是科学性和艺术性的完整统一，是经验的积累和实践技巧的结合。而作为一种科学的领导艺术，具有以下特征。

（一）科学性

领导艺术不是领导者主观臆造的产物，而是来源于领导者对领导对象、领导环境、工作性质的深入了解，建立在丰富的信息积累和经验总结的基础之上。因此，其本身也是有规律可循的。无论是《孙子兵法》中的运筹帷幄，还是《三国演义》中的计谋攻略，都不是单纯的冒险，而是建立在对客观条件、形势、趋势以及敌我双方的思想动态、心理活动进行科学分析的基础上作出的重大决策。

（二）灵活性

领导艺术不同于一般的规范化的领导方法，具有严格的规定程序和固定的模式，而是根据不同的时间、地点、工作环境及内容，结合领导者已有的经验、知识的积累和自身敏锐的判断和观察能力随机应变地采取领导措施来实施领导工作，解决实际问题。领导艺术的这种随机应变、因地制宜和因时制宜的特点正是其灵活性的体现。

（三）实践性

领导艺术很难用语言来进行具体描述，它来源于每个领导者各自不同的阅历、知识和经验的积累，不是仅靠理论学习所能获取的，而必须亲身投入到具体的领导实践中去。领导艺术的这种“只可身教、不可言传”的经验形态表明领导艺术并非按照逻辑顺序和逻辑规则从理性中推导出来的方法，而是在实践中反复摸、爬、滚、打所形成和升华的经验、阅历的总结。因此，领导艺术必须融入现实的领导活动，来源于具体的领导实践，才能够经得起内外环境不断变化的考验。

（四）创造性

领导艺术不是对领导学科和领导理论的机械的、一般的和简单化的运用，也不是墨守成规、照章办事的产物。由于它面对的是瞬息万变的领导环境，必然要求自身也必须是层出不穷、构思新颖且灵活多变的一种领导技艺。而正是由于这种敢于打破成规的开创意识，才使得在其他领导方法不能奏效之时，通过领导艺术的创造性发挥，往往能够达到出其不意的效果。领导艺术体现着领导者丰富的想像力和独特的创新精神，能够将领导者的主观能动性发挥到极致，是一种富有创造性的领导技能。

（五）综合性

领导艺术是贯穿于整个领导工作始终的一种领导技能，要能够解决领导工作的实际问题，必须要求领导艺术具有涵盖领导工作各项活动以及各个过程的综合性的特点。同时，领导艺术作为领导者个人素质与经验的总结和积累，也必然具备一般领导活动所必需的领导素质、能力、气质、才干，等等。因此，领导艺术是一种综合性的领导技能。

三、领导艺术与权术

（一）权术的概念

什么是权术?《辞海》中说，“权”为权宜、权变，即衡量是非轻重，以因事制宜，可进一步引申为酌情变通、通权达变、以变应变等意。“术”即手段、策略、方法、心术。权术就是权变之术。从其本意而言，权术最初并无贬义，它是因人、因事、因时而变通办法、灵活处理的手段，是一种智术。那么，是什么原因导致了权术的千古骂名呢？概括地说是根源于权术运用者的阶级立场、思维方式及其最终目的。从英雄观和唯心诡辩论出发，仗权依势、权衡是非以自我实现为原则，应变之术不择手段，这种权术就成为个人阴谋，权术被赋予了一种特定的内涵。

历史上的一些政客或野心家凭借强力玩弄权术，从个人利益和个人意志出发，抓住一切机会来使自已利益、愿望得到满足；或把权势看做是决定一切的力量，要弄“权术”有计划地瓦解对立面，排除异己，清扫障碍；或用心腹监视部属和同僚的行为，实行特务统治，动辄使用包括生杀权在内的种种残酷手段，了结对方的政治生涯乃至身家性命。唐朝的“牛党”与“李党”之争，宋朝的“新党”与“旧党”之搏，明朝的“东林党”与“非东林党”之斗，无不将权术的伎俩要弄到白热化程度，形成了中国封建统治阶级“权术”斗争的奇观。而在现代国家的竞选争斗之中，权术同样扮演了极其重要角色，充当着抬高自己、排斥异己的先锋。美国著名作家马克·吐温在他写的《竞选州长》中，就有对政治权术的生动写照，而美国前总统尼克松在其《领导者》一书中更是毫不掩饰地说：“要当政治家，首先要是一个成功的政客。在一般情况下，诡计多端、爱慕虚荣和装聋作哑是令人讨厌的习性，然而对领袖人物来说，却是至关重要的。”

由此可见，权术在阶级对立的社会中始终扮演着“假、恶、丑”的角色，承担了为少数统治者尽忠、尽责、尽能的历史使命。权术对民众而言，意味着残酷、欺骗、愚弄和背信弃义。大权术家无不是大阴谋家。现代意义的权术专指少数人依仗权势而玩弄的计谋和手段，关于权术的说教也真正成了一门“厚黑学”。权术已经从最初无所谓善恶的智谋之果，蜕变成了毒瘤，成为假、恶、丑的化身。

（二）领导艺术与权术的区别

领导艺术与权术有着根本的区别，主要表现在以下几个方面。

（1）依据的理论不同。领导艺术以科学理论为指导，以大多数的领导艺术实践经验为借鉴，结合新的变化发展实际，不断探索和创新、总结和升华，成为领导学理论的有机组成部分。权术则以剥削阶级专制统治理论和运权统御术为指导，以唯心诡辩论和历史唯心论为理论来源，是少数人的一种诡辩诈骗之术。

（2）服务对象的多寡不同。领导艺术强调“领导就是服务”，希望能为广大领导者和群众所掌握，以提高领导者的工作水平，以及提高广大人民群众参政议政能力，使之为社会进步多作贡献。权术为少数人的专权服务，统治者或专权者私自总结出来的运权、治人、御臣之术都秘而不宣，害怕这些权谋被民众所识破和掌握，更恐惧人们起而防之，从而威胁自己的统治权威。

（3）采用手段的差异。权术只讲目的，不讲手段；只要结果，不要过程；只要利益，不要良知。它或奴颜婢膝，或盛气凌人，或阳奉阴违，或软硬兼施。在权术家们看来，法律、道德、理性只不过是制止对手实施破坏行为的工具。领导艺术则是遵循领导科学的基本原则，为解决疑难问题而采取的机动灵活但又合乎道德、法律规范的措施及技巧，力求达到真、善、美的统一。

（4）表现形式的区别。权术是怕见阳光的阴谋、暗算和专断，它表现出来的狡猾、伪善和诈术是其假、恶、丑的“遮羞布”。领导艺术则力求形式与本质的统一，丰富多彩的表现形式总是为了增强“透明度”，让所有人都能看到其中的真、善、美，受到艺术魅力的感染和影响，发现领导艺术的创造力本质。

（5）实现目的迥异。权术为统治者或专权者所运用，其目的是为了以权谋私实现个人私利，或者为了造就一批为自己尽忠尽孝的御用官僚或亲信，往往任人唯亲，排除异己。领导艺术的运用，则是为了有效地解决组织活动中出现的新问题、新情况、新矛盾，在于推进社会进步和提升整体利益。

第二节 领导艺术的作用和分类

一、领导艺术的作用

领导活动是领导者带领组织成员共同努力以达成组织目标的一项实践活动，是一项通过积极发挥主观能动性的具体实践。这个实践过程是一个不断发现问题并解决问题的过程。在这一过程之中，不光领导者是否能够掌握好既定的领导方法起到重要作用，领导者领导艺术的水平不同、领导技巧的熟练程度的差异，也对领导工作的顺利进行起着重要有时甚至是决定性的作用。无论是军事家的“运筹于帷幄之中，决胜于千里之外”，还是政治家们的“审时度势”、“指点江山”，都彰显出领导艺术的重要作用。结合具体的时代特点，领导艺术的作用具体可以归纳为以下几点。

（一）领导艺术是知识经济时代领导方式转变的现实需要

进入新世纪以来，世界经济向着全球化、知识化的方向发展，以数字信息技术为龙头的高新技术革命孕育出了新的知识经济时代，随着知识在诸生产要素中主导地位的确立，当今世界越来越多的国家和地区将其经济社会发展建立在信息和知识的基础之上。知识经济的迅速发展在给经济社会带来前所未有的活力和希望的同时，也带来了全新的挑战。组织领导也不例外。众所周知，领导的生命线就是权力，但知识经济时代同传统经济时代相比较，领导者权力的来源发生了重大变化，在传统的农工经济时代，权力的最主要来源是暴力和财富。谁拥有暴力，谁拥有财富，谁就容易拥有权力。而当知识经济时代到来的时候，权力的主要来源变成了知识和信息的搜集与处理能力。传统的领导者主要是依靠职权进行管理，非职权管理只是处于补充和次要地位。而知识经济时代下的领导则与以往的时代大不相同，非职权管理的作用是主要的，而职权管理则只能起到次要、补充的作用，这与传统的组织领导恰恰相反。而这种转变，正为结合领导者领导经验和个人素质、人格魅力的极具灵活性、创造性的领导艺术提供了施展其能力的广泛空间。在知识经济的大潮前，在瞬息万变的信息世界中，各级领导不得不经常面对一些难以定量计算的随机现象和突发问题，以往那些职权关系、领导程序以及办事规范等在处理此类问题时往往无能为力，而必须以领导者的直观判断和自身对各类知识和信息积累的综合运用，即领导艺术的发挥。

（二）领导艺术是信息时代领导素质提升的必然要求

以网络化为标志的第二次信息革命的到来，对领导者的素质提出了新的要求。在信息化的大潮中，一切组织管理都必须具备特定的信息收集、辨别与综合应用的能力，离开及时准确的信息指导和分析，领导者的一切决策都将是主观、盲目而必将是失败的。信息时代对领导者的信息观念和意识，领导者的知识素养，以及领导者的综合应变处理能力等都提出了较高的要求。而领导艺术正是在领导活动中领导方法的升华，是领导者信息综合处理能力、筹划判断能力、灵活应变能力以及组织协调能力的集中体现，是领导者主观能动性和领导活动客观规律的有机结合，顺应了信息时代对领导者素质的要求，是信息时代开展组织领导实践的必要条件。

（三）领导艺术能有效迎接社会改革对领导工作的挑战

进入新世纪以来，随着知识经济和信息时代的到来，世界各国各类组织都在发生着巨大的变化，无论是政治、经济、文化还是在体制、机制、观念等，都经历着历史性的变革。而作为正处于改革发展关键时期的中国，目前正处于打破传统计划经济体制、构筑以市场经济为基础的新体制的转轨时期。在这转轨过程中，随着国内外环境的变化，为适应市场经济发展的新要求，必然要求各类组织进行一场不断深入的管理体制改革，以建立起一套办事高效、运转协调、行为规范的领导体制和组织运行机制。而要建立新的领导体制和组织运行机制，作为组织的领导者，也必须参照市场经济的要求作出相应的改变。对照计划经济下的组织领导实践，目前我国领导者改革的目标，主要体现在民主管理和高效服务这两项任务之上，即改变以往那种一贯要求“令行禁止”、“绝对服从”的单靠行政命令和职权压力的领导方法，将领导活动的关注点由领导权威的压力转向下属自身的动力。要致力于调动下属的积极性，在轻松和谐的工作氛围中创造性地发挥领导者的领导艺术和人格魅力，将组织成员的个人需要和自我价值融入组织发展之中，自觉自愿地朝着组织目标的实现而共同努力。可以说，市场经济的公平性、法制性和公开性，为领导艺术的发挥和发展提供了更为广阔的思维空间，而领导者在用权、理事、待人等过程中对领导艺术的创造性发挥，也为各项体制改革的顺利进行和新旧制度的平稳对接，提供了组织保证。

二、领导艺术的分类

领导艺术的类型，可以从两个方面的视角进行划分：一是从领导艺术的影响范围上来区分；二是从领导事务的类别上来划分。见图 11－1

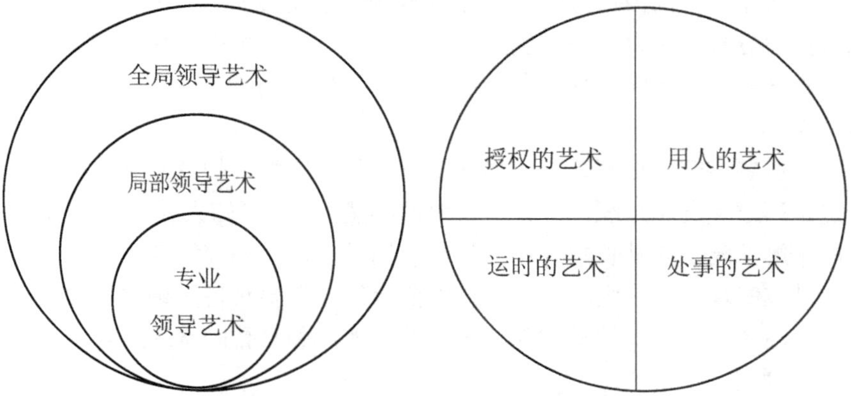

（a）按影响范围分类　　（b）按事务类型分类

图 11－1　领导艺术的分类

（一）从领导艺术作用的范围和产生影响的大小划分

1. 总体性领导艺术

总体性领导艺术是指对全局成败产生直接影响的综合性领导艺术。这种领导艺术的战略性很强，要求领导者善于洞察形势，抓住有利时机，利用良好机遇把自己的主要力量集中到关系全局的重大问题上，全力以赴地加以解决。

2. 局部性领导艺术

局部性领导艺术是指为实现某一总体性组织目标而灵活采取的策略、方式和方法，它影响到局部工作的效果，对局部工作进展的快慢和成败都起着重要的作用。此种领导艺术要求领导者要认清自己所在局部的客观实际，正确处理部分和整体、局部和全局的关系，明确每一时期的中心工作和一般工作，进而领导局部工作取得胜利，为组织总体性目标的实现创造有利条件。

3. 专业性领导艺术

专业性领导艺术是指在组织管理实践中领导各项具体专业工作的艺术，它影响着专业工作的效能。不同的组织活动具有不同的专业和特点，因而也就需要不同的工作方式和领导艺术。作为组织的领导者，不但要有领导组织活动的组织能力、文化水平和专业知识，还应学会运用本职工作所需要的专业领导艺术。因为任何一个领导者只有对自己所涉专业的领导工作了如指掌，机动灵活地调动各种有利因素，审时度势，抓住关键，多谋善断，才可能将本组织、本部门的各项工作予以恰当的安排，将各类问题及时加以解决，从而高效地推进组织目标的实现。

（二）从领导事务的类型划分

1. 授权艺术

授权艺术是指上级领导依法授予下级一定的权力和责任，使其在有限范围内有处理问题的自主权，从而提高组织活动绩效的一种艺术。授权艺术可以使得领导者“分身有术”、“事半功倍”。因为通过灵活运用授权留责、适度放权、视能授权、逐级授权、授权追踪等授权方式，可以激发部属的责任心、上进心，可以促使他们以责任人的面貌去全权负责地处理相关组织管理事务。

2. 用人艺术

用人艺术主要讲究人尽其才，才尽其用，充分发挥每人的智慧和才能，合理配置人力资源，这是高效率利用组织内外人力资源的必然要求。“知人善任”是用人艺术的基本要领。而了解下属、知其长短、以诚相待、扬长避短、用养结合、奖惩有度等，则是用人艺术的具体实现方式。同时，用人艺术要求领导者要具备正确的识才观、开放的选才观、开明的用才观、无私的爱才观、积极的育才观和睿智的聚才观。

3. 运时艺术

运时艺术既包括领导者对自己本职领导事务处理的时间安排，也包括他对本组织各类事务处理的时限了解和运筹。对于组织领导者来说，要惜时如金，自觉形成时间意识，合理安排时间消耗比例，善于把握高效率的黄金时间段。领导者的时效观念不仅仅是组织领导者个人的问题，它还关系到整个组织工作的成败。因此，在时间的使用上，领导者不能搞平均分配，要把最宝贵的时间用在关键之处，不断提高时间的使用效益。

4. 处事艺术

领导者每天都有大量的领导事务需要处理，如果不掌握和运用处事艺术，很难干好领导工作，这就需要领导者要专心本职，全力抓大事，注意抓关键，善于统筹安排。忠于职守、专心本业、统筹安排、“弹钢琴”等，都是领导者处事的要则。

第三节　常见的几种领导艺术

一、领导用权的艺术

权力作为领导活动的基本要素，历来受到领导者的高度重视。长久以来，权力由于跟领导威势挂钩而蒙上了一层神秘色彩，而一些领导者也往往由于不能正确把握和使用权力而走上了“以权谋私”、“挟势弄权”的误区。其实，权力作为一种普遍存在的社会现象并不神秘，同客观存在的其他任何事务一样，它的运行也是有规律可循的。而作为领导者，就是要在用权的同时发现并掌握好这些规律，在领导工作重学会巩固自己的权力，在权力的运用上艺术化地进行权力的分配与管理，通过灵活有度地运用组织赋予的权力，领导整个组织实现既定目标。

（一）巩固权力的艺术

组织赋予领导者权力往往是通过文件、会议等形式进行传达任命的，这仅仅是组织程序或者规章制度上的权力部署。领导者真正要获得相应的领导权力，除上述程序性要求之外，还需要下属的积极认同，“权力来源于下属的认可”。因此，领导者必须首先获得下属的肯定，而自身特定的经历、某一方面过人的技能和经验、管理和激励的方法甚至是亲切平和的语言体态等，都可以成为融入组织环境、拉近与被领导者关系的有效途径。当然，行事果断、雷厉风行的作风，公正严明、不偏不倚的态度等，也可使领导者行使领导权力、树立领导权威、巩固领导地位。

（二）分配权力的艺术

领导者的权力分配艺术，是融用权、用人等艺术于一体的领导艺术。权力的分配，要求领导者既不能大权旁落、无所用心，又不能大权独揽、事必躬亲，而必须在集权与分权之间寻求平衡，不能拘泥于定规，而是要善于灵活运用各种权力的分配方法和艺术。首先，领导者应该大胆放权，不应该大权在握而孤芳自赏，必须清楚哪些事情应该亲自管理，而哪些事情必须交给下属去管理；其次，领导者应该具备战略眼光，而不应该长期陷入日常琐事，这就要求领导者必须拔冗去繁、择人授权，这样才能够使得领导工作游刃有余，同时又达到锻炼下属、提升成员工作积极性和主动性的目的，从而取得良好的领导效果。

（三）管理权力的艺术

权力不是独立于组织、人员而存在的，它必须依附于人，被人加以掌握和使用。因此，对于权力的管理，实际上就是对于掌权人、用权人的管理。而由于组织岗位不同，权力的分配形式和运行方式都存在着差别，这就要求对于不同岗位、不同层次的领导者，在权力管理中应该各有侧重。如高层领导者主要担负战略决策和指挥，应该重点管理和考核其权力的组织效应；中层领导者担负的主要任务是综合协调，则应重点检查其权力的管理效应；而低层领导者主要担负政策执行和监督实施，所以对于他们的考核重点应放在权力行使的操作效应上。另外，即使是对同一领导者的考核也要注意条件的变化，并且要坚持动机与效果统一的原则。由于权力的管理纷繁复杂，要求领导者从长远的角度着眼，同时结合当前的客观条件灵活地制定自己部门的管理方法、考核规章与原则。

二、领导用度的艺术

“度”在中国是一个具有特殊意义的词汇，有着多重的意义。可以解释为一种测量的尺度，如《虞书》中“同律度量衡”；可以解释为法制、法度，如《书·吕刑》曰：“度做刑以诘四方”；也可以解释为胸襟，作气度之意，如《战国策·燕策》“群臣惊愕，卒起不意，尽失其度”，等等。不管做何种解释，度作为一种界限、范围的概念，已经深入到人们的日常生活之中。而如何用度，也成为人们特别是领导者和各级管理人员在组织领导活动中常用的一种艺术。然而，正因为用度是一种领导艺术，其往往因领导者的个性和阅历而有所差别，且没有什么例行章法可循，因此一些简单用度、盲目用度或狭隘用度的情况经常发生，导致用度艺术缺乏密集性，使得领导效能大打折扣。因此，对于用度艺术，必须正确地理解和把握，才能够确保用度到位。

（一）适度的艺术

适度的艺术，指的是做任何事情都要注意到质和量的界限，善于根据质和量的关系，把握最佳尺度。我们常说的“物极必反”、“欲速则不达”、“乐极生悲”等，说的就是事情超过了一定的限度，就会改变原来的状态，甚至走向自己的反面，从而发生根本性的变化。因此，作为一个有经验的领导者，无论说话办事都必须注意一定的分寸，把握一定的尺度，即做适度。而要做到适度，关键是要做好以下几点：首先，要做到心中有数，对于情况和问题的“度”有所了解，知道事物的发展界限在哪里；其次，要选取最佳适度，即为了保持事物发展的稳定性，必须将事物发展控制在能够维持既有“质”的可变范围之内，把握住火候；再次，要做到“摸着石头过河”，渐进调试，在实践中摸索事物的“度”，逐渐地由表及里、由浅入深，逐步总结校正，从而达到对事物的认识和改造。

（二）调度的艺术

领导者在领导工作实践中，一方面要不断地接受信息，另一方面又在不断地发出信息。在某种意义上讲，领导工作过程也是一个发出信息、接受信息、处理信息的过程。领导者凭借着这些信息，就可以把握住事务的度，进而进行调度。由于任何事物、任何工作总是处于复杂的联系之中，有内部联系和外部联系，也有纵横的空间联系和先后顺序的时间联系，因此便有纵向调度和横向调度之分。围绕预测方向从不同的角度去考察，及时获得尽可能多的信息，从而把握其多种可能性，这是纵向调度。横向调度则是对事物各种因素同步发出的信息进行处理。无论是纵向调度还是横向调度，都要做到反馈及时，以便实现可持续地调度。

（三）让度的艺术

在领导工作中，属于领导者向别人提出的要求，度是可控的，而别人向领导者提的要求，这个度在对方手里，对方完全有可能提出过度的要求。面对这种情况，领导者要善于让度，而不是一味地拒绝。让度不是简单的退步，科学让度的目的是为了维系交往双方的关系或局势。让度主要包括以下情况：一是折中让度，即部分满足对方的要求；二是缓解让度，即梯度满足对方的要求；三是转嫁让度，即让第三方去满足对方的要求；四是推迟让度，即不马上承诺让度；五是修正让度，即以新方案“修正”对方的要求。让度艺术特别适用于领导者对下级的关系处理。上下级之间的矛盾，都可以分别采取“部分满足”、“逐步满足”、“转嫁满足”、“回避答复”、“巧妙否定”、“形式上满足”、“看似满足、实则拒绝”等多种方式来解决。当然，领导者这样做的目的决不是为了要手腕，而是为了整体和全局利益，为了更好地协调上下级的关系，造成互相信任、互相支持的和谐气氛，也是为了避免因为一些具体要求得不到满足而使下级的情面和自尊心受到不应有的伤害，从而损害了相互之间的长远关系。

（四）运度艺术

把握事物发展进程需要运度，通过用度的变化，使得进退有度、动静相宜。在进与退的关系上，我们总希望在领导工作中少走弯路，尽早实现目标。但是，在大多数情况下，工作的开展总会有曲折。因此，在领导活动中必须处理好进与退的关系，要为进而退，为起而伏。通过克制和暂时的妥协而使得事务发展保持度量，同时也为领导者留下足够的时间和空间进行统筹策划，从长计议，为问题的根本解决打好基础。同时，在领导工作进行时也要把握好度量，运用梯度运行的原则，通过不断用度而使得事务由静变动，由动成势，从而形成某种氛围，达到“水到渠成”的效果，实现低调用度向强势运作的转变，从而有计划、有目的地实现领导工作的任务和组织目标①。

三、领导应变的艺术

领导者在领导活动中必须应付来自环境、工作对象、工作任务等多方面的变化和各类突发事件。为此，一个优秀的领导者必须能够科学地辨别形势，能够正确地认识和处理各种矛盾和问题，同时善于在各种利益关系和困难局面的相互纠缠中迅速作出决断。总之，领导者必须掌握一定的应变艺术，具有应对各种复杂局面的能力。领导应变艺术是建立在科学判断基础上的原则性与灵活性的辩证统一，它表现为在确知无法达到预定目标时能果断地“刹车”，及时转移工作重点；在确知再坚持一下就会取得胜利时，能顶住压力、排除干扰，争取最后的胜利；实现预定计划时，能适时地提出新的工作目标；在突发情况面前，能做到“处变不惊”。

（一）洞察的艺术

这是一种敏锐、迅速、准确地抓住问题要害的艺术。正确地发现和提出问题，是成功解决问题的一半。所以，领导者要有洞微索隐、见人所未见的本领和敏锐地识别问题的才能。敏锐的洞察艺术是领导应变艺术的基本前提。

（二）反应的艺术

反应的艺术是指人在思维过程中，当机立断和及时解决问题的艺术。面对突发的灾害、事件，是不容迟疑不决的，必须快速反应，迅速做出判断。敏捷的反应是对突发性事件的反应，而突发性事件来得快，来得意外，人们不可能了解得很深刻、全面，也无法仔细推敲，但不及时做出反应又可能变得被动。这时，必须当机立断，在行动中继续收集信息，观察变化，调整行动方案，以取得成功。敏捷反应不仅讲时间，也讲适时和时机，多数情况下，问题的解决不是仅由速度一个因素决定，“适时”和“时机”有着多方面的重要意义。

（三）辨别的艺术

这是指领导者对发生的事件进行判断、分析，根据事件的性质和形式的不同在短时间里做出准确的分辨，从而把握事件趋势的技术和能力。领导者面对突发的问题情况，

---

① 李一．试论领导用度艺术．领导科学，2004年第6期．

必须具备准确的辨别能力，在准确辨别的基础上，建立起决策的整个支持系统。辨别准确的基础是掌握真实情况、具有丰富的知识储备和对问题的准确理解，这意味着领导者在做出任何决策前，必须审查分析所有的事实。要掌握获取信息的先进手段，同时避免信息失真，准确的辨别艺术是施展应变艺术的基础。

（四）决断的艺术

决断的艺术即领导者迅速做出抉择、下定决心、形成方案的技术和能力，也就是实际的决策能力。在领导决策过程中，优柔寡断、患得患失、瞻前顾后、举棋不定等，都是必须避免的。特别是在处理突发性事件的紧急关头，领导者往往要在千钧一发之际作出扭转整个局面的重要决定。当然，这里讲的决断不是鲁莽和武断，迅速的决断还必须以正确的认识为基础，同时以坚强的意志作为支撑。

【案例】

比尔·盖茨的领导艺术

作为全球最成功的IT巨头之一，在比尔·盖茨的领导下，微软公司在过去的20多年里为全世界数以亿计的用户提供了无数杰出的软件产品，而在2005财政年度，微软公司更是创造了165亿美元的惊人利润。这些成就，都是和比尔·盖茨独具魅力的领导艺术分不开的。

（一）“思考周”。微软公司的领导者比尔·盖茨的主要工作任务是制定公司的长期技术路线图，并确认公司每一个行政部门的科研计划是互补而不是重叠的。因此，他要求公司的每一个产品和技术部门都向他做技术汇报，这些汇报大多是“头脑风暴”式的讨论会议。做这样的汇报，除了可以得到比尔·盖茨的回馈之外，每个项目团队还可以在准备过程中受益匪浅，讨论会议上的经验交流和数据分析使得各团队避免了闭门造车的风险。另外，比尔·盖茨每年都会抽两段时间，用“闭关”的方式独自思考问题，这被称为比尔·盖茨的“思考周”。在“思考周”之前，比尔·盖茨会要求各部门精英在他们个人的专长领域给他提供大量阅读材料和技术建议。在“思考周”里，盖茨通常的工作方式是埋头阅读经过筛选的材料和技术建议，记下自己的想法，静静思考，最终做出一些对公司技术战略有较大影响的重要决定。

（二）资源效率。比尔·盖茨成立了“卓越工程”部门，负责确认公司的研发机制是有活力的，开发过程是有效率的，开发出的软件是安全可靠的，并避免不同部门之间的重叠开发。同时，比尔·盖茨还亲自深入了解每一项重要技术，把开发任务交给某一个部门，并要求该部门把另外六个部门当作重要客户，同时也要求其他六个部门不要重叠投资。比尔·盖茨还亲自负责决定全公司七大商业部门在各个研发方向上的技术资源分配。大多数公司可能会把最多的资源分配在最赚钱的部门里，但微软并不这样做。例如，微软公司负责Office产品研发的部门人数并不很多，相反，服务器和工具部门却拥有最多的技术员工。这主要是因为微软在后台服务领域面临着更加激烈的市场竞争，需要投入更多的资源，以尽快开发出领先于IBM，SUN等竞争对手的重量级产品。微软公司在移动产品部门投入大量资源，也是因为比尔·盖茨看好移动通信领域的巨大市场前景。因为微软公司内的七大商业部门并不是完全独立的，比尔·盖茨就可以根据自己对技术方向的判断，把有限的资源调配给最具有发展潜力或竞争最激烈的技术领域。

（三）自由氛围。微软是一个没有丝毫官僚作风的自由企业，公司放权给每一个人主导自己的工作。公司没有打卡的制度，每个人上下班的时间基本上由自己决定。公司支持人人平等，资深人员基本上没有特权，依然要自己回电子邮件，自己倒咖啡，自己找停车位，每个人的办公室基本上都一样大。公司主张施行“开门政策”，也就是说，任何人可以找任何人谈任何话题，当然任何人也都可以发电子邮件给任何人。一次，有一个新的员工开车上班时撞了比尔·盖茨停着的新车，她吓得问主管怎么办，主管说“你发一封电子邮件道歉就是了。”她发出电子邮件后，在一小时之内，比尔·盖茨不但回信告诉她别担心，只要没伤到人就好，还对她加入公司表示欢迎。比尔·盖茨鼓励员工畅所欲言，对公司的发展、存在的问题，甚至上司的缺点，都可以毫无保留地提出批评、建议或提案。1995年，当比尔·盖茨宣布不涉足Internet领域产品的时候，很多员工提出了反对意见。其中，有几位员工直接发信给比尔并言辞激烈地称这是一个十分错误的决定。这些激烈的意见迫使比尔·盖茨开始重新思考自己的决定并最终写出了《互联网浪潮》这篇文章，承认了自己的过错，从而扭转了公司的发展方向。而那些当初批评比尔·盖茨的人不但没有受处分，而且得到重用，现今都成了微软公司重要部门的领导。

思考题：

1. 思考一下领导艺术与领导方法的具体区别？
2. 除本章所列两种分类方法之外，是否还可以对领导艺术进行其他分类？
3. 你认为在知识经济时代，在信息化大潮之下，哪些领导艺术已经开始过时，又有哪些新型的领导艺术必将起到更重要的作用？
4. 试再举两个现代著名人物的领导艺术案例，并指出其领导艺术的成功之处。

阅读参考书目：

1. 夏书章．行政管理学．广州：中山大学出版社，1998.
2. 王乐夫．领导学：理论、实践与方法．广州：中山大学出版社，2002.
3. 苏保忠．领导科学与艺术．北京：清华大学出版社，2004.
4. ［美］彼得·A·托平．颜世富等译．领导艺术．北京：中国财政经济出版社，2003.

第十二章 领导心理

教学要点

- 领导心理的含义
- 领导心理的构成
- 领导者心理障碍的主要表现
- 保持领导心理健康的途径

第一节 领导心理概述

一、领导心理的含义

领导心理是领导者或领导集体在长期进行组织管理以及与组织内外环境进行交互作用的过程中，形成的比较稳定的观念、思维、意识、品质等的总和。随着社会的发展，各类组织所面对的内外环境正在迅速发生变化，竞争和挑战的压力变得愈发沉重。可以说，现代社会给新时期的领导者们带来了前所未有的挑战。这不仅对领导者的管理能力、管理技术等提出了更高的要求，同时，也需要领导者们在心理素质、心理健康等方面做好充分准备。因此，掌握一定领导心理理论，了解领导者的心理行为模式、领导与环境的互动关系，掌握如何保持领导者心理健康，对于培养高素质的领导者具有十分重要的现实意义。

二、领导心理理论的作用

现代领导者应该具备哪些心理品质，领导班子的心理结构是怎样构成的，领导者如何融入组织团队，如何与被领导者进行心理沟通，等等，都必须通过对领导者在领导活动中的心理过程来了解和把握。为此，我们必须在学习和掌握一定领导心理理论的基础上，科学地解释领导活动中的各类心理现象，揭示领导心理的运行规律，从而达到增强领导工作科学性、创造性和适应性的目的。

（一）了解实现领导职能所必备的心理品质及心理结构

不同组织以及在组织中担任不同职位的领导者由于教育背景、生活环境和工作条件的差异，其心理结构、社会角色定位等都存在不同，并具备各自的心理特征。与此同时，由于组织目标的统一性，又要求这些有着各自不同心理特征的领导者们组成了同一目标而奋斗的领导集体。因此，我们必须了解不同领导岗位所需要的心理品质，以及不同心理特征和品质之间的搭配关系。只有这样，才能做到"人尽其才"、"才尽其用"，从而组成一个素质高、能力强、富有活力同时又能互补配合的高效领导集体。

（二）为提高领导效能提供理论基础

领导活动不仅是一种工作领导，同时还是一种心理领导。领导者和被领导者的一举一动，都必将受到各自心理活动的支配。而要使得被领导者积极地从事领导所布置的工作任务，实现组织目标，就必须使得被领导者对于上级领导及其指令产生一种心理的认同。一般来说，领导过程是由三个相互联系、彼此制约的环节组成的，即领导者和被领导者的交往、领导决策以及为实现领导目标而进行的控制。这些在表面上看都是一些现实的工作内容，其实每一个步骤都蕴涵着丰富的心理活动和情感交流。因此，有必要揭示这些领导活动过程的心理机制，了解和掌握其中的规律，从而加强领导者和被领导者的心理交流，为提高领导效能提供牢靠的理论基础。

（三）增强领导艺术的有效性

领导者要实现领导职能，除使用一些常规的领导方法之外，还必须运用一些非常规的、结合领导者和被领导者个性品质特点的领导艺术，从而来调动被领导者的积极性，实现领导目标。而调动被领导者的积极性，主要是通过激励和影响两种方式进行的：通过激励发挥被领导者工作的热情；通过影响改变被领导者消极的态度。由于人们在生活、教育和工作环境等方面存在着诸多不同，从而造成不同人之间心理品质、个性等的差异性。一个领导者要积极、充分地调动被领导者的积极性，必须针对被领导者不同的个人心理状况采取相应的激励和影响的具体方式，灵活运用各种领导方式。

第二节　领导个体心理

领导个体心理，是指作为个体的领导者所具有的心理特征和个性倾向，主要包括领导者的认识能力、情感体验、意志品质以及行为习惯，这几方面是领导者个性心理的最活跃因素，直接决定着领导者的心理特征。

一、认识能力

这主要指领导者对于真、善、美和假、恶、丑的认识和判断能力。它是领导者在不断的实践和探索活动中逐步形成的，主要包括三个方面的内容。

（一）是非观念

这是领导者对事物进行认识评价的基础，直接制约着其他认识理念和过程的价值判断。是非观念的发展和成熟过程，就是指领导者对诸如善良、正义、公平、优秀、无私等道德情操的认识和评判。思想指导行动，领导者形成正确的是非观念，是其进一步形成正确的道德信念、情感以至指导行为习惯的基本前提。

（二）道德信念

道德信念是领导者内在的精神力量，是领导者思想道德的灵魂，它贯穿于领导活动所实施的一些领导行为过程中和每一次领导行为的始终，是推动领导者开展领导活动的原动力。道德信念在引起、推动和指导领导行为的过程中，具有定向和调节的功能。理想信念决定着领导者品德的差异和层次，正是由于领导者个体在理想、信念等方面的差异，才决定了不同领导者即使在相同的环境背景之下也能够激发不同的领导行为，并形成各自的领导风格。

（三）价值评价

价值评价是指领导者依据自己的是非观念和道德信念对自己或他人在实践过程中产生的言行举止及其后果进行分析、鉴别和判断活动，这是一种对比、鉴别以及进行价值判断的思维活动过程。价值评价是领导者的是非观念和道德信念的具体化和外化，它对领导者的思想行为起到道德裁判、激励和调节作用。同时，通过这一评价过程，在比较鉴别的过程中可以进一步巩固领导者已有的道德认识和价值判断，从而强化领导者的意志品质。领导者的认识评价水平的高低，直接反映出领导者的是非观念、道德信念的成熟和巩固程度。

二、情感体验

任何情感都是个人对于客观事物是否能够满足自身需要的主观体验。某一事物在被领导者所深化认识之后，能够内化为领导者主观上的心理需要，并引起一定的内心体验，这说明领导者与该事物之间具备某种情感联系，即存在情感体验。因此，领导者各类情感体验综合的领导情感体系的形成过程，实质上就是领导内在需要不断深化与发展的过程。具体而言，领导者的情感体系由以下三个部分组成。

（1）直觉情感。它是由某种情境的直接感知而引起的、具有迅速定向作用的一种心理体验，是领导者过去认识经验的直觉反映。

（2）形象情感。它是由认识或想像某些理想观念而产生的情感体验，是领导者内心理想信念的形象化，这类情感形象往往容易激起领导者的模仿心理，从而将内在情感形象投射到自身的行为之上，从而引起情感的共鸣。

（3）理智情感。这种情感是以情感认识为基础，上升到抽象概念的情感。它具有概括性和深刻性，是对日常情感认识的高度总结，是在大量的情感体验和价值判断的基础上结合一定的情感信念所形成的一种高级的、深刻的情感体验。

三、意志品质

意志品质是指领导者在具体的行为环境中，自觉克服内心障碍和外部困难所形成的相对稳定的思维习惯和心理信念。其主要表现为领导者在内外环境不断变化的条件下战胜困难、实现领导目标的过程中所形成的心理承受力、自控力、决断力以及对诱惑和风险等的抵抗力。领导者的意志品质是领导活动的心理支撑，是领导者是非观念、道德信念的固化表现。具有顽强的意志品质的领导者，往往能够在危急关头，在身心极端疲倦的条件下，也能够坚持自己的理想和信念，保持良好的道德和情操，坚定不移地为实现组织目标而努力奋斗。古语中所谓“富贵不能淫，贫贱不能移，威武不能屈”，就是坚强意志品质的集中体现。

四、行为方式

行为习惯是领导者在其思想信念与意志品质的共同作用下外在的行为表现。领导者的价值观念、情感意识等都需要通过具体的行为加以体现，主要包括以下两个方面的内容。

（一）行为能力

行为能力是指领导者通过不断实践所掌握的具体行事技能。行为能力是实施具体的行为活动的必要条件，只有具备了一定的行为能力，领导者才能够在不断变化的组织内外环境中以一种平和稳定的心态，迅速地进行情况分析和意识判断，最终采取合理恰当的行为活动。行为能力就是这样一种不断通过具体实践所形成的同时又反过来应用于具体实践的一种稳定、干练的处事能力。

（二）行为习惯

行为习惯是指领导者由于重复训练和实践操作所逐步养成的、根植于领导者内心并形成一种自身需要的行为方式。一定的行为经过反复强化，便内化为习惯，而习惯一经形成就很难改变，这也是行为习惯区别于一般行为方式的特点所在。行为习惯一经养成便成为领导者的一种心理需要，并在处理领导工作的各项活动中，逐步形成不同领导者独特的领导风格。

第三节　领导班子心理

领导活动不是独角戏，在现代组织体系中，领导权力大多交由领导集体而非某个人单独掌控。由性格不同、情感特征各异的领导者们组合而成的领导集体，要想充分地发挥它的整体效能，心理条件是一个不可忽视的重要因素，在某种意义上，它甚至是先导的或决定性的因素。领导班子的心理，虽与领导者个体的心理有着密切联系，却又不同于领导者的个体心理，更不是班子成员个体心理的简单加总，而有其自身的内涵和特征。因此，在了解了领导者的个体心理特征之后，有必要对领导班子的心理进行一定的分析和研究。

一、领导班子心理的基本特征

领导班子心理是一般领导者心理的有机结合。在这个整体中，在组织目标的总体调控下，班子成员之间相互影响，班子成员处于集体环境下对事物的态度、对下属关系的处理等都会与领导者个体单独所处场合有所不同，使得领导班子在一般个体心理之上形成一种在集体环境下处事待人的一些新的特征。而只有注意到领导者们在集体环境下所具有的这些不同于个体心理的特征，才能够更好地开展组织领导以及组织协调。而一般来说，领导班子心理具有以下几个方面的特征。

（一）班子成员个体心理与组织目标的一致性

个体心理与行为是群体心理行为和组织心理行为的细胞和基础，因此，个体心理对其所在集体的组织目标的实现起着重要的影响和制约作用。个体心理蕴涵的内容非常广泛，包括兴趣、能力、气质等诸多方面，而其中任何一个方面都会与个体所处集体的组织目标的实现有着密切的联系，特别是该个体是作为所处组织的领导者而言。不难想像，领导班子成员对班子所制定的目标丝毫不感兴趣，或没有必要的能力基础，或缺乏为实现既定目标而努力奋斗的坚持精神，要实现组织目标就会有如井底捞月、镜中取花。因此，任何一个领导班子的个体心理，必须与该组织的奋斗目标具有基本的一致性，或者至少不能存在根本性的冲突，这是班子整体心理目标对于个体心理的客观必然要求。

（二）班子成员之间的心理联系性

作为集中在某一领导班子内开展组织领导工作的领导成员，由于受到工作目标的一致性和工作任务的整体性特点的影响，他们往往不是孤立地进行工作，而是必须相互紧密地联系在一起，相互协调、共同开展各项领导工作，实现组织目的。这种工作行为上的接触，既以相互间的心理联系为基础，同时又能反过来促进领导班子成员之间的心灵沟通与心理联系。但是，由于领导班子成员个人在个体心理方面的差异性，使得一个领导班子在心理上往往也呈现出一种参差错落的局面：有的以能力取胜，有的以意志力见长，有的注重情感交流，有的则注重按原则办事，有的热情大方，而有的则少言寡语。这些心理及其表现上的差异在领导班子工作活动过程中相互联系、相互影响，构成班子成员之间在心理特性上复杂的心理联系。

（三）领导班子心理结构的统合性

领导班子是一个组织结构体系，要顺利地开展工作，必须同时形成一个相对稳定的心理结构体系。虽然领导班子成员个性心理特征不同，性情表现各异，但是要能够使得领导班子发挥足够的战斗力，则必须在不同的个性心理之间进行搭配和组合。也就是以组织的目标为中心，以共同的组织信念为基础，以情感的交融为渠道，以共同的意志为推手，将班子成员紧密地团结起来，并形成相对稳定的领导风格和统合互补的心理结构体系。

二、领导班子的气质类型

气质是人的典型而稳定的心理特点。古希腊学者希波克拉特认为，不同的人有着不同的气质，而他认为其中的决定因素是人体内四种不同体液——血液、黏液、黄胆汁和黑胆汁的混合比例。因此，他根据哪一种液体在人体内占有优势而将人的气质类型分为四种：多血质、胆汁质、黏液质和抑郁质，用以对人们在对待外界刺激的反应强度、平衡性和灵活性等方面作出的不同表现进行归类（见表12－1）。而我国的孔子也曾经将不同的人划分为“中行”、“狂”、“狷”三类。他认为“不得中行而与之，必也狂狷乎！狂者进取，狷者有所不为也”①。

表12－1　希波克拉特四种气质结构类型

气质类型	主要特征	行为表现	优缺点
胆汁质	好冲动、情感发生快、强烈而持久，动作迅速而强烈，对自己的言行不能控制，反应速度快，但不灵活	积极参加各种活动，有创新精神、工作积极，遇到困难时能以极大毅力去克服困难	优点是有毅力、积极热情、有独创型。缺点是缺乏自制性、粗暴和急躁、易生气、易激动
多血质	情绪不稳定、情感的发生迅速而易变，思维语言迅速而敏捷、活泼好动	活泼好动、机敏、爱参加各种活动，但常常有始无终	优点是适应性强、善于交际，待人热情，学习上领会问题快。但也表现出轻率、不忠诚等缺点
黏液质	性情沉静，情感发生缓慢而微弱，不外露，动作迟缓，易抑制，沉默寡言	沉默寡言、胸怀宽广，能委曲求全，自制力强，活动中表现为有条有理、深思熟虑、坚韧不拔	优点是容易形成勤勉、实事求是的精神，坚韧性等特征，但也可能发展如萎靡、迟钝、消极、怠惰等不良品质
抑郁质	性情脆弱、情感发生缓慢而持久，动作迟钝、柔弱易倦	动作迟缓。胆小、不喜欢抛头露面，反应迟钝	易形成伤感、沮丧、犹豫、深沉、悲观等不良心理特征

当然，在现实生活中，无论是希腊学者的划分方式还是中国孔子的划分标准，完全能够遵从这些气质结构类型的毕竟是少数，而更多的都是介乎于各类型之间的中间类型，只是各有所侧重罢了。同时，气质类型也无好坏之分，何种气质类型更为有利于工作的开展，要看人们具体所处的工作环境以及承担的工作任务。但是，不同气质类型的合理组合，对于人的实践活动，是能够产生积极影响的，它不仅能影响活动进行的性质，而且还会影响活动的效率。因此，领导班子的建设必须注重其组成成员的气质特点，而且需要根据班子所承担任务的繁简程度和职能特点，确定相应的气质结构标准。在通常情况下，一个由多个成员组成的领导班子，各种气质结构类型的人均应该占有一定的比例，以便能够相互补充，彼此调节，扬长避短。但是这种比例关系应该视具体情

① 论语·子路篇第十三

况而定，根据不同的环境条件和工作特点而有所突出和侧重。

三、领导班子的性格组合

性格是人的个性的重要方面，它是个性中鲜明地表现出来的心理特征，是区分一个人与众不同的最明显的差别。性格是十分复杂的心理现象，而讲到性格组合通常包括两个方面的内容：一个是指性格本身的多样性，即每一个体身上都是多种性格类型的有机结合；另外一个则是指多种不同的特征的性格组合而成的结构体系，这种体系的特点是由性格类型特点决定的。而所谓的性格类型，是指在一类人身上所共有的性格特征的独特组合。一般来说，人的性格可以分为理智型、情绪型、意志型，外向型和内向型、服从型与独立型等几组对应的类型。性格类型的划分对于领导班子中依据不同的性格分配相应的角色职位，为充分调动和发挥每一个领导成员的个性特长提供了重要的理论前提。

组成领导班子合理的性格体系的关键，在于实现各类型性格的科学搭配，以形成相容或互补的态势。情绪型、外向型和独立型性格的人会造成热情有余而理智不足，从而导致冲动而缺乏沉稳；而理智型、内向型和服从型的性格则容易导致过分的谨小慎微，缺乏独创性和魄力。因此，必须在领导班子的组成上合理地进行各类性格类型的搭配，在参差错落中实现互补和中和，从而使得整个领导班子心理协调、配合默契，形成足够的班子影响力和战斗力。

四、领导班子的智能结构

智能结构，指的是将具有各类学科知识背景和各种不同能力的人进行组合的构成形式。领导班子的智能结构是班子心理关系上的一个重要结构，它对于领导水平、领导效率或效能起着决定性的作用。

对领导班子采取智能组合的前提条件是客观上存在着人的智能的个体差异。人的智能的这种个体上的差异性有质和量两个方面的不同表现。在质的方面，除了表现在各人可以具有不同于其他人的特殊智能之外，还表现在完成同一活动时，不同的人可能采取不同的途径或者智能组合方式，这种质的差异被称为智能的类型差异。量的差异性主要表现在智能的发展水平上，主要指不同的人知识、能力的掌握程度，这种差异被称为智能的层级差异。

在考虑领导集团的智能层次结构时，对于智能的层级，我们应该尽可能多地配备智能上高层次的领导人员，因此并不存在智能层级上的高低搭配问题。而所谓的智能结构，则更多的是将不同智能类型的领导者在班子内部进行合理地组合，从而形成一个具有最佳结构的领导集体。一般来说，在一个领导班子内，既要有创造能力超群、长于观察、善于思考、能够进行创新型构思和设计的思想家和战略家型领导，也要有组织才能出众、长于指挥调度、精于组织安排和审时度势的组织家，同时还要有精明干练、精通业务、技术娴熟、任劳任怨的实干家。只有这样将不同智能类型的领导者组合起来的领导集体，才会形成一个具有多功能、高效能的领导班子。

第四节　领导者的心理健康与调适

领导工作的效能不仅取决于领导者的能力水平，而且还取决于他的心理健康状况。积极的心理因素既是领导能力得以充分发挥的前提，又是直接影响和感染群体的基础。相反，领导者的不良情绪也会直接影响到其自身的思维能力、判断能力、决策能力等的发挥。由于各级领导者身处各类社会组织的高层，工作负担较一般组织成员更重，同时压力也更大。在此条件下，领导者保持良好的心理健康状态，能够沉着应对来自于各方面的困难和问题，积极主动地缓解和克服心理障碍，无论是对于个人的成长和进步，还是组织的发展，都具有十分重要的影响作用。

一、心理健康的意义

（一）心理健康是适应社会环境的客观要求

每一个人都在社会舞台上扮演着特定的角色，要胜任这个角色，就必须以良好的心理状态来适应复杂的社会环境。一个心理不健康或者心理失常的人，在生活上没有统一协调能力，轻者无法独立生活，工作效率下降；严重者则对社会充满破坏和威胁，对他人的生活造成诸多不便和危险。因此，无论从个人保健、家庭幸福，还是从社会安定等方面来讲，对心理健康问题高度重视，有着深远的现实意义。

（二）心理健康是保持认知水平和思维能力的必要条件

纵观我们了解世界的心路历程，在每一个时刻，都被许多刺激所充塞，需要从主观上加以筛选，在这一选择性的知觉过程中，认知扮演着诠释主要信息的角色，对信息进行辨识，从而发现其意义并据此作出结论。可以说，认知是影响一个人如何对外界刺激作出反应的决定性因素。而在认知方面有心理障碍的人往往对外部世界的经验以及对事件后果的预期都和自己联系起来，并且总是把否定性的经验和预期过分夸大，得到扭曲了的认识，从而对心理健康产生不良的影响。领导者是脑力劳动者，因此健康的认知和思维是检验每一个领导者的能力和水平的重要标准。作为一个领导者，每日每时都接触大量的信息和刺激，面临着各种复杂的情况。对这些信息和刺激进行合理的加工和整合，从而进行正确的分析、判断并作出科学的决策，是领导者正确开展领导工作的基本要求。

（三）心理健康是人的整体健康发展水平的重要标志

人的身心是相互联系、相互作用的整体，心理健康和生理健康有着密切的关系，当其中一方面发生疾病的时候，另一方面也必将受到影响。身体方面的疾病与异常情况，会明显地引起行为或心理方面的症状，如酒精中毒、内分泌失调、吸食毒品等，都是先影响身体组织的功能，进而影响心理和行为方面的一些异常现象。反之，心理状态也能影响身体状况，如情绪反应都会有相对应的生理变化，长久的情绪作用造成的心身性疾病等。因此，人体健康是身心健康二者的综合体，其中之一没有达到既定的标准都直接影响到个人的整体健康水平。

（四）心理健康是确保事业成功的基本要素

在现实中，有的人面对工作能够积极进取，大胆开拓创新，困难和挫折压不倒他，但是一碰到情感问题，却时常导致心理失衡，甚至一蹶不振；有的领导才华出众，智力超群，但由于存在性格方面的缺陷而导致人际关系恶化，在工作中得不到众人的支持和信任而最终一事无成。这说明心理健康既是个人获得人生快乐、事业成功的重要保证，也是领导者保持持续的成就动机的基础条件。因此，领导者必须结合角色活动和社会实践加强个性修养和情感锻炼，在自我教育、自我调整和完善的过程中，不断地健全心理素质，始终保持清醒的自我意识、稳定的情绪状态、健全的人格特征和强烈的社会责任感，才能为领导活动的成功打下坚实的基础。

二、领导者的心理障碍

（一）过度紧张

在人们适应生活的进程中，有的紧张是必要的，它使人们能够时常保持一种心理兴奋的状态。但是过度的紧张和长期处于紧张状态则对心理健康不利，从而容易引起紧张症。随着社会生活节奏的加快，人们的心理压力日渐增大。对于领导者来说，整天忙于处理各类公务，且往往组织安危与发展都系于其一人一念之间，所以领导者的身心十分紧张，面临的压力和患上紧张症的可能性就更大。而所谓的紧张症，会使得人体抗病能力降低，免疫功能发生障碍，以致引起各类疾病，如脱发症、多汗症、肌肉痛、神经性头痛等，使人的身体健康受到非常大的影响。

（二）嫉妒心理

嫉妒是一种想排除他人优越地位，或想破坏别人优越状态，含有憎恨的激烈情感，是一种难以发觉又不愿发觉而且不易表面化的感情。嫉妒者的基本特征是：喜欢自我表现，什么都想比别人抢先；富有攻击性，揽功推过；以自我为中心而对别人则缺少善意；缺乏自信而又不安，对竞争对手虎视眈眈；貌似亲切和蔼实则冷酷无情等。嫉妒的中心往往是对方的地位、名誉、权力和业绩。嫉妒常常使得领导者变得异常偏激，丧失正常的判断能力和待人处事能力，并带来心理的紧张和攻击性的欲望，从而严重影响到领导工作的正常进行，并有可能造成严重的后果。

（三）不良情绪

领导者的情绪是指领导者受到某种刺激所产生的一种身心激动的状态。领导者的情绪不同于一般人的情绪，由于领导者的身份、地位和责任的差异，他们的情绪比一般人要深沉些，而此种情绪的影响力也更大，除了影响到领导者自己的心理状态之外，还对整个组织的心理特征造成影响。领导者的不良情绪主要表现在以下几个方面：一是冷漠，对人对事无动于衷，对本职工作不感兴趣，马虎应付、得过且过，对组织成员缺乏热情，工作平庸，待人接物冷淡。这种不良情绪会给下属和班子成员以心情压抑的感觉，从而影响到他们的工作热情和积极性；二是急躁，坐不住、站不稳，拿不起、放不下。如若遇到棘手的问题，则更是像热锅上的蚂蚁急得团团转，稍遇不如意就大动肝火，使得组织中人人自危，工作如履薄冰；三是虚荣，自我炫耀、文过饰非。认为面子高于一切，对表扬沾沾自喜，对批评则耿耿于怀，对人夸夸其谈，强不知以为知，在工作、生活上讲门面、讲排场，不惜弄虚作假。虚荣是领导对自尊的错误认识，不懂得荣誉的获得是对自己的鞭策，其最大的危害是盲目乐在其中，从而忽视了领导工作的根本目标和组织的长远目标。

三、保持领导者的心理健康

（一）正确对待心理障碍

首先，领导者必须明白，存在着心理障碍并非可耻，也并非自己故意所为，只是由于某种心理情绪长期占据自己头脑而形成的一种潜在暗示或心理习惯。因此，存在心理障碍的领导者应该主动寻求帮助，同时保持和外界的交流，而不应该将自己孤立，甚至采取对别人防备、怀疑的态度，从而使得问题变得更加严重。其次，应该积极采取预防措施。心理障碍是可以克服的，心理失调也是可以预防的。其主要手段包括搞好自我心理保健和心理卫生辅导，以便及时地排除障碍，维持正常心态。再次，要树立起坚强的信心，即使是比较严重的心理障碍，虽然原因难以确定，但也不至于危及生命。作为脑力劳动强度和工作压力远高于一般人的领导者们，如果能够了解心理卫生的有关知识，科学用脑，做到劳逸结合，保持情绪的稳定和乐观，遇到困难以及心理障碍及时寻求帮助并积极配合矫正和治疗。这样，即使再严重的心理障碍都是可以克服的，心理疾病也能得以治愈，从而恢复原有的适当行为和健康状态。

（二）加强领导者心理保健

首先，要建立起自我防卫体系，即领导者能够明确地认识到心理健康的意义、标准，产生心理障碍的原因及其预防和克服的方法，自觉运用心理防卫机制来调节自己的心理活动和行为方式。其次，要了解自己和接受自己。所谓了解自己就是正确认识自己的优点、缺点、能力和兴趣等，使得自己在任职、待人、处事等过程中能够作出正确的选择，并增加成功的机会，而不是盲目自大或者妄自菲薄。而接受自己，就是承认自己现实的不利情况，正视自身存在的缺陷，勇于面对现实；同时，也需看到自己的长处和优势，看到对自身发展有利的一面，为自身的长远发展确定一个合适的起点和自身定位。再次，适度休息和积极工作。休息和娱乐可以减少紧张的情绪，保持工作精力，因此，领导者必须学会休息和放松。当然，适度休息并不是指好逸恶劳，而是指适当地在工作和休闲之间寻求平衡。因此，在适当休息的同时，还要积极地工作，通过工作实现个人价值。通过成绩提升自身地位，既能够使人尝到胜利和成功的乐趣，又能够使得领导者获得心理上的满足，从而达到提升心理健康水平的目的。

（三）防止和克服不良情绪

首先，必须树立正确的世界观、人生观、价值观，也就是要有正确的人生目的。人生目的是人类生活的目标、方向和内在动力。缺乏积极向上的人生目的是产生不良心理情绪的重要原因之一，因此，作为领导者，必须堂堂正正做人，清清白白做事，只有这样，领导者才能正确地对待自己、他人、权力和职位。相反，如果人生目的这个根本问题没有解决好，就过不了权力关、金钱关、名利关等，从而引发一系列心理问题。其次是要加强学习，不断提高自身素质。只有丰富的知识才能够认识真理，才能最大限度地提高领导效能；同时，知识的积累可以使领导者树立坚强的意志，从而不会因为现实环境的严酷而临阵退缩、怀忧丧志，也不会因为物欲和利诱而失去原则。善于学习的领导者可以不断地获得智慧和经验，其头脑中有着十分清晰的奋斗目标和努力方向，才能够顽强坚定自己的使命，从而能够有一个丰富多彩的健康人生。再次，营造一个和谐的人际关系。作为领导者，应该处理好与上级、同级和下级以及普通员工的关系，在发生矛盾的时候应该能够及时化解，使得自己处在一个宽松和谐的工作环境中，能够缓解工作的紧张气氛和繁重任务的压力，为克服不良的情绪提供一个良好的外部条件。

【案例】

四川厅级干部公选引入心理测试

在2005年11月的公选副厅级干部活动中，四川省在选拔这些高级公务员时采用了一些新的办法，其中包括对所有参加公选干部进行“心理测试”。

当初公选领导小组一公布“心理测试”被列入考查范围时，人们非常关注的一个重要问题是：心理测试究竟在此次公选设定的组合考核方式中占有多大的比重？四川省公选办负责人对此作了明确的答复：心理测试在整个公选考核中所占的权重为5%。“这是一个很高的权重了，表示公选领导小组对干部心理素质问题非常重视。毕竟心理测试是第一次进入这么高级别的领导干部公选中，是处于探索中的新事物，5%的比重本身就足以说明其重要性。虽然不排除在以后类似的公选中会增加权重，但这一信号传递出来的在干部提拔标准上的突破性变革意义深远。”

至于此次变革的深远意义，也许可以从这次公选的一个变化得到印证。该负责人介绍说：“这次公选在接受报名时并没有像往常那样实行职位定向报名，而是先报名但不确定具体职位的方向。这样做的目的，就是通过对所有考生进行考核之后，对那些最后入围者依据每个人的具体情况进行任命，这样就能更好地做到人职匹配，充分发挥每个人的个性特长。其中一项非常重要的参考指标就是心理素质。我们在选用干部时一定要注意人职匹配，这样才能做到人尽其才、用其所长；更重要的是，在搭建领导班子时，我们要注意班子成员在个性性格、心理素质上的互补，使得大家能够团结共融。比如说，一个班子中既要有风风火火、个性张扬的领导干部；也要有性格内敛、沉稳务实的领导干部；如果领导成员都是一种性格类型，这样的领导班子在工作中肯定比那些互补性强的班子更容易引发矛盾和冲突。”

四川省委组织部将以这次公选为契机，首先对一定级别的领导干部建立心理档案。组织部负责人透露，这项工作已经着手在做了，而且还准备给干部们推出“心理健康套餐”；“套餐”的内容不仅有建立心理档案，还要定期通过互联网对干部进行心理问卷测试，及时掌握心理素质变化；同时经常开展各种旨在提高和改善心理素质方面的培训。据了解，四川省领导人才考试与测评中心正在制定和设置有关的培训课程，该中心总测评师自豪地说，如果这些培训课程按时推出，四川省将成为全国第一个专门为领导干部开设心理健康培训课程的省份。

思考题：

1. 试在近期的报纸杂志上或网络上寻找有关领导者心理测试的试题，谈谈你对领导心理的理解。
2. 除课本中所列之外，你觉得作为一个领导者，还应具备哪些心理素质？
3. 有的领导者十分精明能干，但是人际关系处得非常紧张，请你从心理健康角度为这类领导者提出改善人际关系的建议。
4. 结合案例，你认为在领导干部公选中引入心理测试机制有何好处？

阅读参考书目：

1. 王乐夫．领导学：理论、实践与方法．广州：中山大学出版社，2002.
2. 赵忠令，胡月星．现代领导心理．北京：中国社会科学出版社，2003.
3. 屠春友．现代领导心理学．北京：中共中央党校出版社，2001.
4. ［美］老诺曼·弗里根，小哈里·杰克逊著．肖忠华译．领导的科学与艺术：培养有效领导必需的技巧与个人品质．上海：上海人民出版社，2000.

第十三章 领导语言

教学要点

- 领导语言的重要性
- 提高领导语言能力的途径
- 领导语言艺术

第一节 领导语言的重要性

领导语言是领导者在实施领导行为过程中所使用的语言。领导语言是否恰当，取决于领导者驾驭语言的能力。语言能力不仅包括口头语言能力，还包括书面语言表达能力。语言能力还是理解能力、观察能力、反应能力的综合反映。在人际交往以及组织管理活动中，用得最多的是口头语言。因此，一个领导的口头语言能力强不强，直接影响到他与人交往沟通和领导水平的发挥。从领导者驾驭语言的能力，可以看出领导者的思维水平、理解能力、反应能力等，领导语言能力还是领导者思想修养、文化修养、气质风度的体现。衡量领导的语言能力强不强，不仅仅是看他口才好不好，还要从以下几方面来衡量：一是说话的内容是否恰当；二是说话的方式是否合适；三是说话的内容与对象、场合是否协调。要达到这几方面的要求是不容易的。有的人口齿伶俐，能说会道，却并不受欢迎，主要原因是他没有掌握驾驭语言的技巧和能力，不分对象、不分场合、不假思索乱说一通。如果一个领导者不具备一定的语言能力，可以说，这位领导的能力就是有缺陷的，他在实施领导行为的过程中，必然影响其领导效能。

领导者除了必须具备较强的口头表达能力外，还必须具备较强的书面文字表达能力。因为作为一名领导，与人沟通、汇报工作、传达命令等，不仅仅靠口头表达，还常常需要书面文字的表达方式，而且许多正式的场合均需要规范性的书面文字材料，比如，汇报、总结、调研报告、动员、命令等，均需采用书面文字形式。因此，书面文字表达能力也是领导者必须具备的素质之一。

一、领导语言是领导者进行人际交往的媒介

语言是交流思想、沟通感情、传递信息、传播文化的第一载体。凡是有人群的地

方，都离不开语言的交际作用。语言能力强，在人际交往中具有很大的优势。善解人意、切中要害的得体的话语，可以平息争端、消除误会、调解纠纷、和解关系；几句体贴入微、和风细雨的话语可使人解除烦恼、冰释前嫌；诙谐幽默、谈笑风生会使人忘却烦恼和疲劳，带来轻松愉快的享受；奇思妙语可以使你摆脱僵局、化险为夷、转败为胜；中肯的批评会使人内心感激、心悦诚服；热情洋溢、真诚质朴的肺腑之言能使浪子回头、悬崖勒马；声情并茂、有真知灼见的演说会给人启迪和鼓舞；等等。总之，善谈者能融义、理、情、趣于一炉，不但能拓宽人的眼界、丰富人的知识、激发人的创造力，还有利于人的思想情操的陶冶和情谊的增进、关系的密切。

作为领导者，应该是一个人际交往的能手。领导者驾驭语言的能力，直接影响到人际交往的效果，最终影响领导效能的实现。在领导活动中，常常可以见到以下几种情况：一是有的领导由于性格方面的原因，在人际交往中不大愿意与人说话，也不知道该说什么，甚至干脆就不说，以为这样一来，就会被人认为是老成持重。而事实上一个领导者不懂得一些基本的应酬语言，是很难给人留下好印象的，更别说去打开局面；二是一些领导很愿意交流，但是口齿不清、语句缺乏逻辑，让人不知道他在说什么，这样的领导，不可能是一个受欢迎的人；三是有的领导口若悬河、夸夸其谈、以自我为中心，不停地为自己歌功颂德，让人“听”而却步。这几类领导，都由于语言问题，而使交际发生了困难，有的领导语言有障碍，干脆就不与陌生人打交道，也不愿进行任何交际应酬，时间长了，这样的领导对自己都没有信心了，并使自己变得越来越封闭，远离他人和社会。可以说，一个不善言辞的领导，不会是一个交际能手；而不善于交际的领导，很难做一个优秀的领导。

二、领导语言是领导进行沟通协调的桥梁

沟通协调是一项重要的领导职能。领导者的大部分决策及其实施都要通过沟通去实现。而沟通又分为上行沟通（即与上级的沟通）、平行沟通（与同级沟通）、下行沟通（与下级沟通），无论哪一种沟通类型，都要依靠语言这个桥梁。离开了语言，不可能实现沟通，而沟通的效果在很大程度上取决于领导者驾驭语言的能力。一般来说，语言能力强的领导，其沟通能力也强；而语言能力差的领导，其沟通能力也相对较弱。

当领导者与上级进行沟通时，上级主要从这位沟通者的语言来获得信息和做出对这位下级的能力、人品、学识的判断。如果一个领导者在向上级汇报请示工作时结结巴巴、词不达意、东拉西扯，那么，没有比这更糟糕的印象了。连话都讲不清楚，听了半天，上级不知道他要表达什么，这样的领导者在上级眼里会是合格的吗？反过来，如果对领导的话理解不了，或反应迟钝，这样的领导也难以执行好上级领导的意图。在进行平行沟通时，如果一些领导的语言笨拙，在交流中反应迟钝，不能很好地理解别人的意图，甚至需要别人重复表达，或是对别人提出的问题答非所问，这些都会让同行看不起，也就很难获得同行的了解与合作。在与下级沟通时，如果领导缺乏语言技巧，信息的传达就难以准确和及时。在部下眼里，如果领导者不注意语言修养，很可能被认为是

上级对自己的轻视和不满，因此除导致沟通失败之外，甚至会导致部下的反感和对立。

三、领导语言能力是领导者综合素质的体现

领导语言，不仅仅是说话那么简单，他实际上是领导素质的重要组成部分和综合反映，它体现了领导者的思维能力、反应能力、理解能力、观察能力、表达能力以及领导者的文化水平、道德修养等的有机结合。一个“很会说话”的领导，一定是头脑反应敏捷，具有较强的理解能力、观察能力、思维能力的人；同时，他也应该是一个有文化和道德修养的人。有的领导者，以为领导语言是嘴皮子上的功夫，因此，在练嘴皮子上花了不少时间，以为巧舌如簧、伶牙俐齿、能说会道就是具备了语言能力。殊不知，这只是语言的外壳，真正的语言能力需要更注重其内涵。这就是说，领导者讲的话实际上反映了他个人的思想认识和工作水平，如果没有思想或正确的思想，领导者说出来的话就不可能动听，也很难被人所接受。

第二节　提高领导语言能力的主要途径

一、加强文化修养和道德修养

作为一个领导者，不可能什么都懂，也不可能像要求一个学者那样要求他知识渊博，但如果一个领导者什么都不懂，那是万万不行的。因此领导者必须不断加强自身的文化、道德修养，以提高思想情操和语言表达的能力。领导者加强文化修养的途径很多，最常见的比如读书看报、专业进修。有一点是明确的，就是领导的文化修养，不能靠外在的推动，主要靠自觉的学习。集中一定时间学习培训是需要的，但是主要还是要在工作中学习，在实践中学习，做一个学习的有心人。那种以工作忙为借口就放弃学习的人，是不可能提高文化修养的。

作为一名领导者，他的言辞也是其道德水平的体现。因此，领导者应该自觉加强道德修养。有的领导，缺乏起码的社会公德，常常一开口就是骂人的话，脏话连篇，低级趣味。这样的领导，有的还自以为幽默风趣。这里不仅是语言的问题，首先是道德水平的问题，一个语言能力很强，但是道德水平很低的人，不可能是好的领导者。领导者的道德修养在语言方面应体现在这样几方面：一是要诚实，不说谎话。有的领导者常常说谎话，欺上瞒下，还以为自己很聪明，不会被识破，其实，纸是包不住火的，谎言终究会被揭穿。一旦被识破，领导者的处境就会很被动；二是要公正。有的领导出于自己的一点点利益考虑，在处理问题时常常不能坚持公平公正的原则，比如，对那些有关系背景的人讲情，对没有关系背景的人讲法，对不同的人，语气、态度大不一样。这样的领导口才再好，也不可能获得别人的尊重和拥护；三是要尊重人。如果一个领导总是高高在上，颐指气使，没有尊重他人的修养，这样的领导，在领导语言上不可能得到人们的称赞。

二、掌握人际沟通的心理规律

在人际交往中，学会说话要掌握人际沟通的心理规律。我们在与人交往时，要掌握人的基本需要，掌握受人欢迎的艺术。当代著名人际关系专家莱斯·布吉林经过多年的研究和实践，发现了受人欢迎的三大秘诀，简称为“三A法则”，这就是：接受（Acceptance）、赞成（Approval）、重视（Appreciation）。

1. 接受（Acceptance）

接受，是我们说话中不可缺少的一种维生素。如同我们渴望别人接受自己一样，我们首先要接受他人，让他们保持自己原有的本色。要接受别人，关键是要有一颗包容的心。要能忍受别人不合理的行为和各种令你不愉快的情况，学习去欣赏并接受不同的生活方式、态度、文化、种族、年龄和长相。不要对他人求全责备，要像孔子所说的那样：己所不欲，勿施于人。尤其是不要把自己对他人的接受作为砝码与他人讨价还价。接受一旦变成了交易，也就失去了对他人的尊重。

2. 赞成（Approval）

赞成，比接受更进一步。比较来说，接受是消极的，即使某人有某些缺点和不足，我们还是接受他，而不排斥他。但是赞成则是积极的，他不仅忍耐他人的错误和缺点，而且还要在他人身上发现我们所喜爱的积极的东西。那么，我们该怎样赞成他人呢？卡耐基说：每个人都希望得到别人的赞美。

要善于挖掘别人的优点。有些优点也许是微不足道的，但是你要善于发现它，并且真诚地让他人感到你喜欢并钦佩这些。他人受到你的赞美，总是很高兴的。因为人人都喜欢被赞美，赞美意味着成绩被肯定，意味着优点被发现。赞美，有时会产生很神奇的效果：他人在尝到了被人赞美的甜头后，便会开始改变自己的不良习气，以使自己在其他方面也获得赞美，这样，他身上值得赞美的东西就逐渐多起来。赞美能激发人的潜能，改变人、塑造人，这种神奇的功效为人际交往增添了积极而美好的内涵。

3. 重视（Appreciation）

重视意味着价值的提高，它与轻视是截然相反的。轻视则意味着价值的下降。我们总是喜欢和那些看重我们的人为伍，而对贬低我们的人避而远之，为什么呢？因为我们同他人一样，需要被关注，需要被尊重。年销售额达3亿美元的玛丽·凯（Marry·Kay）化妆品公司的创始人兼董事长玛丽·凯说：“每个人在他的脖子上都挂着一个看不见的信号：让我觉得自己重要！和员工相处时，千万要记住这个信号。”这就告诉我们，和他人交往时，你要让他人知道，你看重他，他是重要的，有价值的，否则，我们就不会受到欢迎。

在人际交往中，有许多言行可以体现你对他人的重视。比如记住别人的名字、生日、家庭成员、曾经获得过的荣誉等。美国研究人际关系的学者罗勃·康克林在他的专著《处事奇术——使人喜欢你的秘诀》中写到：“人类就像气球，每一次听到或看到自己的名字，就像气球被灌了一次气。这会使他们渐渐膨胀起来……喊别人的名字！他们会觉得这是最悦耳的声音，就好像珍珠落到他们的手掌心一样。你可以一再地使用这个工具，别人永远不会厌倦。”为什么记住并喊别人的名字具有如此大的魔力呢？原因就在于，名字在此时不再是一个记号，而是他人自我的一个象征，你认真地记住并热情地喊他的名字，表明你对他人的重视和尊敬。

布吉林在他的《人际交往的艺术与技巧》一书中反复强调，受人欢迎的“三A法则”是建立在“满足他人需求”这一交际宗旨之上的。他说，要做一个富有吸引力的、受人欢迎的人，应从大自然的花儿那里受到启迪：蜜蜂是需要花蜜的，花儿只提供给蜜蜂食物满足其需要，蜜蜂就都高高兴兴飞来了。一个人如果具有了能够提供他人的三个基本“食物”（接受、赞成、重视），那么，他就一个受欢迎的人了。

第三节 领导语言艺术

一、说话谨慎，善于思考

作为一名领导者，说话一定要慎重，一定要“三思而后言”，领导者说错话所造成的影响和损失往往是难以弥补的。这是由领导者特殊的地位和角色决定的。有句话叫人微言轻，意思是说小人物说话所起的作用不大，反过来，也就是说大人物或领导者说话影响就大，作用就大。领导者的话往往代表着一个组织的利益和形象，也会涉及很多人的切身利益。因此，如果领导者不慎言，其后果往往是严重的。其实，说话不光是凭嘴巴，更要用脑袋。不经过大脑思考就说出的话，往往是蠢话、废话、错话。所以，一个会说话的人，不是用嘴巴说话，而是用大脑说话。

（一）弄清事实再说

领导者慎言的第一个要求是，弄清事实再说。领导者切忌在还没有搞清楚事情真相的情况下，就匆忙表态或下结论。无论是与人谈判，还是解决矛盾，或者做出某种决策，都需要领导者准确地把握事实。这就要求领导者进行调查研究，不能想当然。在调查的基础上，领导者还得有一定的分析问题和判断问题的能力。有的事情，张三这样说，李四说的又完全是另外一样，这就要求领导者有一定的分析问题、判断是非的能力。如何来判断是非，这就要依靠知识、经验和逻辑。有的事既不符合常理，也不符合逻辑，却一再发生，领导都不能做出正确的判断，这就说明领导水平有问题。领导者尤其不能张三说是这样，他就说是这样；李四说是那样，他有说是那样。这样的领导是不可能正确解决问题，做出正确决策的。

（二）认清对象和场合再说

领导者慎言的第二个要求是，看清对象，分清场合再说。要知道与不同的对象，在不同的场合，说话的要求是不一样的。当你面对一个骄横的上司，而且他心情特别不好的时候，应该怎样说？如果你在这个时候去向他请示一个棘手的问题，多半不会有好结果。在这种时候，你应该说一些轻松的话题，调整他的情绪，把重要的事情放到他心情轻松、头脑冷静的时候来说。面对群众上访，领导者该如何讲话？第一，不能冷漠不理不睬；第二、不能敷衍了事，讲大话套话；第三，不能讲刻薄的话，激化矛盾。在这种情况下，领导者必须耐心听取群众意见和要求，与群众代表认真协商。说话必须态度诚恳，必须让群众感受到你的重视和解决问题的决心和态度，否则，就会引来更多意想不到的结果甚至激化矛盾。

总之，领导者面对的对象和情景是多种多样的，而每个人的想法、愿望、要求、性格都不一样，如何面对不同的对象，把话说好，的确值得领导者认真研究和学习。

（三）明确目的再说

领导者说话，总是要达到一定的目的，通过与人交谈解决一定的问题。所以，领导者在讲话前先要搞清楚自己的目的是什么，要达到什么效果。要先预测可能出现的种种情况，如果出现这种情况有什么对策？越是重要的讲话，越要认真准备。有一些领导者，只要请他讲话他就讲，以为自己是领导，讲的话一定就重要，说话常常没有目的，东一句，西一句，自己都不知道自己想表达什么意思，为什么要说这些话。还有的领导者，本来的目的是想解决矛盾，经他一讲话，结果却加剧了矛盾。主要就是领导者在调解矛盾时，其言辞毫无准备，也不了解情况，结果要么不公平，要么没有讲到要害。因此，不但矛盾没解决好，反而让人觉得这样的领导不公正、护短。所以，领导者说话，一定要想好再说，想清楚自己要达到什么目的，用什么样的言辞才能达到这样的目的。

（四）少说官话、大话、套话、假话

官话、大话、套话，都是没有用的话，它们是领导者适应特定的官场文化而逐渐形成的一种语言形式和风格。官话通常都有这样的特征：一是冠冕堂皇，大道理一套又一套；二是振振有词，说大话一点也不脸红；三是，软硬结合，以势压人；四是模棱两可，随便你怎么理解都可以。所谓大话，就是夸大其词的话；所谓套话，就是适用于特定场合的固定模式的话。它们跟假话一样，说多了就让人觉得你这个领导不真实、不诚实。言而不实、言而无信，一个领导如果让人觉得不诚实、不实际，讲的话不解决问题，那他的话谁还会听呢！

二、维护他人自尊，善于激励

责备是对别人的否定，而否定又有轻重之别。有鉴于此，就需要区别对待。当下属在工作中出现了失误，为了纠正错误而责备他时，应尽量单独交谈，不要在大庭广众之下进行，使下属感到难堪。有的下属因为本身的原因，常常工作没有主动性。主动性必须从内心激发出来，要调动他的主动性，就应该弄清楚他为什么没有工作热情，是因为兴趣问题还是待遇问题或者其他问题。搞清了原因，再有针对性地发表意见，重要的是激励创造性。

在谈话中，如何对待那些能力较强、个性也较强的人，但是这种人又有明显的缺点，在工作中犯了错误时将怎样与之交谈呢？对这样的人，要特别注意维持他们的积极性和上进心，要避免采用直接打压的形式来打击他的“骄气”。你可以首先肯定他的成绩和能力，然后问他将来的打算，他一定会很乐意告诉你他的远大志向，此时你趁机指出他的缺点，说："如果你能改掉你个性上的一些不足，你会有更大的进步和成就，你也一定会达到你的目标，反过来，你个性上的不足会阻碍你的成长和进步。"经过你的启发，他一定会认识到自身的不足，并很愿意听取你的意见。

三、以理服人，善于攻心

有人以为，领导是权威的代表，在与人尤其是下属谈话时只要大量使用肯定语气或提高声调就行了。其实一味地强调语气、声调，以为理直气一定要壮，这并不一定有良好的效果。

我们知道，讲话的目的在于让对方接受，而接受的关键在于攻心，能够让对方心服。攻心有正攻有反攻，所谓正攻者，即正面说服的意思，循循善诱是其特征。特别是当被说服的对象处于一种对道理不了解的状况时，正面诱导就能起到画龙点睛的作用。在古今许多事情的重要场合，诱导攻心法所产生的作用是别的方法所不能代替的。

俄国十月革命刚刚胜利的时候，许多农民怀着对沙皇的刻骨仇报，坚决要求烧掉沙皇住过的宫殿。有关负责人作了多少次工作，农民们都置之不理，非烧不可。最后，只好由列宁亲自出面做说服工作。列宁对农民们说：

"烧房子可以，在烧房子之前，让我讲几句话，可以不可以？"

农民们说："可以。"

列宁问道："沙皇住的房子是谁造的？"

农民们说："是我们造的。"

列宁又问："我们自己造的房子，不让沙皇住，让代表住好不好？"

农民们齐声回答："好！"

列宁再问："那么这房子还要不要烧呢？"

农民们觉得列宁讲得好，同意不烧房子了，让自己的代表住。

在以上的例子中，列宁巧妙地使用了问话的方式，而且问得巧妙，问完之后还要针对对方的要求进一步说明，这样对方就不知不觉地进入了谈话者的计划之中，谈话的主动权就掌握在问话者手里，结果当然可想而知。

【案例】

毛泽东的幽默语言二则

（一）"是一个反'手'"

1945年8月28日，毛泽东从延安飞抵重庆，参加国共和谈。期间，陪都重庆各界轮流邀请毛泽东演讲，文艺界著名人士亦筹办了一次讲演会，地点在黄家垭口中苏文化协会内。毛泽东妙语连珠，谈了他对国共和谈的看法，激起一阵阵雷鸣般的掌声。讲演中间，有人向毛泽东提了一个很尖锐又很不好回答的问题："假如此次和谈失败，国共再度开战，毛先生有无信心战胜蒋先生？"和谈和谈，顾名思义只能谈"和"，怎么好谈"战"！说不好，会被扣上一顶"破坏和谈"的帽子。毛泽东巧妙地回答说："先生讲的只是一种假设，这个问题不太好说，总之我们也作过最坏打算。至于我和蒋先生嘛，蒋先生的'蒋'字，乃是将军的'将'字头上加了一棵草，他不过是一位草头将军而已。"提问者又问："那么，毛先生的'毛'字，又该作何解释呢？"毛泽东朗朗答道："我这个'毛'字，可不是毛手毛脚的毛，而是一个反'手'，反手即反掌，意思就是代表大多数中国民众意愿和利益的共产党，要战胜代表少数人利益的国民党，易如反掌！"此言一出，全场掌声雷动。

（二）"雷声大，雨点小"

1958 年 11 月，毛泽东到湖北视察。11 月 14 日，专列途经孝感火车站，主席要求专列作短暂停留，找当地干部群众座谈农业问题。下午，孝感地委、孝感县委的部分领导登上了专列。孝感妇女代表晏桃香是参加座谈的人员之一，她当时正患感冒，外加心情激动，见到主席时话还没来得及说，就控制不住打了个大喷嚏，唾沫星子溅到了毛泽东的脸上，所有的人都被这一"突发事件"惊得目瞪口呆，晏桃香更是不知所措，尴尬万分。然而，毛泽东没有发火，只是若无其事地轻轻说了句："雷声大，雨点小。"说完用手帕轻轻擦了擦脸，一笑了之。大家听到毛泽东幽默的话语，紧张的心情才放松下来，尴尬的场面在笑声中消失。

思考题：

1. 什么是领导语言？
2. 如果某某部下在一些正式的场合，当面不客气地批评他的上级，让上级觉得很没面子，作为一个领导，将用怎样的语言回应？
3. 提高领导语言的途径有哪些？
4. 有人说领导语言最重要的是幽默感，你同意这种看法么？

阅读参考书目：

1. 邢群麟．面子能值几个钱．北京：中国时代经济出版社，2006.
2. 刘玉玲．新编现代公共关系学．北京：中国社会科学出版社，1992.
3. 王晓东，汪玮琳．跟我学：交际口才．北京：中国经济出版社，2006.
4. 路　滔．处事的 26 种智慧．北京：中共中央党校出版社，2004.
5. ［美］斯蒂芬．P. 罗宾斯．组织行为学．北京：中国人民大学出版社，2004.

第十四章　领导形象

教学要点

- 领导形象
- 领导形象的意义
- 树立良好的领导形象
- 领导形象问题上的误区

第一节　领导形象的含义、构成要素及其特征

一、什么是领导形象

“形象”一词的本意，是指人与物的形体、相貌、外观。而领导形象，是指社会公众和组织内员工对领导的整体印象和评价。它包括领导的外在形象，即公众对领导的仪表、举止、谈吐等的评价，也包括领导的内在形象，即公众对领导的道德修养、文化修养、管理能力、决策水平、工作作风等方面的评价。领导形象是外在形象与内在形象的统一，是公众对领导从外在到内在的总体评价。

二、领导形象的构成要素

领导形象由许多要素构成。领导的外在形象的构成要素主要包括领导的形体、相貌、仪表、气质、风度、谈吐等。领导的内在形象的构成要素包括领导的文化水平、道德修养、管理能力、决策水平、工作作风、领导风格、创新能力等。这些要素都会影响到公众对领导的印象和评价，但在这些要素中，最核心的要素是领导的道德修养和能力状况。一个道德修养很差的领导，是不可能赢得别人好评的，哪怕他很善于伪装；而一个缺乏能力的领导，也不可能在公众心目中树立良好的形象。当然，领导的外在形象也不可忽视，比如，领导的衣着、举止是否得体（是否符合身份、年龄、场合等的要求），也直接关系到领导者在公众心目中的形象。内外两个方面的形象，哪一方面出现问题，都会影响到公众对领导的印象和评价，也会进一步影响到公众对领导的态度。

三、领导形象的特征

（一）领导形象是个性和共性的统一

领导形象与普通人的形象是有区别的，具有其特殊性，这是由领导这一角色的特殊地位决定的。在人们心目中，领导应该具有得体的仪表和谈吐、优雅的气质、较高的文化修养、较强的工作能力等。领导能否在公众心中树立良好形象，取决于公众对领导的实际评价与他们所期望的角色行为之间的差距。差距越小，人们对领导的评价就越高；反之，就会越低。另外，不同行业、不同组织、不同岗位对领导角色的要求又各有侧重，例如，一个学术性团体的领导，在属下眼里就应该是学术上的领头羊，至少不应该是一个外行，他除了要具备领导者的一些共性要素外，还必须有专业方面的知识和能力；而一个企业领导，属下则主要看他的管理能力。可见，领导形象既有许多共性的方面，又有许多个性的方面，是共性与个性的统一。

（二）领导形象是客观和主观的统一

既然领导形象是公众对领导的印象和评价，那么，领导形象的好坏，就不仅仅是由领导的个人行为单方面决定，它是由领导的客观行为和公众的主观评价两方面所决定的，即具有客观性和主观性。

一方面，公众怎样评价领导，要取决于领导自身的行为。如果一个领导在行为上表现出心胸狭隘、嫉贤妒能、以权谋私，自私虚伪，这种行为逐渐被人们了解和认识，那么，这样的领导是不可能得到公众的好评的。反之，如果一个领导公正无私、求真务实、头脑清醒、决策果断，在被人们认识和接受后，一般会得到公众较高的评价。

另一方面，公众对领导的评价还受到公众自身因素的影响。比如，公众的偏好、见识、利益、诉求等。一个正直无私的领导，可能因为批评个别人的不良行为，而导致部下的恶毒攻击和诋毁；如果方法不当，得罪的不是一个人，而是一群人，那么，这个领导可能面临形象危机。再如，同样的事件，在不同人看来，可能评价完全相反。比如一些领导喜欢做事亲力亲为，在一些人看来，是勤奋亲民的体现；但另一些人会认为他不懂领导方法和艺术，事必躬亲，没有花精力掌握大局。因此，人们如何评价领导，在很大程度上受公众自身的因素影响，具有主观性。因此，领导形象具有客观性与主观性的特征，是客观与主观的统一。

（三）领导形象具有可变性

领导形象不是固定不变的，人们对领导的评价会随着时间而改变。尽管领导形象具有客观和主观的双重特征，但经过一段时间后，人们对领导的评价会逐步趋向一致。这是因为，随着时间的推移，人们对领导的了解越来越深，也越来越倾向于客观。这可能出现两种情况：一些领导在刚开始时给人印象良好，最后却被评价很差。比如，起初人们对领导的评价是热情、关心部下，最后却被认为是伪君子；有的领导一开始时被部下寄予很高的期望，最后却被认为是无能之辈。另一种情况可能刚好相反。一些领导在刚开始时可能给人印象不是很好，比如，外表欠佳、不善言谈、与员工关系疏远等，但随着时间的推移，人们发现，这个领导是一个心地善良、正直朴实、严于律己的人，反而对他心生敬意，评价自然也就越好。因此，领导形象不是固定不变的。当然，这种变化还有一种可能，就是由于自身行为发生变化，人们的评价也发生改变。

第二节 领导形象的重要性

作为一名领导者，必须时时刻刻注意自己的形象，养成良好的习惯。这是因为领导者个人形象不仅关系到自己在社会交往中人们对自己的评价，关系到领导者个人威信的树立，还关系到人们对他所领导的组织评价，即领导个人形象影响到组织形象，进而影响到组织的发展。

一、良好形象是人际交往的基础

有人说，形象是交际的名片，其意思就是良好的个人形象是人际交往的基础。这是由人际交往的心理规律所决定的。心理学研究表明，决定人们对交往对象的态度，70%取决于第一印象。如果一个人在与人第一次交往时，表现得体，形象较佳，可能赢得交往者的好感，进而产生积极合作；如果第一印象不好，则会引起人的反感，而导致疏远和不合作行为。这就是心理学中所揭示的首因效应。首因效应是说人们在交往中最初得到的信息对其认知的影响作用较大。这一规律告诉我们，在与人初次交往时，一定要注意自己的形象，争取给人留下良好的第一印象。

二、良好形象是顺利实施领导行为的前提条件

领导者要实施领导行为，必须得到部下发自内心的尊敬和拥护，最起码，不能让部下看不顺眼，甚至抵触。要做到这一点，领导形象十分重要。如果领导者不注意树立良好形象，部下就会对领导产生轻视甚至蔑视的心理，那么，这个领导就没有什么威信可言，也不可能很好地领导一个组织的运作。

领导者的威信，是领导者在被领导者心理上所受到的赞扬、尊敬与信任感。威信感是领导者本人对威信的主观感受。领导者的最大成功之处，就是他在组织内部和外部人们心目中受尊敬的程度、地位的高低。领导者的形象越好，就越受尊重，地位就越高，领导者与被领导者之间的心理距离也就越短，领导者的影响力也越强。威信高的领导者对员工具有强大的吸引力、向心力，这是领导有效性与成功的重要因素；反之，领导者的威信越低，那么，领导者与被领导者之间的心理距离就越大，领导影响力越弱。没有威信的领导对员工只有排斥力、离心力，不会受到员工发自内心的赞扬、尊敬和信任，这也是领导者的最大失败之处。

三、良好形象是对组织发展起重要作用的领导影响力

所谓影响力，就是在与他人的交往中，影响和改变他人心理与行为的能力。领导影

响力即领导力量，是处于领导地位的人在组织活动中影响被领导者的心理和行为的力量。领导者的影响力是决定领导效率的必不可少的因素，在一定意义上讲，是领导者的生命力。领导者的影响力一是来源于权力，二是来源于领导者的形象。

领导形象作为领导影响力主要有以下特点。

（1）这种影响力不是通过法定的程序获得的，也不是上级赋予的，而是领导者在领导活动中逐渐形成的。

（2）这种影响力不是强制的，也不需要人们一定接收，影响力不具有奖励或惩罚的力量，但是，一旦被领导者认识，就会自觉地、主动地接受影响。

（3）这种影响力潜移默化、自然而然地发生作用，而且具有持久性和深刻性。

第三节　树立良好领导形象的方法

一、掌握人际认知的规律

树立良好形象的过程，也就是领导者对人际印象进行管理的过程。利用人际认知的基本规律进行人际印象管理，是树立良好形象的有效途径。人际认知具有选择性、顺序性、先入性、总体性、理解性等规律。

（一）认知的选择性

人际认知的选择性是指人们面对多样复杂的对象，有选择地进行认知的过程。每个人不可能把他所见到的任何一个人都作为认知对象，而是不得不根据自己最迫切的需要和兴趣进行选择，从而使少数人被我们清晰地认知而成为认知对象，也使大多数人成为我们比较模糊地感知的背景。人际认知的选择性主要受认知者的主观状态和认知对象的客观因素两方面的影响。从认知者的主观状态来看，首先，认知者的需要和兴趣是影响认知选择性的重要因素；其次，认知者的知识、经验也影响着人际认知的选择性。

这条规律告诉我们，如果要在人际交往中给人留下深刻印象，就应该了解对方的需要、兴趣，并尽可能地满足对象的需要，或是把自己与众不同的一面示于人，使人们愿意认识你、接近你，这是人际交往成功的第一步，也是领导者进行形象管理的第一步。

（二）认知的顺序性

心理学告诉我们：在人际认知的过程中，一般来讲，认知者所拥有认知对象的信息量越大，认知越趋于准确。但是知觉对象的信息并不会一下子同时呈现在知觉者面前，而是随时间推移逐步呈现的。认知对象呈现信息的顺序不同，其对认知者的认识影响也不同，这就是人际认知顺序性。

首因效应和近因效应是人际认知顺序性较为典型的现象。首因效应是指人们在交往中最初得到的信息对其认知的影响作用较大。近因效应指时间、空间上距认知者最近的信息对其认知产生较大的影响。洛钦斯曾用实验方法证实了首因效应和近因效应。研究证明，输入信息顺序对人际认知的形成有重大的影响。当第一群信息与第二群信息相接传递时，首因效应往往起作用；反之，两组信息群的时间间隔越长，则近因效应也越强。研究结果还表明，在认知陌生人时，由于陌生人的新异性开始时特别突出，因而首因效应会大一些；而对熟人的认知，近因效应会发生更大的作用。

这一规律告诉我们，当我们与陌生人打交道时，要特别注意发挥首因效应的作用，给人留下良好的第一印象。当我们与熟人打交道时，要注意利用近因效应，尽可能改变过去对你不利的印象，而树立良好的印象。比如，如果你原来给人留下冷漠的印象，你可以利用近因效应，不断地给人以热情，人们便会改变对你的印象，进而认为你是一个热情的人。

（三）认知的先入性

人际认知的一般过程总是首先由知觉对象的某些感性特征作用于认知者，使其利用有关的先行经验，将认知对象的特性归一化，最终产生认知。也就是说，在对人产生认知以前，关于某类感性特征的人的某些特性（先行经验）已经“先入为主”地存在于我们的意识之中，影响我们对当前认知对象的认知，这就是认知的先入性。

定势和社会刻板印象是与人际认知的先入性紧密相关的两种效应。定势，又称思维定式，指在人们头脑中存在的某种固定化的意识，影响着对人和事物的认知和评价。认知他人时，人们常常会不自觉地用一种固定化了的观念和倾向进行判断，推测其性格特征和行为特点。例如，人们总是认为，领导的能力应该比一般人强，领导说话也应该比普通百姓有水平。因此，人们对领导形成的定式或称刻板印象使领导这种身份本身能带来一定的认知优势，又使人们对领导的期望值较高，这既是优势又是压力。这就使领导者在人际交往中，必须表现出较好的素质，否则，就会让交往对象失望，觉得你是一个并不具备领导能力的人。所以，领导者千万要注意自己的言行，不要说蠢话，办蠢事，要慎言慎行。

（四）认知的整体性

在进行人际认知时，人们得到的最终认知内容并不是认知对象的各个属性和各个独立部分，而是把个体作为一个整体来反映，这叫人际认知的整体性。我们之所以把具有不同属性、不同组成部分的认知对象的信息认知成为一个统一的整体，是因为认知对象的各种属性和部分是有机地结合在一起而成为一个复合的刺激。认知者接受复合刺激后，联想先行的经验，并运用想像补充和重新组合信息，从而形成对认知对象的完整的认知。

社会心理学中，把从认知对象所具有的某个特性泛化到其他有关的一系列特性上，从所知觉到的特征推及到未知觉的信息、从局部信息而形成对人的完整印象的现象，形象地称为晕轮效应。这是一种以点带面的效应。“情人眼里出西施”、“爱屋及乌”、“一白遮百丑”都属于晕轮效应。这就告诉我们，要大量输出一贯性较强、具有吸引力、易于被选择和被整合的信息，在交往对象或客户中树立自我及组织的完美形象。领导者应该有意识地表现那些具有晕轮效应的方面，比如得体的打扮、优雅的举止、热情的性格、幽默的谈吐等，这些都会使人对领导者看高一线，从而使领导者在人际交往中占据优势。

二、加强自身修养

领导者树立良好形象，最重要的途径是加强自身修养，包括内在修养和外在修养，这二者缺一不可。具体说来，可以从以下几方面来做。

（一）学习基本礼仪

作为一名领导，无论是企业还是政府机关的领导，都要注重仪表、举止，因为这是给人第一印象的名片。领导应熟悉各种基本礼仪，包括日常的社交礼仪、公务礼仪甚至外交礼仪。这些基本知识可以通过学习获得。实际上，着装与言谈举止都包含在基本礼仪中。

（1）社交礼仪。基本社交礼仪包括初次见面的介绍、握手、交谈、告别、电话，还包括公众场合的礼仪等。领导的社交活动十分频繁，对社交礼仪的认识和把握就显得尤为重要。

（2）着装礼仪。领导的着装必须大方得体，什么场合、什么季节，穿什么样的衣服是有很多学问的。如，出席重要会议、节日典礼、谈判、工作场所、公众场合等，均有不同的要求。

（3）言谈举止。领导言谈举止应与自己的身份相符：第一忌粗鲁庸俗；第二忌信口开河、不懂装懂；第三忌伤人自尊；第四忌不文雅的动作。

（二）加强文化修养

文化修养对于任何人都很重要，对于领导者就更加重要。文化水平直接影响到领导的理解力、判断力以及思维方式和思维水平。有的领导由于文化水平太低，往往对所发生的一些事件或别人的心理感到迷惑不解，甚至自己说错了话，做错了事，都不知错在哪里。而面对许多新情况、新问题，缺少文化就会感到束手无策。特别值得注意的是，还有一些领导喜欢没有文化却装着很有文化的样子，其实，“文化”是装不出来的，如果你希望人们认为你有文化，你就必须不断学习，用先进文化充实自己。文化修养是一个长期积累的过程，不是一朝一夕能形成的。这就要求我们坚持学习，不断更新知识。在知识经济和网络化时代，如果满足于过去已有的知识，一定会被现实淘汰。因此，领导者要树立良好形象，必须是一个有文化修养的人。

（三）提高道德水平

领导者的道德修养，是影响领导形象的最重要因素。人们也许能够接受一个能力平庸的领导，却不能接受一个道德品质低下的领导。这一方面是因为中国是一个注重道德传统的国家，道德形象往往成为评价一个人的首要因素，也是赢得他人支持与合作的基础。没有人愿意与一个道德低劣的人交往、做朋友，更不愿意接受道德低下的人的领导。另一方面，人们出于自我保护的本能，为了避免受到不道德者的侵害，都会远离道德水平低下者，即使你是领导也不例外。

一个有道德修养的领导应该具备这样的基本品质：第一是诚实、正直、善良，这是最基本的做人的要求。领导者如果连这一条都做不到，那他在人们心目中就不可能是一个有道德的人，也不可能是员工眼里合格的领导。但是，要求领导者能始终坚持做到这一条并不容易。因为，在特定的体制和文化环境中，在各种错综复杂的关系中，一个正直善良的领导有可能在社会中得不到应有的奖赏甚至没有好下场。但那些卑鄙的小人只能一时得势，那些正直的、道德高尚的人所遭遇的不公也是暂时的，历史将会铭记那些正直的忠臣和伟人，将唾弃那些无耻之徒。在中国历史上，这样的例子比比皆是，比如海瑞、屈原、谭嗣同，等等。再如邓小平同志，在“文革”中遭到“四人帮”的残酷迫害，几起几落，但最终还是挑起了振兴中华的历史重任，领导中国人民成功地进行了改革开放的伟大实践，赢得了中国人民乃至全世界人民的尊敬和爱戴。第二是公平、公正。领导在很大程度上是利益的调节者和分配者。资源总是有限的，比如，金钱、名誉、地位等资源不可能充分满足每个人的需要时，就需要领导以公平的原则来进行分配。如果领导者任人唯亲、自私自利、趋炎附势，那他在人们的心目中就不可能是一个公正的领导形象，也就不可能得到尊重和支持。第三是清正廉洁。腐化堕落、以权谋私，不仅不能得到尊重，还将受到法律惩罚。改革开放以来，一些领导干部走上了犯罪道路，究其原因，主要是经不起金钱、美女的诱惑，存在一些侥幸心理，以为法制不健全，贪污腐化也没人知道，所以铤而走险，走上了犯罪道路。第四是领导者应心胸开阔，忌心胸狭隘、嫉贤妒能。一些领导者，对不同意见不能虚心接受，总觉得别人对自己提意见就是在故意跟自己作对；对那些有能力的人也采取防范甚至排挤、压制和打击的做法，以为这样可以达到压制别人的威风、树立自己的威信的目的。殊不知，这样做的后果只能是降低自己的威信、破坏自己的形象，使自己与同事的关系长期处于紧张状态，反而阻碍了自己的进步。实际上，现在新的发展观念应该是实现双赢，在承认、欣赏别人能力的基础上，进行合作，实现双赢。

道德修养与文化修养一样，是一个长期的过程，也是一个逐步积累的过程。同时它又与文化修养不同，需要自己的自觉意识，需要“慎独”的功夫，即在无外在压力下自觉自愿地履行道德规范。

第四节　树立领导形象应避免的误区

在树立良好领导形象的过程中，应注意避免以下几种误区。

一、误把领导形象理解为拿架子、争面子

有人认为，“领导就要有领导的样子”，因此，要竭力做出领导的“样子”来。如凡事不愿亲力亲为，认为这会有损领导形象；出门讲排场，前呼后拥，喜欢有人吹捧，觉得这才像领导的样子，很有面子；对人态度傲慢，听不进不同意见，如果有人胆敢对自己提意见，那就是损害领导权威，让领导难堪，存心让领导丢面子，等等。其实，这些都是对领导形象的误解。越是有身份的领导，越没有架子，越平易近人，越是有领导

能力的人，越鄙视做表面文章，越反对形式主义。

二、误把领导威信理解为威风、居高临下、颐指气使

有的人认为，领导形象就是威信，而威信就是别人仰头看你，绝对服从，任你发号施令，颐指气使。其实，许多情况下，这样的威信是假威信：一是靠压服的假威信。领导者惯于用权力压服下级而取得威信，不管你服不服，接受不接受，我说的你就必须听、毫不保留地执行。二是靠夸夸其谈的假威信。领导者认为对下级进行说教，可以扩大对下级的影响，在下级中取得威信，因此往往以导师自居，好为人师。三是妄自尊大的威信。领导在下级面前表现出自高自大、盛气凌人的气势，不懂装懂，以为自己是全才才能使下级服从自己。四是靠保持距离提高的假威信。领导者试图依靠与人保持一定距离的做法，以抬高自己的身份，保持自己高高在上的威信。这又分为对上和对下两种情况。一些领导喜欢“拉虎皮作大旗”，狐假虎威，喜欢在部下面前显示自己与某位权势人物关系不一般，想以此来镇住部下，使部下不敢不服从自己；另一种情况是领导故意在部下面前表现得很严肃，不苟言笑，不与群众亲近，以此显示自己的威严。

威信有一个显著的特点，丧失容易保持难，因此，如何树立和保持领导威信是一门学问。领导者要树立和保持威信，要注意以下两个问题：一是要正确对待权力与威信的关系。一个领导者有了权力，并不就有威信，没有权力的人，也不一定没有威信。所以，领导者是否有威信，关键不在于他是否拥有权力和有多大的权力，而在于他是否在人们心目中留下好的印象，人们对他有一种发自内心的尊重。那些依靠权力强制树立起来的威信是假威信、短暂的威信。二是要正确对待与部下的水平距与感情距的关系。领导者的威信等于领导者与部下之间的水平距除以领导者与部下的感情距。其中水平距是指领导者的个人品质，如知识、能力、文化、道德等的水平上要高于部下；感情距是指领导者在感情上要接近、关心、融洽，与员工打成一片。可见，领导者的威信与领导和部下之间的水平距的大小成正比，与领导者和部下之间的感情距的大小成反比。领导者与部下之间的水平距最大化和感情距最小化才能取得领导者的威信。相反，如果水平距很小（不学无术、无德无能），而感情距很大（高高在上、颐指气使），这样的领导，即使权力再大，也会在群众中产生形象危机，就会出现权力与威信的极大反差，必然影响权力的有效实施。

三、误把塑造形象理解为做表面文章

有的领导者把塑造形象理解为做表面功夫，因此，他们在“表面”二字上做足了功夫，如搞形象工程、穿戴入时、学一些时髦的用语等。这些人认为这才是形象，是有身份的体现，这才与领导身份相符。如当学历成为人的身份象征时，追求文凭立即成为领导者们争先恐后的时髦活动。殊不知，学历有两重意义，首先是文化、知识、水平的反映；其次才是文化程度的标志。因此，追求学历，首先要有真才实学，学习文化和科技知识，只有这样，学历、文凭才有实际意义。如果将文凭看成为一种装潢品，借助它

们来显示自己的“文化人”形象，就是一种自欺欺人的东西。还有一些领导者，为了显示自己的能力和政绩，不惜花费民脂民膏，大搞“形象工程”，如在农民温饱问题还未完全解决时，强迫农民盖新房甚至别墅，显示自己的工作能力，而农民则苦不堪言。所有这些，都与树立良好的领导形象背道而驰。这些表面的东西终究会被戳穿，到那时只会破坏领导形象。所以，树立领导形象，一定要真实，我们说注重外在形象，并不是说做表面文章，而是做有利于组织发展壮大、为多数人谋利益的实实在在的事情。因此，要树立良好的领导形象，并不是一件容易的事情，有真形象、假形象之分，有好形象、坏形象的区别。

【案例】

吴仁宝：48 年不倒的背后

位于江阴西郊的华西村，面积仅占中国版图的千万分之一，却创造了多项全国第一，被称为“天下第一村”。在吴仁宝书记的带领下，全村人民艰苦奋斗，获得了精神和物质两个文明的双丰收，被称为中国农村希望所在。

华西村，位于苏南平原，江阴市华士镇最西边，面积 0.96 平方公里，仅占中国版图的千万分之一，有 350 户人家，1500 余人。但是这个不起眼的村，却创造了全国多项第一，被称为“天下第一村”。1961 年华西村建村时，当时仅有 2.5 万元资产，人均分配 50 多元。在吴仁宝书记的带领下，全村人民艰苦奋斗，37 年来发生了巨大的变化。2005 年，全村实现销售额超过 300 亿元，每户村民的存款最低 100 万元。

吴仁宝从 20 世纪 60 年代担任华西村的书记，他带领全村人走上了共同富裕的道路。下面是吴仁宝与记者的对话。

记者：您要求自己三不倒：“夸不倒、难不倒、吓不倒”。夸、难和吓，这三件事是最危险的吗？

吴：你做点成绩，人家夸了，夸也有大夸、小夸、中夸。我看，有些人是不得了了，一夸就自傲自满。原来听老百姓意见，一骄傲不听老百姓意见了。我们本身同困难打交道，哪有不难的事情啊？就是 20 世纪 60 年代（那个时候）以粮为纲，因为搞粮食是最革命的，搞农副产品是不太革命的，特别搞乡镇企业好像是反革命的。那我有乡镇企业了怎么办呢？我如果把这个厂关掉，舍不得，如果不关，上面又不准。（说）你这个是资本主义，资本主义怎么好搞？那我是冒了风险，想了办法。参观的人很多是来看农业的，我不给他们看。那么领导来了怎么办？他们来这里开会，我让厂里的工人到外面去迁草皮、积河泥，搞得轰轰烈烈的，领导一看非常满意，还表扬我们了。他走了，我把工人叫回来，帮着把耽误的时间，要加班加点补回来。

记者：您当时这么做的时候对自己有风险吗？

吴：有风险，但是我不怕。为什么呢？他撤不了我，因为老百姓都拥护我，他怎么好处理我？他抓不牢我的辫子，那么只好让他来骂我，说吴仁宝搞独立王国。你说我独立王国就独立王国，到底是不是独立王国啊？

记者：您每天习惯就是必须看中央电视台的《新闻联播》，必要听中央人民广播电台的《新闻和报纸摘要》，坚持了多少年这个习惯？

吴：我这个（习惯）几十年了。

记者：每天不落吗？

吴：每天不落的。

记者：这么关注新闻时事类的广播也好、电视节目也好，您主要听的是什么？

吴：我主要两点：一是了解国家，二是增加我的知识。

记者：坚持了几十年这个习惯，在具体哪一次的工作当中有过直接的影响吗？

吴：邓小平南行讲话我看到了，马上连夜开会学习，认为我们发展机遇来了，所以那时候我大发展。最后他们夸奖我说：吴仁宝开个会，赚到一亿钞票了。这个是作用了吧！确实中央这个精神是不能动的。我看了中央台的（节目）后有个好处，我不是等而是抢，要抢中央的信息！

记者：您有一句话大意就是说：家里再有钱，一日不过三餐；房子再大，不过睡一张床。

吴：我是想通了，作为干部，家有黄金数吨，一天也只能吃三顿饭；房子豪华独占鳌头，一个人也只能睡一个床位嘛！你存的资产多了，对子女他们家庭的影响也不好了，可能盼你死得快点，死了以后我快点分了。如果子女们看到你家产不多了，他们就自己创业了，那么我这样可更好地影响家庭，有好处！

记者：您说只要一日有三餐吃、有床睡就够了，那么华西村不断积累财富是为什么？

吴：这个意思这样的：不是吃三餐、睡就好了。不是。而是干部要有这个认识、要为人民服务！刚刚说了，不是叫你一日三餐就好了。同样吃、同样住，我们资产可以多，要共同多，不要你干部一个人多，是这个意思。华西现在干部和群众可以一样的多，当然也有差距，我是感到满意了，这叫幸福。

思考题：

1. 假如你到一个新的部门做领导，怎样树立你的良好形象？
2. 假如某个部下经常告诉你：“某某人常常在背地里讲你的坏话”，你准备如何处理？
3. 谈谈领导树立个人形象与“形象工程”的关系？
4. 谈谈领导威信与威风的不同。

阅读参考书目：

1. 王玉德，姚伟钧．中国传统文化新编．武汉：华中科技大学出版社，2004.
2. 俞文钊．现代领导心理学．上海：上海教育出版社，2004.
3. 张伟超．现代领导学．长沙：湖南人民出版社，2003.
4. 白祖诗．揭开中国人心灵的奥秘．北京：国际文化出版社，1993.
5. ［美］杜拉克著，苏伟伦译．杜拉克思想全书．北京：九州出版社，2001.

第十五章　领导效能

教学要点

- 领导效能概述
- 领导效能考评的意义
- 领导效能考评的原则和方法
- 领导效能的提高

第一节　领导效能概述

领导效能作为领导系统的核心内容，决定着领导活动的性质和意义，领导者所从事的一系列领导活动都以追求领导效能为出发点和归宿，并且将这一追求贯穿于领导活动的全过程和各个方面。领导效能是衡量领导工作成效的综合尺度，是选拔使用干部的主要依据，是推动领导活动不断发展的动力，是反映领导能力和评价领导活动成效的综合指标。因此，领导效能在领导活动中起着重要的作用。

一、领导效能的含义

一般认为，领导效能就是指领导者在实施领导活动过程中实现领导活动目标的能力与所获得的领导效率、领导效果、领导效益，以及所引起的组织状态、组织环境与组织关系的有效变化的综合系统。

领导效能主要由领导目标、领导态度、领导能力、领导效率、领导效果以及领导效益等基本要素构成。因此，领导效能是这些因素的综合，要全面分析各种因素在取得领导效能中的作用，才能准确地考察领导效能的高低。

二、领导效能的性质

领导效能作为一个复杂的综合体系，其性质主要表现在如下几方面。

1. 社会性

领导活动作为一种组织的社会活动，要受社会各种因素的影响与制约，在不同环境下，领导效能也不同。另外，领导活动又是一种有目的的行为，这种目的必须为促进整个社会发展服务。领导效能从本质上说，决定于领导效益，即能否给人类社会带来利益。因此，我们说领导效能具有社会性。

2. 主客观统一性

领导效能的取得必然受到所处客观环境的影响与制约。同时，人具有改变客观世界的主观能动性。在一定的时期和历史条件下，在认识并掌握客观世界规律的前提下，人是可以利用并改造客观环境的。因此，领导者在充分调动被领导者积极性的情况下，实施科学领导，是可以使客观环境为创造领导高效能而服务的。

3. 历史继承性

领导效能反映和体现的是在特定的时空条件下，某一领导者率领被领导者，在改造客观世界的过程中所取得的工作绩效。而这些领导绩效的取得，是在前人已进行的工作或已创造的条件的基础上取得的。而某一领导者在某一特定的时空里所取得的领导绩效，又会为后任领导者取得领导绩效提供条件。因此，领导效能具有历史继承性。

4. 多因性

影响领导效能的因素是多方面的。领导效能的高低优劣取决于多种因素，既包括领导者自身的因素，又包括领导群体的因素，同时还包括被领导者自身的因素以及领导活动得以进行的客观环境因素等。这就是说，领导效能是一个内涵丰富的综合性概念，领导效能的好坏，是各种因素综合作用的结果，评价领导效能必须进行全面综合的分析。一般可将影响领导效能的因素概括为激励、技能、环境、机会等四个方面，由此，领导效能模型可以表示为：

$P=f(S, O, M, E)$，

其中：P 指领导效能（performance）；S 指技能（skill）；O 指机会（occasion）；M 指激励（motivation）；E 指环境（environment），如自然条件、社会条件、工作基础、政策因素等。

5. 动态性

动态性指领导效能受时间因素的影响。一方面领导者的效能随时间的推移而不断变化；另一方面，人的主观行为对社会发展的作用需要一定的时间才能显示出来。因而，领导者在不同时间的工作效能是有差异的。

6. 层次性

领导是分层次的，对于不同层次的领导来说，领导效能是不一样的。即使是同一层次的领导，由于主客观条件不同，领导效能也不一样。一个政府、企业、NGO 的高层领导者，应该追求最佳的宏观领导效能；而基层领导者，应该追求的是最佳的微观领导效能。同时，由于领导活动的多样性，领导效能的层次性也表现为多样性。

7. 多样性

从事不同类型工作的领导者，其工作结果的产出也是不同的，不同行业和部门的领导效能，其表现形态也千差万别。进行领导效能评价时，应考虑不同类型领导者的特点，如公共部门领导者和企业部门领导者效能评价的指标体系就不尽相同。

因此，对领导效能的考察，应该是全面的、发展的、多角度和多层次以及权变的，力戒主观片面和僵化。领导效能管理范围应覆盖组织中所有的人员和所有的活动过程，是全员、全面和全过程的立体性的动态管理。

三、领导效能的类型

对领导效能进行分类，主要是为了能够对领导效能研究形成一个全面、深刻、有针对性的认识。根据不同的层次与标准，领导效能可划分为不同的类型。

（一）根据领导效能层次的不同来分类

根据领导效能层次的不同，可分为宏观领导效能与微观领导效能。宏观领导效能是指领导活动对社会整体所达成的效能，如政治效能、经济效能、文化效能、科技效能等；微观领导效能，是指领导者在领导活动的具体过程中所体现出来的效能，如决策效能、用人效能、办事效能、时间效能等。

（二）根据领导效能性质的不同来分类

根据领导效能性质的不同，可分为正效能与负效能。领导正效能，即领导者所从事的领导活动与社会发展趋势一致，对社会发展最终起积极促进作用；领导负效能，即领导者所从事的领导活动与社会发展趋势背道而驰，并对社会政治经济文化等发展最终起消极阻碍作用。通常意义上所说的领导效能一般指领导正效能。

四、西方领导效能理论

西方领导效能理论的研究遵循的一条基本线索，是由价值中立理论向非价值中立理论发展。价值中立是指，只要能掌握一定的权力、占据一定的地位，能够有效地指挥下属实现组织目标就被认为是领导者；非价值中立则是指领导者不仅应注重权力的拥有与组织目标的达成，更应注重对社会的进步意义以及公民道德的提高与升华，并强调领导者与权力滥用是不相容的。

在领导效能方面，许多西方学者从不同的研究视角，进行过认真的探讨和研究。归纳起来，主要有四种领导效能理论，即早期封建制领导效能理论、层峰式领导效能理论、权变领导效能理论和早期交易理论。

（一）早期封建制领导效能理论

早期的封建制领导效能理论，注重对领导者个人特质与领袖人物超凡魅力的研究，以领导者为中心，从领导者所具有的特质去理解领导，探讨领导者不同于其他人的特点，来把领导者与其追随者区分开来。研究者希望通过领导们的特质研究，总结出具有规律性和普遍性的领导者的一般特征。

由于在特质论的研究中未能取得预期的效果，早期的领导特质理论逐渐遭到质疑。后来研究者把目光转向领导者在领导活动中表现出来的行为上，希望能找出领导者的行为与领导效果之间的关系。因此，从行为主义的角度探讨有效的领导行为模式就成为研究的重心。领导行为理论从人际关系和情感的角度去研究领导行为，强调通过领导活动对组织成员施加影响，激发员工的工作热情来完成组织的任务。

作为早期的理论，封建制领导效能理论在对领导效能的整体研究作出突出贡献的同时，也暴露出其不足之处，即忽视了组织结构与制度以及组织环境等因素对领导效能的深刻影响。

（二）层峰式领导效能理论

封建制领导效能的取得是建立在领导者与从属者的关系基础上的，这种观点在20世纪引起了对领导特性和领导行为的探讨。层峰式领导效能理论反对以领导和下属关系为基础建立的组织。代表性的层峰理论中的结构理论认为，领导效能取决于组织的特性而不取决于组织中领导者的特性，组织中有各式各样的“领导替代物”存在。组织中健全的任务与结构以及受过专门职业训练的人员，可以完全取代领导者的作用，使其成为不必要。这些“领导替代物”可以使我们能够创造一种这样的环境，如保证信息的畅通，有效地制定决策，并且在没有特定领导者的情况下运用权力。

层峰制主要关心的是组织结构，其主要特点是：领导者的职权被控制在一定范围之内；工作职责、工作范围、工作条件、绩效标准等都有明确规定；对领导效能的评价是建立在实现组织目标的客观基础之上的。这些不带情感色彩的方法对领导效能的研究贡献很大。然而，彻底否定领导人格特点的作用，不可避免地会影响领导效能研究的科学性。此外，层峰式领导效能理论也忽视了对领导环境的研究，以至于将领导者与组织结构完全分离开来。

随着领导理论研究的进一步深入，越来越多的研究者们提出了一个问题：“某一具体的领导方式是否会在所有情况下都产生同样的领导效果”？实践的结果告诉人们，在不同的环境条件下，相同的领导行为会产生截然不同的领导效果。对在不同环境条件下应该采取什么样的领导行为模式的研究应运而生，相应地产生了权变领导效能理论。

（三）权变领导效能理论

所谓权变，就是指行为主体根据环境因素的变化而适时调整自己的行为，以期达到理想的行为效果。权变领导效能理论认为，领导是一种动态过程，而且领导的有效行为应随着被领导者的特点和环境的变化而相应变化。

第一个权变领导效能理论是由心理学家弗莱特·费德勒（F. Fiedler）提出的，即一个“有效领导的权变方式”（Contingency Model of Leadership Effeveness），也称费德勒方式。他通过15年调查之后提出：有效的领导行为，依赖于领导者与被领导者相互影响的方式及情境给予领导者的控制和影响程度的一致性。因此领导的成效依赖于领导者本身的条件、被领导者本身的条件以及环境的条件这三个因素的交互关系，即是领导者、被领导者、领导环境的函数。这是费德勒权变理论的基本出发点。费德勒还开发了最难共事者问卷（Least Preferred Coworker questionnaire，LPC），用以测量领导是任务取向型还是关系取向型。

权变理论充分考虑了复杂的领导行为中各种可能的方面，而不是以一种一成不变的看法去分析问题，因此日益成为研究领导效能理论的主流。此后的许多理论都是建立在权变领导效能理论这一基础之上的。领导权变理论主要还包括埃文思（Evans）和豪斯（House）的路径——目标理论（1971）、弗罗（Vroom）与耶顿（Yetton）的领导规范模式（1973）等。

权变领导效能强调了对领导者个性和领导情境之间相互作用的重要性的理解，指出了在一定条件下，领导者与群体成员的能力及与工作相关的知识技能对有效领导效能的作用。

（四）交易理论

交易理论重点在于强调在一个相互创造的环境中，领导者与下属相互作用，领导是一个复杂的相互平衡的交易过程，这一过程可以被领导者与下属或者环境所改变，这些改变最终会导致环境的重新设定，并进而使每个成员实现收入最大化和成本最小化的共同目标的循环往复的动态过程。交易理论强调，领导是一个交易，是对社会交换的反映，领导为下属提供收益，降低成本，并与之交换，使自己也得到相应的好处，以共同实现组织目标。

在中国，至今还没有形成比较成熟的领导效能理论。我们应在正确分析借鉴西方领导效能理论的基础上，结合自身的文化实际，逐渐发展出基于中国文化的领导效能理论。

第二节　领导效能考评

一、领导效能考评的含义、特点及指标

（一）领导效能考评的含义和特点

考评，顾名思义就是考查与测评。领导效能考评，就是对领导者在领导活动中的有效功能与成果的考查与测评，是透过效果对领导行为有效性进行确认。

领导效能考评，关键在于制定科学的、具有可操作性的考查标准，并且对领导者的领导态度、领导能力、领导效果和客观环境之间的错综复杂的关系进行全面辩证的分析和评判。

领导效能考评的基本特点为：

（1）领导效能评估不是孤立的事件，它与组织的整体发展战略、组织结构、人力资源管理等息息相关。

（2）领导效能评估具有指向性，它的出发点和终点都是组织的整体绩效，是为了使组织更好地生存和发展。

（3）领导效能评估具有层次性和针对性，不同的岗位、不同的部门和不同的行业对领导效能考评的标准、方式和内容是不尽相同的。

（4）领导效能评估具有时限性，它要求在一段时间（即一定效能周期）以内，对领导效能做出明确的评估。

（5）领导效能评估是一个过程，不仅是简单的行为，它是由诸多步骤共同组合而成的行为的集合。

（6）对领导效能的评估工作可以是正式的，也可以是非正式的。

（二）领导效能考评的内容和指标体系

由于领导效能是一个复杂的综合系统，因此，领导效能考评的内容必然是广泛而丰富的，一般可将其概括为领导者的德、能、勤、绩、廉等几个方面。而落实对这些内容的考评就必须建立一套科学的评估指标体系。可以说，领导效能考评的核心，就是要有一套科学的评估指标，也即评估标准。科学的评估指标能引导各级领导将工作的重点和注意力放在坚持科学发展观，促进经济社会全面发展上；反之，如果标准设计失当，就会造成各级领导片面追求某一方面的政绩，出现所谓“形象工程”和“政绩工程”。当然，由于公共部门和私营部门的特殊性，要设计一套能如实反映各方领导效能考评的评估标准是相当困难的。一般可将领导效能评估的总体标准概括为以下几方面的内容。

1. 德行的考评

德行，是指政治思想素质、道德素质、行为品质和为人处世作风等，统帅着立身做人的各个方面。对领导者德行的考评，即对领导者的道德、品质、作风、修养等方面的考评。如对公共部门领导者德行的考评主要包括：领导者作为人民的公仆，在政治态度上是否忠于人民，是否认真贯彻各项路线、方针与政策，是否有效执行了国家的法律、法令、法规与制度等；在道德品质上是否具有高度的使命感与责任感，是否自觉遵守社会公德、恪守职业道德；在工作作风上是否实事求是、尽职尽责、关心下属等；在个人修养上，是否诚实、宽容、坚强、热情、积极进取等。

2. 经济的考评

领导活动中的人力、物力等构成了组织对特定领导活动的投入，而获得和维持这些人力、物力所花的资金，就是投入的成本。

不经济既可以表现为某一投入（如购买一台设备）花了高于市场最低价的资金，又可以表现为超量投入，如办公条件过于豪华、设备闲置等。经济的标准要求的是以尽可能低的成本获得最大限度的投入，从而提供与维持既定数量和质量的产品或服务。

为此，经济侧重的是成本的节约程度，强调的是投入与成本之间的关系，其主要目的是在获得特定水平的投入时，使成本降到最低水平。

3. 效率的考评

效率是单位时间内所完成的工作量，即投入与产出之比。效率是从投入与产出、成果与耗费的比率中衡量效能。效率标准要回答的是：组织在既定时间内，预算投入究竟产生了什么样的效果。领导效率是指领导者在单位时间内完成工作的数量和质量，即完成一定数量和质量指标的速度。由于受到领导者的工作态度、能力、领导环境以及下属的积极性等条件的影响，势必导致不同的工作效率。领导效率可以直接以数量分析方法反映出领导工作的速度，也可以从领导效率的高低评估领导者的领导实践能力发挥的程度。

4. 效果的考评

以效率作为衡量标准，仅适用于那些可以量化的或货币化的产品或服务，而许多领导活动性质上很难界定，更难量化。在此情况下，效果便成为衡量产品或服务的一个重要标准。效果是从行为过程的最终结果中衡量效应，是领导者实施有效领导所产生的客观价值，是领导工作的最终成果及其对社会的影响。“效率”与“效果”并非总是成正比，效率高不等于效果好，高效率并产生良好的工作效果，就是有绩效。效果通常是指服务实现目标的程度，如福利状况的改变程度、用户满意程度、政策目标的成就程度等。因此，它是领导工作优劣的直接反映。领导效果通常被认为是领导者的工作实绩。由于领导工作的行业不一、层次不同，表现其领导效果的方式、内容和程度也不尽相同，但最根本的是看其物质成果和精神成果。因此，衡量领导效果，不能同领导者所处的行业、部门、地位等具体内容分开，而要进行综合性的、有比较的整体分析。

5. 公平的考评

传统的领导重视效率、效果，而不大关心公平问题。自新公共行政以来，公平问题日益受到广泛重视，并成为衡量公共组织领导效能的重要标准。公平作为衡量领导效能的标准，它关心的主要问题在于接受服务的团体或个人是否都受到公平的待遇、弱势群体是否能够享受到更多的保障和服务等等。因此，公平标准强调的是提供公共产品和服务的平等性。

6. 回应性的考评

责任要求组织在决策和执行过程中对客户的要求做出积极的回应，而不是仅以追求组织自身需要满足为目的。回应，就是组织在管理过程中对公众的需求和所提出的问题做出积极敏感的反应和回馈过程。组织要能够及时获取公众对组织所提供产品和服务的意见、建议和批评，以及公众的最新需求，并对这些意见和需求做出积极有效的反应，做出令公众满意的答复和解决问题。

7. 廉洁的考评

立党为公、执政为民、廉洁奉公是对一名党员领导干部的基本要求。在廉洁自律方面，要能严格要求自己廉洁从政、清白做人，始终保持清政廉洁的作风。要深知自己手中的权力是人民赋予的，只有用好权力，真心实意地为职工谋利益，才能履行好自己的职责，才能赢得员工的信赖和对事业发展的支持，而不能利用职务上的便利，假公济私、化公为私，获取一己私利。总之，在廉政建设方面，要能够自觉养成奉公守法、以清廉为荣的作风。

这七个标准相辅相成，共同构成了领导效能评估的综合评价体系：在德行的标准内，考虑领导者的道德、品质、修养等；在经济标准内，考虑资源与成本；在效率标准内，考虑资源与产出；在效果指标内，考虑产出与结果，考虑领导工作的最终成果及其对社会的影响；在公平与回应性标准内，考虑某种产出及其相应的结果是否增进了社会公平，是否符合公众的利益，反映了公众的意志；在廉洁的标准内，考虑是否廉洁从政、清白做人，始终保持清正廉洁的作风。在这样环环相扣的过程中，领导的整体效能才能得以真正地实现。

二、领导效能考评的意义

在现代领导活动中，领导效能考评日益成为一个规范化和制度化的工作，考评工作的地位和重要性正日益突出。考评工作对于提高领导效能具有多方面的重要意义。加强对领导效能的考评，并使其日益规范化与制度化，已成为一项重要而紧迫的任务。它对优化领导结构，提高领导水平，以至于最终提升领导的科学化程度都具有重要的理论与现实意义。总的来说，对领导效能考评的重要意义主要表现在以下几方面：

1. 领导效能考评是在领导活动中贯彻“实践标准”的要求

“实践是检验真理的唯一标准”。它要求人们依据实践结果来检验人的认识，这在领导学中的具体化，就是对领导的考评。领导者的主观认识，必须经受客观实践的检验。在考评中，实事求是地测评领导行为的效果，并据此评价领导的能力，在本质上就是在进行实践检验的工作。

2. 领导效能考评是衡量领导工作成效的综合尺度

评价领导工作成效，可以有多项标准。然而，只有领导效能才是对领导工作进行全面评价的综合尺度。领导者能力的强弱与领导活动的科学化程度，最终都要通过领导效能考评这把标尺综合体现出来。

3. 领导效能考评是改善领导者素质和提高领导者水平的重要环节

考评是领导者及时而正确地总结自身工作经验的重要依据。通过科学的领导效能考评，区分出先进与后进、优秀与平庸，领导者之间的效能差别就会客观地反映出来，逐渐在领导系统内部形成激励先进、鞭策后进，淘汰不称职者的良性机制，进而提高领导者的整体素质与水平。

4. 领导效能考评是科学培训领导者的重要依据

认真搞好考评，是确保领导干部培训的针对性和有效性的重要保证。知识经济时代，终身学习的观念日益深入人心，领导者也不例外。一般情况下，领导者是通过科学培训来贯彻终身学习这一观念的。在职培训的主要优点在于它的针对性，而这一切都是建立在对领导效能进行科学考评的基础之上的。只有认真搞好考评工作，才能保证培训工作的针对性与有效性。

5. 领导效能考评是实行“任人唯贤”政策的需要

评价领导工作的过程，也是考察领导干部的过程。通过对领导效能的考评，可以对领导者的德、能、勤、绩、廉有一个综合评价，考察出领导干部是否胜任工作。而这些，正是选拔使用领导人才的依据。现代领导学在用人上强调“功绩原则”，在现阶段，实行“任人唯贤”的政策，一个重要的环节，就是按照科学的方法加强对领导干部的考评。科学的考评，是“任人唯贤”政策的内在的必然要求。

6. 领导效能考评是对领导活动进行民主监督的有效途径

考评实质上是对领导活动的监督，尤其是来自被领导者的监督。现代民主政治的发展，对领导活动的公开化与透明度提出了迫切的要求，因此对领导活动进行监督就成为一种必要。而领导效能考评就是对领导活动进行监督的一种有效途径。加强和完善科学的考评工作，是逐步推进和扩大民主的重要内容，是动员群众实行民主参政议政的制度化渠道之一。

三、领导效能考评的原则

要真正准确地对领导效能作考评，是十分复杂和困难的。

王勃在《滕王阁序》中写道："屈贾谊于长沙，非无圣主；窜梁鸿于海曲，岂非明时?"所谓的"圣主"在所谓的"明时"也免不了不能准确地考察官吏，可见要对人作一个恰如其分的考核是多么的难！领导活动虽然有其常规性的一面，但更多的是含有大量的创造性因素的活动。而创造性活动所引起的效果，不像流水线上的产品那样容易检验和鉴定。尽管如此，我们仍然努力要求尽可能准确而全面地对领导效能进行考评。考评是对客观存在的领导效能状态的主观反映和认识，考评与考评对象的关系，就是反映与被反映的关系。因此，考评工作的基本原则和总要求，就是"实事求是"，即反映出来的事物要与被反映的事物相一致。在"实事求是"这样一个总的原则指导下，根据具体情况，在考评工作中坚持下列原则。

（一）政治和业务相结合的原则

对领导效能考评，尤其是对公共部门领导效能考评应当把效能的取得与坚持国家和政府的路线、方针、政策紧密结合起来。同时考察领导者的知识水平、业务水平和工作能力以及身体素质与心理素质。政治与业务是相互联系、相互依赖、相互促进、不可分割的统一的整体。因此，对领导效能考评，必须坚持政治与业务相统一的原则才能科学地考评领导效能。

（二）眼前和长远、局部和整体相结合的原则

一个成功的领导，应能够把眼前利益与长远利益有机地结合起来，不仅对当前工作抓得紧，而且应为今后的发展打下基础。不但要看到局部，更要看到整体，应该把效能放到一个更大的系统背景中去加以考察评定。一方面树立整体观念、全局观念，自觉地以整体利益和全局利益为重；另一方面克服地方主义与本位主义思想。

（三）客观与公正、民主与公开的原则

所谓客观，就是实事求是；所谓公正，就是不抱有偏见。客观与公正的原则要求客观地深入实际，倾听各种不同意见，切实掌握第一手材料，并运用全面的、历史的、辩证的科学方法去分析研究材料，做出正确判断。民主领导的精髓是"主权在民"，为此就要尽可能多地、广泛地吸收群众参与对领导活动的考评。为了给群众参与对领导活动的考评提供更加便利的条件，就必须不断地提高领导活动的开放程度，加强公开性。

（四）定性和定量相结合的原则

领导效能考评是对领导者总体情况按照从定性到定量，再到更高层次的定性考评，最终对领导等级进行划分。定性考评是指主要根据经验和印象，对被考评的领导者的素

质与效能的质的方面进行评价的方法。定量考评是指考评主体运用现代科学知识与方法，将领导者的德、能、勤、绩、廉分解为若干个指标，对领导者进行计量论质、评级计分，从而在数量上相对精确地反映领导者的效能。定性考评是定量考评的基础，定量考评是定性考评的深化和精确化，只有把两者结合起来，才能实现考评工作的科学化。

（五）考评与奖惩相结合的原则

考评领导效能不应当孤立地进行，而应同对各级领导的培养、任用、提拔及奖惩等结合起来。若没有严格的考评、奖惩，领导的培养、任用就必然失去依据；若没有奖惩，考评就会流于形式而失去作用。只有在考评领导效能中做到赏罚分明，升降合理，才能发挥考评领导效能的作用，调动领导者工作的积极性，取得更大的领导效能。

（六）客观评价与有效反馈相结合

领导效能考评的最根本目标是不断提高员工和组织的绩效，在竞争日趋激烈的环境中建立持久的竞争优势。因此，在领导效能考评的过程中，领导效能反馈是重要的一环，领导有清楚的绩效目标并经常收到反馈时才能做得最好。及时、具体、适时的反馈能帮助被考评者保持良好的绩效水准并协助其克服绩效障碍、提高工作技能、增强工作信心，从而最终达成工作目标。

在不少组织中，有效的绩效反馈不仅被忽视，而且是被有意地忽视或被避开。中国的传统文化讲究面子，人们多愿当面说好话，提供负面的反馈意见对于提供者和接受者来说都是件尴尬的事情。为解决这一问题，组织应该建立开放、坦诚、对事不对人的绩效文化，给领导者提供有关效能反馈方面的培训，提高他们提供绩效反馈意见的技能，更好地面对效能有问题的领导。

（七）考核与沟通相结合

从一定意义上说，领导效能考评就是一个员工与领导者双向沟通的动态过程。一个完整的领导效能考评体系包含效能计划、效能实施、效能考核、效能反馈面谈四个部分。在整个领导效能考评过程中，沟通是贯穿始终的。考核者与被考核者持续不断的双向沟通是一个组织绩效考核得以顺利进行的保障，也是组织科学领导效能考评管理的灵魂所在。无论设计多完美的考核制度都无法顺利推行于缺少沟通的团队。适当的沟通能够及时排除管理过程中的障碍，最大限度地提高组织整体绩效。同时也能提高被考核者的参与积极性，减少考核过程中的阻力，保证考核客观、公正地进行。

总之，领导效能的考评是一项十分严肃、复杂、科学的系统工程。它不仅需要按照上述原则进行科学评价，还需要建立起科学的评价机制，包括建立民主测验制度、政绩考核制度、能力鉴定制度等评价制度，运用各种现代评价技术和方法，使领导效能考评工作更加民主化、科学化，真正把领导效能考评工作变成科学识别人才、调动领导干部工作积极性的重要工具。

四、领导效能考评的方法

要使考评工作真正具有科学性并且富有成效，必须认真研究领导效能考评的方法。

领导效能考评方法种类繁多，根据领导工作的不同系统和部门，不同内容、层次和性质，应分别采用与之相适应的考评方法。领导效能评估的考评工具在领导学中处于核心地位，对领导进行效能考核一直是一个难题。这固然是领导工作的特殊性所引起，但另一方面的原因在于我国对领导效能考评的手段与工具进行研究、开发的力度还不够，同时也缺乏深入、系统、成熟的应用。

（一）自我评价法

这是领导者自我鉴定的一种方法。让被考评者主动地对自己的表现加以评估，对自己作出评价。可以让被考评者写一份工作报告，对照岗位要求，回顾一年的工作及列出将来打算，并举出一年内 1 ～ 5 件重大贡献事例及 1 ～ 5 件失败的事，并对不足之处提出有待改进的建议。比如市党政领导班子在任职期满时，分别向市委、市人大常委会报告职务履行情况、工作成效、个人所起的作用、工作中存在的问题等。述职后，再组织与会者对述职报告进行评论。这种自我述职、自我评价，是全面考评领导效能不容忽视的一个方法。

（二）360 度反馈评价法

360 度反馈评价法（360°feedback）的出发点就是从所有可能与被考评者相关的渠道收集信息。它是一种从不同层面的人员中收集考评信息，从多个视角对领导效能进行综合考评并提供反馈的方法，或者说是一种基于上级、同事、下级和客户（包括内部客户和外部客户）等的收集信息、评估领导效能并提供反馈的方法。360 度反馈与传统自上而下反馈的本质区别就是其信息来源的立体多样性，从而保证了反馈的准确性、客观性和全面性。这种评价模式较单一评价来源的评价方式更为全面、公正、真实、客观、准确。通过这种评价方式，受测者可以客观正确地评价自我，了解自己在职业发展中所存在的优势与不足。而组织则通过评价加强领导者与组织员工的双向交流，提高组织成员的参与性，激发组织成员的创新性和工作动机，帮助组织进行团队建设。

当然，360 度反馈也存在着明显的不足：由于评价参照标准的不确定性，使得评价只关注一般特质，而不是特定工作行为；评价者不能观察到被评价者的全部工作行为，易以偏概全；在实施 360 度反馈过程中，可能会在组织内造成紧张气氛，影响工作士气；容易受到裙带关系的影响等。

（三）目标考评法

目标考评法也称目标对照法，是一种由考评主体按照领导活动中预先设定的目标或指标体系，检查领导活动完成情况，从而评定被考评领导者的工作成效的方法。目标考评法的主要思想来源于目标管理法（Management by Objective，MBO）。目标管理法是著名管理大师彼得·德鲁克提出并倡导的一种管理模式。它是根据注重结果的思想，先由组织的最高领导层根据组织面临的形势和社会需要，制订出一定时期内组织所要达到的总目标，然后由组织内各部门和人员根据总目标确定各自的分目标，层层落实形成一个目标体系，并在获得适当资源配置和授权的前提下积极主动为各自的分目标而奋斗，并把目标完成情况作为考核的依据，从而使组织的总目标得以实现的一种模式。

目标管理考评体系是一整套计划和控制系统。在理论上，只有每位成员成功，才可能有领导人员的成功、各个部门的成功和整个组织的成功。经验研究表明，这一方法有助于改进工作效率，而且还能够使组织的领导当局根据迅速变化的竞争环境对员工进行及时地引导。

（四）比较考评法

这是在常规的考评中加入比较因素，就是通过选择一定的参照系来对比评价领导者效能的方法。比较的方式很多，可以进行纵向的比较，如现在同过去比较，新班子与老班子比较，年度间的比较，完成任务进度与目标的比较等；也可以进行横向的比较，如同一领导组织中领导者之间的比较，不同领导组织的同类领导者、同类领导班子的比较，同类地区、部门、单位的比较；还可以进行多视角、多层次、全方位的比较。既可以比量，也可以比质；既可以比速度、进度，也可以比效果、效益；既可以比综合指标，也可以比几项或单项指标。正确地运用比较方法，可以产生较好的激励作用。这里的主要困难是，在现实中，条件完全相同的组织是没有的，正像没有两片完全相同的绿叶一样。所以，在什么意义上可以比较，又是一个需要专门分析的问题。

（五）关键业绩指标法

关键业绩指标法（Key Process Indication，KPI）是通过对组织内部流程的输入端、输出端的关键参数进行设置、取样、计算、分析，衡量流程绩效的一种目标式量化管理指标。它是对组织运作过程中实现战略的关键成功要素的提炼和归纳，是把组织的战略目标分解为可运作的远景目标和量化指标的有效工具，是组织绩效管理的基础。KPI 一般由财务、运营和组织三大类可量化的指标构成。KPI 可以使部门领导明确部门的主要责任，并以此为基础，明确部门人员的业绩衡量指标，使业绩考评建立在量化的基础之上。

（六）平衡计分卡

平衡计分卡（Balanced Score Card，BSC）是一种较为新型的效能考核工具，它将组织的战略目标逐层分解转化为各种具体的相互平衡的效能考核指标体系，并对这些指标的实现状况进行不同时段的考核，从而为战略目标的完成建立起可靠的执行基础。平衡计分卡包括以下六种要素：维度、战略目标、绩效指标、目标值、行动方案和具体任务，并且把对组织业绩的评价划分为财务方面、客户、经营过程以及学习与成长四个部分。它不仅是一个指标评价系统，而且还是一个战略管理系统。

平衡计分卡反映了财务与非财务衡量方法之间的平衡，长期目标与短期目标之间的平衡，外部和内部的平衡，结果和过程的平衡，管理业绩和经营业绩的平衡等多个方面。所以这种方法能反映组织综合经营状况，使业绩评价趋于平衡和完善，利于组织长期发展。

（七）硬性分布法

硬性分布，即评价者将被考评的领导成员分配到一种类似于一个正态频率分布的有限数量的类型中去。例如，把最好的 10% 的领导成员放在最高等级的小组中，次之的

20%的领导成员放在次一级的小组中，再次之的40%放在中间等级的小组中，再次之的20%放在倒数第二级的小组中，余下的10%放在最底等级的小组中。这种方法是基于这样一个假设，即所有小组中都有同样优秀、一般、较差表现的被考评者分布。可以想像，如果一个部门全部是优秀被考评者，则评价者可能难以决定应该把谁放在较低等级的小组之中。

（八）评级量表法

评级量表法是最古老的也是用得较多的考核方法之一。评级量表法把被考评者的效能分成若干个项目，每个项目后设一个量表，由考核者作出考核。评级量表法之所以能实现考核的目标，是因为它创造了一种数量化考核，它把被考评者的效能的每一因素都反映了出来。除表形式的评级量表外，还有非表形式的评级量表。非表形式的量表通常有效性更强，因为它对量表上的每一点的特征都作了简短的说明，而不是简单的量表上的高或低，因为评级量表上的每一水平的特征都作了精确的描述，因此考核者可以给被考核者的绩效一个更精确的评价。总的来说，评级量表又简单又省事。同时，决策者发现评级量表可以满足很多考核目标，因为它给出了绩效的结果，这个数量结果可以用来调薪、调配工作等。评级量表法也有缺陷，使用这种量表，考核者很容易产生晕轮误差和趋中误差。

从前文所介绍的各种各样的领导效能考评的工具来看，领导效能考评方法是一个丰富繁杂的有机体系，正确地选择和使用考评方法是实现领导效能考评目的的关键所在。不管使用哪一种工具，其目的都是为了更好地对被考评者作出较为准确的考评，尽最大可能减少误差。但是，任何一种工具都有其优点和缺点，也存在适应性问题，即工具要适合考评对象，切不可生搬硬套地使用。因此，必须从实际出发，讲求针对性、适用性和有效性。同时，领导实践和效能都是不断发展的，考评方法也应在实践中不断发展创新和完善。

五、领导效能考评时需注意的心理效应

在领导效能考评中，评定者往往是评定结果可靠性的重要影响因素。但是在评定过程中，评定者总会存在一些心理干扰，影响评定的质量。在此，我们将讨论几种常见的领导效能考评时需注意的心理效应问题。

（一）晕轮效应

晕轮效应是指评定者对被测评领导者某一方面效能的评价影响了他对其他方面效能的评价。特别是当评定者特别欣赏或厌恶被评价者时，往往不自觉地对被评价者其他的效能方面作出过高或过低的评价。一种防止晕轮效应的措施，就是在评定时，评定者每次只就一个评价维度对所有的被评价者进行评定，然后再进行第二评价维度的评定。这种做法是迫使评定者去考虑特定的内容而不是对被评价者的总体印象。

（二）趋松或趋紧倾向

效能评定要求评定者具有一定的准确性和客观性，但有些评定者倾向于对所有被评

定者的工作都给予较高或较低的考评，如果评定者倾向于高评价，则具有偏松倾向；反之，就有偏紧倾向。评定中的宽松和趋紧倾向可以通过两种方法加以控制：一是控制评定结果的分布状况，比如要求有一定比例的“优秀”，一定比例的“良好”，一定比例的“不合格”，这样迫使评定者评定标准较一致；二是降低评定量表本身的含糊性，使评定遵循特定的明确要求。

（三）趋中倾向

趋中倾向是指评定者可能对全部被测评领导者做出既不太好又不太坏的评价。考评者为了避免矛盾或对被考评者不了解，避免出现极高和极低的极端，而不自觉地将所有评定向中间等级靠拢，把所有被考核者的成绩定得相差无几，得到一个近乎相似的结果。这样做的结果是使评定结果失去价值，因为这种效能评定不能在人与人之间进行区别。要减少趋中倾向，一是让评定者认识到区分被考评者考评结果的重要性；二是可以明确要求考评者尽量减少选择中间等级的次数。

（四）首因效应

首因效应指的是人们在对他人总体印象的形成过程中，最初获得的信息比后来获得的信息影响更大的现象。美国心理学家卢钦斯（A. Ladins，1957）用编撰的两段文字作为实验材料研究了首因效应现象。此项研究结果证明，信息呈现的顺序会对人的认知产生影响，先呈现的信息比后呈现的信息有更大的影响作用。

（五）近因效应

近因效应指测评者根据记忆中近的印象来作出判断、评价。也就是说，最近获得的信息对他们的社会知觉起到了更大的影响作用。在日常生活中，领导者可能会根据某人的近期表现而改变对被评价者的一贯看法，有正反两个方向。正方向效应表现为领导人偶然发现某人近期好的表现，对他产生好的看法，于是改变以前对他的坏看法，给予提拔重用。反方向效应表现为领导者发现某人近期的缺点或工作中的失误，改变以往对他的好看法，导致测评误差。

（六）对比效应

对比效应是指在效能评定中，他人的效能影响了对某人的效能评定。比如，假定考评者刚刚考评完一名效能非常突出的领导，紧接着考评一名效能一般的领导，那么很可能将这名效能本来属于中等水平的人评为“比较差”。对比效应很可能发生在评定者无意中将被评定人新近的效能与过去的效能进行对比的时候。一些以前绩效很差而近来有所改进的人可能被评为“较好”，即使这种改进事实上使其效能勉强达到一般水平。

第三节　提高领导效能的基本途径

提高领导效能是贯穿领导活动全过程的一条主线，也是领导活动中各种因素综合作用的结果。由于制约和影响领导效能的因素很多，因此，要提高领导效能就必须做多方面的努力，采取多种办法和途径提高和改善领导效能。

一、更新领导观念

领导观念是在实践中形成的指导思想或看法。领导观念是支配和影响领导行为的重要因素，领导观念陈旧落后，就会导致领导行为的滞后，直接或间接地影响领导效能。因此，要提高领导效能，就必须首先解放思想，更新观念，树立正确的现代领导观念，摒弃“不求有功，但求无过”等陈腐观念，树立“无功便是过”“小功也是过”的新观念。要开拓创新、勇于进取、大胆地试、大胆地闯，以适应世界政治经济全球化和知识经济时代的发展，在竞争中立于不败之地。

二、塑造共同愿景

“共同愿景”的英文原文是 shared vision，本意是共同分享的、共同愿望的景象。组织的共同愿景是指被组织成员接受和认同的组织的意愿和愿望。共同愿景是关于理想的构想，是对未来事件和形势的形象的想像，它使人们获得力量和动力，追求想要争取的东西。这种意愿是能够激发所有成员为这一共同意愿而奋斗的任务、事业或使命，它能够创造巨大的凝聚力。所有组织都要有自己的愿景，这是组织文化和精神的核心，正如彼得·圣吉的《第五项修炼》所述：“在组织中最能鼓舞人心的领导理念，就是能够凝聚组织、激发组织成员创造力的共同愿景，一个缺少全体成员共有的目标、价值观与使命感的组织很难成大器。”在瞬息万变的外部环境中，共同愿景可以带来稳定感和安全感，通过它可以产生强大而持久的组织向心力。愿景具有价值导向、行为约束、文化凝聚、精神激励的功能。一个组织一旦形成共同的愿景并不断强化，就能够使全体成员紧密地连在一起，淡化个人利益冲突，从而形成一种巨大的凝聚力，进而有效地提升领导效能。在构建组织的共同愿景时，组织的领导者必须顾及组织成员个人的意愿，同时又要有效地引导组织成员个人的意愿并使之与组织的根本目标和利益保持一致。否则，共同愿景就起不到它应有的作用。

三、确立现实可行的目标

领导目标是领导活动所要达到的预期目的，即领导者所要完成的领导任务。领导目标对领导行为具有引导和规范作用，领导目标正确与否是决定能否取得领导效能的关键。研究揭示，持续高效的工作，只有明确具体、令人振奋的目标在员工心中扎下根时，才成为可能。也就是说，员工的工作动力同实现目标的可能性有极其重要的关联。目标制定应当具体、明确、可行。所谓可行，是指领导者在制定目标时要符合实际，不应头脑发热、凭空想像。通常，目标的制定步骤包括以下几个方面。

第一步，领导者和下属联合制定要实现的目标、制定达到目标的时间框架，并为实现特定的目标制定员工所需达到的绩效水平。在此阶段，应当充分地调查研究和论证，广泛听取各方面的意见，确定最合理可行的方案，而不能只靠领导意志和主观臆断行事。

第二步，在考评期内，领导者和下属根据业务或环境变化修正目标。目标的确定不应被视为一个静态不变的过程，而应结合环境因素的变化不断修正，以使主观目标及时适应变化的客观条件，从而有效提升领导效能。

第三步，在考评期末，领导者和下属共同决定员工是否达到了目标，讨论失败的原因。所要研究的问题包括像市场变化或劳动争议等导致偏离预期目标的原因。

第四步，领导者和下属要根据调整情况制定新的目标以及为达到新的目标而可能采取的新的战略，共同制定下一领导效能周期的目标。

四、改善领导者的素质和能力

领导能力即领导者的行为能力。它以领导者一定的身体、心理、知识、技能、经验等综合素质为基础，是领导者承担领导责任、行使领导权力、胜任领导工作、完成领导任务所必备的基本条件。领导者的素质能力是保证领导效能实现的关键因素，领导者必须具备一定的能力才能完成领导过程。这种能力不是单一的能力而是各种素质能力的集合，概括起来，其内在构造基本可以分为领导者的智力因素，如领导者的战略眼光、思维能力、预见性、洞察力、想像力和创造力等；领导者的非智力因素，如领导者的个性、情绪、情感、事业心、责任感、自信心、感召力、思想观念等；领导者的才能因素，如知识才能、决策才能、用人才能、组织指挥才能、协调才能、驾驭全局的才能、授权才能等；领导者的形象与作风因素等。

五、科学运筹工作

现实工作中有些领导者每天往往是“眼睛一睁，忙到熄灯”，但领导效能却不理想。考察其主要原因，往往是没有科学地统筹工作、有效地利用时间。因此，领导者要提高领导效能，就必须把主要精力放在对全盘工作的运筹上，不能抓了芝麻而丢掉了西瓜。领导者要做到：一要透彻地了解组织系统的情况；二要明确组织的近期与远期目标；三要集中精力抓好重点难点工作。作为一个现代领导者，不管他从事何项工作，要想取得成功，都必须学会科学地运筹自己的时间，进行科学的时间管理。杜拉克说：“在每一项领导问题、每一项决策、每一项行动中都存在着一个复杂的问题，这就是时间”。时间是决定领导者工作有效性的重要因素之一，领导效能的高低往往是看领导者对时间的利用率。美国管理学家德鲁克也认为，“有效的管理者不是从他们的任务开始，而是从他们的时间开始”。深圳提出的“时间就是生命，效率就是金钱”的口号，也说明了时间对领导工作的重要性。通常，在时间管理上最有效的领导者，也往往是在其他管理上最有成绩的领导者。因此，现代领导者要科学地利用好时间，争做时间的主人，而不是奴隶。善于对自己的有限时间进行综合统筹，把它用在最主要的工作上，注意把握办不同事情的时机，在最适宜的时刻办最应该办的事情，以争取更好的绩效。

以上几个方面，只是提高领导效能的主要途径，而领导效能的提高是多种相关因素综合作用的动态过程。在这之中尤其要关注制约和影响领导效能的客观因素，包括被领导者的群体因素，如被领导者的素质能力状况、成熟程度、参与热情、团结合作状况等等；领导组织因素，如组织机构、领导体制、领导结构等；领导目标因素，如目标的明确程度、目标的难易程度、实现目标的条件是否具备等等；领导环境因素，如领导活动的外部环境、内部环境、具体工作环境等。

因此，要提高领导效能就不能孤立地强调某一方面，而必须从主客观方面进行综合考虑，这样才能有效地提高领导效能。

【案例】

两个乡长的致富经

甲乡与乙乡是某县相邻的两个乡，地处山区，比较偏僻，但自然环境优越，山清水秀，气候宜人。由于地理位置的缘故，两个乡农民收入都不是很高，许多农民不得不外出打工。2002 年两个乡同时走马上任了两个新乡长，甲乡乡长上任后，大搞招商引资，先后建立了乡皮革厂、化肥厂、水泥厂，外出农民纷纷回到乡镇企业上班，每月也得到千元左右收入，而乡里也成为县的纳税大户，因此甲乡乡长颇得当地农民赞扬。乙乡乡长上任后，大搞生态林业和生态农业，目的是将来发展旅游业。因此向银行贷了许多款，虽说取得了一定成效，但农民的收入并没有实质性的增长，并且一两年内也不容易见效。再加上甲乡乡镇企业的污染，使得乙乡的生态环境也遭到一定的破坏，乙乡的生态农业和生态林业建设更加困难。因此乙乡的农民怨声载道，纷纷要求撤换乡长，而乙乡乡长并没有因此提出辞职，反而要求县里关闭甲乡的污染型小型乡镇企业。县里接受了这一请求，先后关闭了甲乡的小企业，要求甲乡也要搞生态农业和生态林业建设，并且调离了甲乡乡长。为此，当地农民对此事颇有微词。

思考题：

1. 找一个教材上没有列举的改善领导效能的方法，并举例说明。
2. 结合实际分析当前领导效能考评存在的不足以及改进的方法。
3. 结合领导效能，试分析如何选拔领导干部？
4. 有的领导干部为了推行某种先进的栽培技术，采取了强迫命令甚至处罚的办法要求农民接受，结果农业生产取得了丰收。有人认为这种领导作风干练，应该表彰；也有人认为这种领导作风粗暴，应该批评。你认为如何呢？

阅读参考书目：

1. 孙立樵，冯致笺．现代领导学教程．北京：中共中央党校出版社，2002.

2. 刘建军．领导学原理——科学与艺术（第二版）．上海：复旦大学出版社，2003.
3. 李成言．领导学基础．北京：中央广播电视大学出版社，2003.
4. 王乐夫．领导学：理论、实践与方法．广州：中山大学出版社，2002.
5. 陈国裕，朱法贞．领导学与案例教程．北京：科学出版社，2001.
6. ［美］费德勒．领导效能新论. 北京：生活·读书·新知三联书店，1989.